구약의 세계와 인성
(Old Testament & Humanity)

구약의
세계와
인 성

초판 1쇄 발행 2021년 2월 27일 인쇄

지 은 이	임창일
펴 낸 이	이정현
펴 낸 곳	도서출판 지민(指民)
등록번호	140-90-13084
주　　소	경기도 시흥시 배곧3로 27-8, 802-1601호(배곧동)
전화번호	031-431-4817
팩시밀리	031-432-4818
e-mail	jimin60@hanmail.net

* 도서출판 지민(指民)이란, 글자그대로 혼탁한 세상속에서 글로써
　하나님의 백성을 인도하고 지도한다는 뜻이다.

ISBN 978-89-93059-50-2 (93230)

값 23,000원

구약의 세계와 인성

Old Testament & Humanity

신학박사 임 창 일 지음

도서출판 지민(指民)

머리말

 1977년 3월부터 1998년 2월까지 총신대학교(B.A.), 총신대학교 신학대학원(M.Div.), 총신대학교 일반대학원(Th.M., Ph.D.)에서 22년간 신학공부를 했다. 1987년 10월에 목사안수를 받고, 1988년 1월 16일에 목동반석교회를 개척하고, 2003년 7월 17일에 강화반석기도원을 개원했고, 2009년부터 캄보디아 트모다교회를 세워 선교사역에 집중했다. 1988년에 교회개척과 함께 박사과정을 시작했고, 동시에 구약신학을 강의를 시작했다. 1999년부터 2015년까지 서울성경신학대학원대학교에서 교수했고, 2016년부터 총신대학교에서 교수사역을 감당하고 있다. "기도와 말씀보다 앞서지 말자!" 바울처럼 하나님의 주권을 인정하고, 나의 자유의지를 복종시키며 주 예수께 잡힌 바 된 그것을 잡으려고 달려온지 34년째다(빌 3:12-14). 내가 나 된 것과 더 많이 수고한 것도 오직 나와 함께 하신 하나님의 은혜였다(고전 15:10).
 서울성경신학대학원대학교에서 석박사과정(M.Div., Th.M., Ph.D)의 학생들을 가르치며 "신구약성경길라잡이"를 교재로 집필했다. 2016년부터 총신대학교에서 대학생들을 대상으로 구약의 핵심을 강의하면서 보다 쉽고 간결하게 교재를 집필하고 싶었다. 과거 총신대학교는 구약개요를 4학점, 2학기로 나눠서 1학기에 모세오경과 역사서, 2학기에 시가서와 선지서를 전교생에게 가르쳤다. 현재는 3학점, 1학기로 개편

되어 15주에 창세기부터 말라기까지 구약전체를 가르친다. 과목명칭도 "구약개요", "구약산책", "인성과 구약산책"을 거쳐 "구약의 세계와 인성"(Old Testament & Humanity)이 되었다. 개혁신학과 언약신학의 관점에서 음악대학원과 상담대학원의 구약신학과 구약개론을 강의하고 얻은 피드백을 포함하여 본서를 집필했다. 구약개요를 처음 배우는 대학생과 신대원생, 교회와 선교현장에서 구약을 연구하는 선교사들과 목사님들이 구약의 핵심과 그 의미를 파악하는데 많은 도움이 되기를 기대한다.

구약성경은 예수님에 관한 기록이다. "내가 너희와 함께 있을 때에 너희에게 말한 바 곧 모세의 율법과 선지자의 글과 시편에 나를 가리켜 기록된 모든 것이 이루어져야 하리라 한 말이 이것이라"(눅 24:44). 그러나 예수님도 당시에 성경연구만 하고, 예수님을 찾지 않던 자들을 책망했다. "너희가 성경에서 영생을 얻는 줄 생각하고 성경을 연구하거니와 이 성경이 곧 내게 대하여 증언하는 것이니라 그러나 너희가 영생을 얻기 위하여 내게 오기를 원하지 아니하는도다"(요 5:39-40). 예수님이 행하며 가르친 것처럼(행 1:1-2), 그리스도인은 실천하는 삶이 먼저다(행 2:17,26). "서기관들과 바리새인들이 모세의 자리에 앉았으니 그러므로 무엇이든지 그들이 말하는 바는 행하고 지키되 그들이 하는 행위는 본받지 말라 그들은 말만 하고 행하지 아니하며"(마 23:1-3). 학사 에스라도 여호와의 율법을 연구하여 준행하며, 율례와 규례를 이스라엘에게 가르치기로 결심했다(스 7:10). "구약의 세계와 인성"이란 과목은 구약의 세계만 가르치지 않고, 온유하고 겸손하신 예수님의 인성을 닮은 그리스도인 지도자를 양육하려는 의지가 담겨있다. "구약의 세계"만 가르치는 서기관과 바리새인이 아니라 "예수님의 인성"을 닮은 그리스도인으로 거듭나길 소망한다. 가르치는 자와 배우는 자로서 "구약의 세계"와 "그리스도인의 인성"이란 두 가지 관점에서 본서를 집필한 것을 감사한다. 끝으로 본서의 집필을 인도한 성삼위 하나님께 영광을 돌리고, 물심양면으로 후원한 목동반석교회에 감사한다.

2021년 2월 1일
목동반석교회 목양실에서   저자 임 창 일

차 례

/ 머리말 4

/ 왜 성경을 연구해야 하는가? - 5가지 능력(Power) 10

/ 구약성경 서론(Introduction to the Old Testament) 16

/ 모세오경(the Pentateuch) 19
  1. 창세기(Genesis) 모세오경의 첫 번째 책 23
  2. 출애굽기(Exodus) 모세오경의 두 번째 책 36
  3. 레위기(Leviticus) 모세오경의 세 번째 책 46
  4. 민수기(Numbers) 모세오경의 네 번째 책 53
  5. 신명기(Deuteronomy) 모세오경의 다섯 번째 책 64

/ 역사서(the Books of History) 71
  6. 여호수아(Joshua) 가나안 정복 74
  7. 사사기(Judges) 패배의 시대 82
  8. 룻기(Ruth) 사랑과 충절 88
  9. 사무엘상(first Samuel) 이스라엘의 왕정시대 92
  10. 사무엘하(second Samuel) 다윗의 통일왕국 102

11. 열왕기상(first Kings) 솔로몬과 북이스라엘 왕국 ········ 111
12. 열왕기하(second Kings) 남북왕조의 쇠퇴와 멸망 ········ 118
13. 역대상(first Chronicles) 다윗 왕을 회고함 ················ 122
14. 역대하(second Chronicles) 남유다 왕들의 영적 자산 ······ 132
15. 에스라(Ezra) 예루살렘 성전 재건 ································ 143
16. 느헤미야(Nehemiah) 예루살렘 성벽 재건 ···················· 148
17. 에스더(Esther) 하나님의 섭리와 보호 ························· 151

시가서(the Books of Poetry) 155

18. 욥기(Job) 고난의 문제 ··· 158
19. 시편(Psalms) 찬양의 책 ··· 168
20. 잠언(Proverbs) 지혜의 말씀들 ···································· 175
21. 전도서(Ecclesiastes) 삶의 의미를 탐구함 ··················· 182
22. 아가(Song of Solomon) 부부의 사랑을 찬양함 ············· 191

선지서(the Books of Prophecy) 195

23. 이사야(Isaiah) 오실 구세주 ·· 199
24. 예레미야(Jeremiah) 다가올 폭풍우 ···························· 215
25. 예레미야 애가(Lamentations) 산산이 부서진 소망 ······· 224
26. 에스겔(Ezekiel) 현재와 미래 ······································ 227
27. 다니엘(Daniel) 앞으로 일어날 일들 ···························· 239

소선지서 (the Books of the 12 Minor Prophets) 249

28. 호세아(Hosea) 사랑의 선지자 255
29. 요엘(Joel) 성령강림을 예언한 선지자 261
30. 아모스(Amos) 하나님의 공의를 선포한 선지자 265
31. 오바댜(Obadiah) 구약성경 가운데 가장 짧은 책 271
32. 요나(Jonah) 니느웨의 구원 274
33. 미가(Micah) 메시야 탄생을 예언한 선지자 278
34. 나훔(Nahum) 니느웨의 심판 282
35. 하박국(Habakkuk) 이신칭의 285
36. 스바냐(Zephaniah) 여호와의 날 288
37. 학개(Haggai) 성전건축과 하나님의 주권 292
38. 스가랴(Zechariah) 성전건축과 메시야 왕국 296
39. 말라기(Malachi) 구약의 마지막 선지자 303

왜 성경을 연구해야 하는가?

-

5가지 능력
(Power)

그리스도인은 성경연구를 통해 인간의 삶에 필요한 5가지 능력을 가르치고 배워야 한다. 5가지 능력은 상호 균형과 조화를 이루어야 한다. 그 가운데 어느 하나도 모자라면 안 된다.

1. 지력(智力)
"너희 중에 누구든지 지혜가 부족하거든 모든 사람에게 후히 주시고 꾸짖지 아니하시는 하나님께 구하라 그리하면 주시리라"(약 1:5). 솔로몬은 여호와를 경외함이 지식과 지혜의 근본이라 했다(잠 1:7; 9:10). 잠언의 지혜(Wisdom)와 지식(Knowledge)은 동의어다. 솔로몬이 하나님께 구한 지혜는 "듣는 마음"(히, 레브 쉐마, Listening Heart)이다(왕상 3:9). 지혜란 참과 거짓을 구별하는 능력이다. 지혜란 용궁에서 살아난 토끼의 꾀와 같은 삶의 지혜다. 아담과 하와는 에덴동산에서 "반드시 죽으리라"(창 2:16)는 하나님의 말씀을 듣고, "결코 죽지 아니하리라"(창 3:4)는 뱀의 말도 들었다. 하나님의 관점에서 보면, 뱀의 말은 새빨간 거짓말이다. 그들은 듣고 분별하는 지혜가 없어서 에덴동산을 빼앗기고 말았다. "욕심이 잉태한즉 죄를 낳고 죄가 장성한즉 사망을 낳느니라"(약 1:15). 범사에 욕심으로 반응하면 죽음이다.

2. 심력(心力)
모세가 죽은 후 하나님이 여호수아에게 분부했다. "내가 네게 명령한 것이 아니냐 강하고 담대하라 두려워하지 말며 놀라지 말라 네가 어디로 가든지 네 하나님 여호와가 너와 함께 하느니라"(수 1:9). 여호수아의 가나안정복에 필수요소는 심력, 즉 하나님을 신뢰하는 강하고 담대한 마음이다. "두려워하지 말라 내가 너와 함께 함이라 놀라지 말라 나는 네 하나님이 됨이라 내가 너를 굳세게 하리라 참으로 너를 도와 주리라 참으로 나의 의로운 오른손으로 너를 붙들리라"(사 41:10). 믿음(Faith, Courage)의 반대말은 두려움이다. 주님은 회당장 야이로에게 말했다. "두려워하지 말고 믿기만 하라"(막 5:36). 믿음이란 눈에 보이는 현상이 아니라 하나님의 약속의 말씀을 믿는 것이다. 믿음은 바라는 것들의 실상이고, 보이지 않는 것들의 증거다(히 11:1). 이스라엘은 광야훈련소에서 40년간 심력 즉 믿음의 훈련을 받은 것이다(신 8:1-3).

3. 체력(體力)

"돈을 잃으면 조금 잃는 것이고, 명예를 잃으면 많이 잃는 것이고, 건강은 잃으면 다 잃는 것이다." 체력(Health)이란 몸(Body)과 마음(Mind)과 영혼(Spirit, Soul)의 총체적 건강을 의미한다. "모든 병은 마음의 병"이고, 몸과 마음은 불가분리다. 당뇨, 비만, 고혈압 등 성인병을 생활습관병이라 부르는데, 소아에게도 나타나기 때문이다. 마음과 생각에 병이 들면, MRI나 CT를 찍어도 병의 원인을 알 수 없다. 다이어트의 방법은 22,000가지인데, 그중에 정답은 소식과 운동, 숙면과 마음의 평강이다. 음식이 80%라면, 운동은 20%란다. 하나님이 사랑하는 자에게 주는 숙면(시 127:2)과 심령의 평강, 즉 평정심(平靜心)이다(빌 4:7; 요삼 1:2). 태초의 음식이란 채소와 과일과 통곡물(현미, 통밀)이다. "내가 온 지면의 씨 맺는 모든 채소와 씨 가진 열매 맺는 모든 나무를 너희에게 주노니 너희의 먹을거리가 되리라"(창 1:29). 홍수 후 육식을 허락하지만, 주의사항은 피를 빼고 먹으란 것이다(창 9:3-4).

4. 관계능력(關係能力)

사탄은 욥을 물질, 자녀들, 질병, 관계의 4가지 루트로 공격했다. 욥이 하나님 앞에 회개하고(욥 42:1-6), 세 친구를 용서했다(욥 42:7-9). 마침내 욥이 세 친구와 함께 기도할 때에 갑절의 복을 받았다. "욥이 그의 친구들을 위하여 기도할 때 여호와께서 욥의 곤경을 돌이키시고 여호와께서 욥에게 이전 모든 소유보다 갑절이나 주신지라"(욥 42:10). 관계종류는 십자가처럼 하나님과 수직관계, 사람과 수평관계가 있다. 관계방법은 나와 너(you)의 관계와 나와 그것(it)의 관계가 있다. 전자는 인격적, 무조건적 관계, 후자는 비인격적, 조건적 관계다. 관계해법은 하나님사랑과 이웃사랑이다(막 12:29-31). "사랑은 율법의 완성이니라"(롬 13:10). 결국 관계능력이란 하나님께 회개하고, 사람을 용서하는 능력이다. 다윗은 회개로 수직관계를 회복했고(삼하 12:7,13), 주님은 70번씩 7번의 용서로 수평관계를 회복하라 분부했다(마 18:21-22).

5. 자기관리능력(自己管理能力)

성령의 마지막 열매는 절제(Self-Control)다. 사람은 시간, 물질, 달란트를 관리해야 한다.

(1) 시간관리. 하루 24시간을 계산하면, 사라져버린 자투리시간이 많다. 하루 30분씩 자투리를 활용해도 많은 일을 할 수 있다. 사람은 노동과 안식, 즉 6:1 원리로 주일성수가 필수다.

(2) 물질관리. 재물 얻을 능력(신 8:17-18)과 드릴 힘(대상 29:10-14)이 필수다. 9:1의 원리로 십일조를 드려 수입과 지출을 관리해야 한다. 유대인은 무조건 용돈을 주기보다 고기잡이 방법을 가르친다. 아브라

함은 멜기세덱에게 십일조를 바쳐 물질적 자유를 누렸다(창 14:17-20).

(3) 은사관리. 각 사람에게 분량대로 은사를 준다. "이 모든 일은 같은 한 성령이 행하사 그의 뜻대로 각 사람에게 나누어 주시는 것이니라"(고전 12:11). 은사관리란 개발할수록, 사용할수록, 나눠줄수록 더 많은 은사를 얻는 방법이다. 그것이 복리의 마법이다(마 10:8; 행 20:35).

6. 결론

성도는 하나님의 자녀의 권세로 자존감(自尊感), 즉 자아존중감과 자신감(自信感), 즉 자아신뢰감을 높여야 한다(요 1:12-13). 어느 분야든지 상위 1%, 10%에 들려면, 자존감과 자신감이 높아야 한다. 자존감 대신에 자존심만 내세우면 감정조절에 실패한다. 마음에 쓴 뿌리는 과거에 대한 분노와 미래에 대한 두려움이다(히 12:15). 마귀는 분노의 틈을 노린다(엡 4:26-27). 가인은 분노로 아벨을 죽였고(창 4:5-8), 모세는 분노로 가나안을 상실했고(민 20:10-13), 웃시야는 분노로 나병환자가 되었다(대하 26:19). 두려움의 반대는 믿음이다(막 5:36). 범죄한 아담은 두려웠다(창 3:10). 임마누엘로 두려움을 물리쳐야 한다(사 41:10; 시 23:4; 마 28:20). 성경연구로 지력, 심력, 체력, 관계능력, 자기관리능력을 키워 3가지 선택을 준비해야 한다.

(1) 직업(What?) "무엇을 하고 살 것인가?" 각 분야의 전문가가 되면, 대부분 의식주는 해결된다. 파레토법칙(80-20 rule)처럼 5가지 능력을 키워 자기분야의 20%안에 들어야 성공한다.

(2) 가치관(How?) "어떤 가치관을 가지고 살 것인가?" 성경적가치관을 확립하는 것은 행운이다. 하나님의 관점은 현상보다 하나님의 말씀

을 믿고, 외모보다 중심을 보는 것이다. 롯은 소돔과 고모라의 외모를 보았고, 아브라함의 선택의 결과를 믿고 하나님께 맡겼다(창 13:1-18).

(3) 배우자(Who?) "한 평생 누구하고 살 것인가?" 직업과 가치관보다 중요한 선택은 배우자다. 성경을 보면 이혼은 없다. "그런즉 이제 둘이 아니요 한 몸이니 그러므로 하나님이 짝지어 주신 것을 사람이 나누지 못할지니라"(마 19:5-6). 노아의 홍수는 하나님 없는 짝짓기의 결과였다(창 6:1-2). 배우자는 선택하기 전에 갈등하고 선택 후에는 갈등하지 말아야 한다(말 2:16).

구약 성경 서론

(Introduction to
the Old Testament)

예수님과 사도들이 사랑한 성경책은 구약성경이다(요 5:39-40; 눅 24:44). 그리스도인은 구약성경을 사랑해야 한다. 모든 성경은 성령의 감동으로 기록된 정확무오(正確無誤)한 하나님의 말씀이다(딤후 3:16-17; 벧후 1:20-21). 구약성경은 하나님의 창조와 구원에 대하여 기록한다. 성경의 주제는 3가지 구원사건, 출애굽(Exodus), 바벨론포로(Exile to Babylon), 십자가사건(the Cross)이다. 구약의 주인공, 최후의 남은 자는 아브라함과 다윗의 자손 예수 그리스도다.

1. 구약성경의 본문과 번역본

구약성경은 히브리어로 기록되었다. 예레미야 10:11; 다니엘 2:46-7:28; 에스라 4:8-6:18; 7:12-26과 창세기 31:47의 두 단어가 아람어로 기록되었다. 구약의 원본은 현존하지 않는다. 성경원본을 보존하려 애썼던 유대인학자들은 소페림(the Sopherim), 주고트(the Zugoth), 탄나임(the Tannaim), 아모라임(the Amoraim), 맛소라 학파(the Massoretes)와 같은 서기관 그룹들이다. 현재 원본에 가까운 사본은 맛소라 사본(Massoretic Text)이다. 쿰란(Qumran)에서 발견된 사해 사본(the Dead Sea Scrolls)도 맛소라 사본의 정확성을 확증한다. BC 3세기 히브리어 성경을 헬라어로 번역한 70인역(the Septuagint, LXX)이 등장했다. 4세기 제롬이 라틴어 번역본 벌게이트(the Vulgate)를 완성했다.

2. 구약성경의 저작권

구약성경은 수많은 저자들, 수집가들, 편집자들이 천지창조와 인간 창조, 이스라엘의 구원역사를 기록한 공동작품이다. 이사야, 에스겔,

다니엘, 스가랴는 저자의 이름을 포함한다. 다윗은 시편 가운데 70여 편의 저자다. 대다수 잠언은 솔로몬의 작품이지만, 일부는 유다의 왕 히스기야의 신하들이 편집한 것이다. 아굴의 잠언과 르무엘 왕의 잠언들도 있다. 많은 책들은 저자를 밝히지 않는다. 이런 경우에 유대인과 기독교전통의 외증과 내증을 근거로 해결한다.

3. 구약성경의 정경

성령의 감동으로 기록한 구약성경의 정경구분법은 헬라어성경과 히브리어성경에 근거한다.

(1)헬라어성경. 한글성경은 헬라어성경의 형식을 따라 4부분으로 구분한다.

모세오경(창세기~신명기), 역사서(여호수아~에스더), 시가서(욥기~아가서), 선지서 즉 대선지서(이사야~다니엘)와 소선지서(호세아~말라기)로 구분한다.

(2)히브리어성경. 유대인들은 히브리어 성경을 3부분 즉 토라, 네비임, 케투빔으로 구분한다. 예수님도 히브리어 성경을 3부분으로 구분한다. "내가 너희와 함께 있을 때에 너희에게 말한 바 곧 모세의 율법과 선지자의 글과 시편에 나를 가리켜 기록된 모든 것이 이루어져야 하리라 한 말이 이것이라"(눅 24:44). 토라(율법)는 모세오경(창세기~신명기)을 포함한다. 네비임(선지서)는 전기선지서(여호수아, 사사기, 사무엘, 열왕기)와 후기선지서(이사야, 예레미야, 에스겔, 12 소선지서)를 포함한다. 케투빔(성문서)은 시가서(시편, 욥기, 잠언)와 오축(룻기, 아가, 전도서, 애가, 에스더), 선지서(다니엘), 역사서(에스라, 느헤미야, 역대기)를 포함한다.

모세오경

(the Pentateuch)

모세오경은 BC 1,400년경에 모세가 창세기, 출애굽기, 레위기, 민수기, 신명기의 5부분으로 기록한 한 권의 책이다. 창세기는 우주, 지구, 인류의 시작부터 아브라함, 이삭, 야곱, 요셉 등 이스라엘 족장들의 이야기를 기록한다. 출애굽기, 레위기, 민수기, 신명기는 모세가 인도한 출애굽세대의 광야40년을 기록한다. 모세오경은 하나님의 큰 일, 즉 창조와 구원을 기록한다.

1. 창세기

창세기 1-11장은 태고역사(Primeval History)를 기록한다. 모세는 천지창조, 하나님의 형상대로 만든 인간창조를 기록한다. "죄, 심판, 은혜"의 구조로 아담과 하와, 가인과 아벨, 노아의 홍수, 바벨탑사건을 기록한다. 창세기 12장부터 하나님이 믿음의 조상 아브라함을 불러 성경의 본론을 시작한다. 하나님은 아브라함, 이삭, 야곱과 언약을 맺고 땅과 자손의 기업을 약속한다. 창세기는 아브라함이 이삭, 이삭이 야곱, 야곱이 12아들을 축복하고, 요셉이 출애굽 때에 자신의 뼈를 메고 올라가라는 맹세 후에 죽음으로 마무리한다(창 50:25-26).

2. 출애굽기

출애굽기 1-19장은 야곱의 가족이 430년 애굽의 종살이를 마치고 출애굽한 이야기다. 하나님이 자기백성을 구원하려고 애굽에 내린 10가지 재앙과 시내산에 도착하는 출애굽 여정을 소개한다. 후반부 20-40장은 하나님이 모세에게, 모세가 이스라엘에게 율례와 법도, 성막건축을 명령하고, 광야에서 건축한 성막에 구름기둥과 불기둥이 임재하면서 마무리한다(출 40:34-38).

3. 레위기

하나님은 거룩한 삶을 요구한다. "너희는 거룩하라 이는 나 여호와 너희 하나님이 거룩함이니라"(레 19:1-2). 레위기는 성막의 설명서다. 누가, 언제, 어떻게 하나님을 섬길 것인가를 가르쳐준다. 제사장은 하나님과 사람 사이에 중보자다. 하나님은 백성들의 죄와 허물에도 불구하고, 제사장이 제물을 갖고 하나님께 나아갈 수 있는 5대제사와 절기들을 가르쳐준다.

4. 민수기

민수기는 광야40년 이스라엘의 삶의 단면도다(민 9:15-23). 구름기둥과 불기둥의 임재로 진을 치고 행진하던 과정을 기록한다. 두 번의 인구조사를 통해 하나님의 위대하심을 증거한다. 출애굽세대 603,550명은 애굽에서 430년간 야곱가족 70명을 거대민족으로 성장시킨 하나님의 능력을 증명한다. 약속의 땅에 들어갈 광야세대 601,730명은 60만 명이 죽어도 또 다른 60만 명을 예비하는 하나님의 능력을 증명한다. 10명의 정탐꾼과 이스라엘의 배반에도 하나님은 여호수아와 갈렙, 새로운 60만 명을 통해 하나님의 언약을 성취하는 분임을 증명한다(민 14:28).

5. 신명기

신명기는 두 번째 율법을 뜻한다. 모세는 인생 120년, 광야40년을 정리하면서 마지막 한 달 동안 가나안에 들어갈 신세대를 위하여 율법을 재차 반포한다. 신명기는 이스라엘의 구원자, 율법의 수여자, 모세의 죽음을 기록하며 마무리한다(신 34:1-8). 그러나 모세의 후계자 여호수아를 세워 더 큰 꿈과 소망으로 가나안정복을 성취할 다음세대를 기대한다(신 34:9-12).

1 창세기(Genesis)
모세오경의 첫 번째 책

개혁주의신학은 언약신학이다. 성경은 구약전서와 신약전서로 구성된 하나님의 약속이다. 성경의 구조는 약속(promise)과 성취(fulfillment)다. "내가 율법이나 선지자를 폐하러 온 줄로 생각하지 말라 폐하러 온 것이 아니요 완전하게 하려 함이라 진실로 너희에게 이르노니 천지가 없어지기 전에는 율법의 일점 일획도 결코 없어지지 아니하고 다 이루리라"(마 5:17-18). 창세기는 여자의 후손을 구세주로 약속했고(창 3:15), 그 약속은 동정녀탄생(사 7:14)과 베들레헴 탄생(미 5:2)으로 성취되었다. 성경은 하나님의 약속대로 아브라함과 다윗의 자손 예수 그리스도께서 동정녀탄생과 베들레헴탄생으로 이 땅에 오신 이야기를 기록한다(마 1:18-25; 2:1-13). 예수님은 십자가에서 언약의 성취를 선포했다. "다 이루었다"(요 29:30). 구약의 약속은 다 성취되었고, 신약의 약속은 재림만 남아있다. 성경의 약속은 반드시 이루어진다.

I. 태고역사(창 1-11장)

태고역사란 성경의 서론으로 연대미상의 사건들을 가리킨다. 천지창조와 4가지 내러티브, 즉 아담과 하와 이야기, 가인과 아벨 이야기, 노아의 홍수 이야기, 바벨탑 이야기를 기록한다.

1. 천지창조

창세기 1장은 6일 창조를 기록하고, 창세기 2장은 6일째 인간창조를 확대하여 보다 세밀하게 기록한다. 창세기 1장과 2장은 서로 다른 두 가지 창조 이야기가 아니라, 줌아웃(zoom out)과 줌인(zoom in)을 통해서 6일 창조와 인간창조를 보다 상세하게 설명한다.

2. 네 가지 내러티브

창세기 3-11장은 4가지 내러티브를 죄, 심판, 은혜의 3단계 구조로 설명한다. 인간이 죄를 지으면, 죄의 삯은 사망이기에 역사는 끝나야 하지만, 또 다시 하나님이 은혜를 베푼다. 아담과 하와 이야기, 가인과 아벨 이야기, 노아의 홍수 이야기, 바벨탑 이야기를 살펴보자.

(1)아담과 하와 이야기. 아담과 하와는 "반드시 죽으리라"(창 2:16)는 하나님의 말씀과 "결코 죽지 아니하리라"(창 3:4)는 뱀의 말을 들었다. 예수님처럼 말씀으로 물리치지 못하고, 자기욕심으로 뱀의 유혹에 빠져 선악과를 먹었다(마 4:1-11; 약 1:14-15). 하나님이 먼저 뱀을 심판했다. "내가 너로 여자와 원수가 되게 하고 네 후손도 여자의 후손과 원수가 되게 하리니 여자의 후손은 네 머리를 상하게 할 것이요 너는 그의 발꿈치를 상하게 할 것이니라"(창 3:15). 하나님이 여자의 후손을 약속한 원시복음이다. 그 후에 죄책을 전가한 인간을 심판했다. 여자는 해산의 고통을, 남자는 평생노동의 형벌을 받았다. 인간의 심판은 형벌과 축복의 이중적 의미가 있다. 여자의 해산은 그 자체가 고통이지만, 자녀의 출산으로 대를 잇는 복을 받았다. 남자의 평생노동도 그 자체가 고통이지만, 노동으로 생명을 연장하는 복을 받았다. 그 결과 자녀를 낳지 못한 여자와 일거리 없는 남자가 불행하다는 반전이 일어났다.

(2)가인과 아벨 이야기. 제사를 드리던 형과 동생 사이에 살인사건이 발생했다. 하나님이 아벨과 그 제물을 열납하고, 가인과 그 제물을 열납하지 않았다. 분노한 형 가인이 동생 아벨을 죽였다. 하나님은 마지막까지 회개할 기회를 준다. 하나님이 아담에게 "네가 어디 있느냐?"(창 3:9)고 묻듯이, 가인에게 "네 동생 아벨이 어디 있느냐?"(창 4:9)고 물었다. 헌금한 후에 아나니아와 삽비라는 성령을 속이는 거짓말로 회개의 기회를 놓쳐 죽었다(행 5:1-11). 가인도 아담처럼 회개의 기회를 놓쳤다. 그러나 가인이 "내 죄벌이 지기가 너무 무거우니이다"(창 4:13)라고 자백하자 하나님은 가인에게 은혜를 베풀어 맞아죽지 않도록 표를 주었다.

(3)홍수 이야기. 하나님은 범죄한 인류를 홍수로 심판했다. 역사가 끝나야 마땅하지만, 하나님은 노아와 그 가족에게 은혜를 베풀었다(창 6:8). 홍수 후에 하나님은 인간을 물로 다시 멸하지 않겠다고 노아와 언약을 맺고, 언약의 증표로 무지개를 주었다(창 8:20-22; 9:11-17). 하나님은 홍수 후에 육식을 허락했지만, 생명 되는 피째 먹지 말도록 경고했다(창 9:4-6).

(4)바벨탑 이야기. 교만한 인류는 하나님의 명령을 거역했다. 그 꼭대기가 하늘에 닿도록 바벨탑을 쌓았다. "자, 성읍과 탑을 건설하여 그 탑 꼭대기를 하늘에 닿게 하여 우리 이름을 내고 온 지면에 흩어짐을 면하자"(창 11:4). 하나님은 언어의 혼잡으로 심판했다. 한 족속과 한 언어를 사용하며 도시를 건설하던 인류는 흩어졌다. 인간이 하나로 뭉치면, 하나님도 멈출 수 없다고 인정했다(창 11:6-7). 고린도교회는 바울, 아볼로, 게바와 그리스도파로 분열되었고, 바울은 같은 말, 같은 마음, 같은 뜻으로 하나가 되는 해법을 제시했다(고전 1:10; 엡 4:3). 마침

내 바벨에서 흩어진 언어가 오순절에 제자들의 방언으로 통일되었다(행 2:1-13). 하나님은 은혜를 베풀어 흩어버린 인류 가운데서 믿음의 조상 아브라함을 불렀다.

II. 성경의 본론(창 12-50장)

창세기 12-50장은 믿음의 조상, 아브라함, 이삭, 야곱, 요셉의 내러티브를 기록한다. 4명의 족장을 통해 하나님이 인류의 흥망성쇠와 개인의 생사화복을 주장하는 분이란 사실을 증명한다.

1. 아브라함 이야기

아브라함은 75세에 부르심을 받았고(창 12:4), 정확히 100년 후에 소천했다(창 25:7). 아브라함의 시험은 부르심(창 12:1-3)에서 모리아 산 번제(창 22장)로 마친다. 하나님의 부르심은 무조건적이고, 불가항력적이다(고전 1:26-29). 바울은 자기처럼 무자격자를 이방인의 사도로 부른 자체가 하나님의 은혜라 고백했다(고전 15:8-10; 엡 3:7-9; 딤전 1:12-15). 부르심을 받은 자는 하나님만 자랑해야 한다. 아브라함 이야기를 통해 아브라함의 팔복을 살펴보자.

(1)부르심(Calling)의 복. 하나님이 불렀다. "너는 너의 고향과 친척과 아버지의 집을 떠나 내가 네게 보여 줄 땅으로 가라"(창 12:1). 하나님이 약속했다. "내가 너로 큰 민족을 이루고 네게 복을 주어 네 이름을 창대하게 하리니 '너는 복이 될지라'(you will be a blessing)"(창 12:2). 하나님의 안전장치다. "너를 축복하는 자에게는 내가 복을 내리고 너를 저주하는 자에게는 내가 저주하리니 땅의 모든 족속이 너로 말미암아 복을 얻을 것이라"(창 12:3). 아브라함은 75년간 믿던 모든

것을 떠나야 했다. 첫째, 믿음으로 아브라함은 갈 바를 알지 못하고 고향을 떠났다(히 11:8). 현재의 이라크 남부지역, 갈대아 우르를 떠났지만, 아버지 데라가 죽을 때까지 하란에 머물렀다. 하란은 도시, 교차로란 뜻인데, 그는 편리한 도시생활을 청산하고 떠나야 했다. 둘째, 아브라함은 친척을 떠나야 했다. 특히 상속자 0순위 롯을 떠나야 했다. 셋째, 마지막으로 아버지의 집, 즉 100세에 낳은 독자 이삭을 떠나야 했다.

(2)선택(Election)의 복. 아브라함의 선택을 보자. 재물이 많아지자 아브라함과 롯은 동거가 불가능했다. 롯에게 선택을 요구했다. "네 앞에 온 땅이 있지 아니하냐 나를 떠나가라 네가 좌하면 나는 우하고 네가 우하면 나는 좌하리라"(창 13:9). 롯은 먼저 선택했고, 눈으로 보고 선택했다. 그러나 아브라함은 나중에 선택했고, 결과를 하나님께 맡겼다. 롯은 에덴동산과 애굽 땅처럼 물이 넉넉한 소돔과 고모라를 택했지만, 그 땅의 죄악을 간과했다(13:10-13). 롯이 떠나자 하나님이 아브라함에게 땅과 자손을 약속했다(창 13:14-17).

(3)십일조(Tithe)의 복. 롯은 소돔과 고모라에 전쟁이 일어나 포로로 잡혀갔고, 아브라함은 318명의 가병을 거느리고 추격하여 롯과 재물을 되찾았다(창 14:13-16). 그는 승전하고 돌아오던 길에 지극히 높은 하나님의 제사장 살렘 왕 멜기세덱의 축복을 받은 후에 십일조를 바쳤다(창 14:17-20). 그러나 그는 소돔 왕에게는 실오라기 하나도 받지 않았다(창 14:21-23). 히브리서는 이 사건을 인용하여 멜기세덱의 반차를 좇은 예수님이 아론의 반차를 좇은 대제사장보다 탁월하고 더 큰 우리의 대제사장이라 증언한다(히 7:1-10).

(4)이신칭의(Justification by Faith)의 복. 말씀이 환상 중에 아브

람에게 임했다. "아브람아 두려워하지 말라 나는 네 방패요 너의 지극히 큰 상급이니라"(창 15:1). 하나님은 아브라함의 몸에서 상속자가 태어날 것과 하늘의 별처럼 많은 자손을 주겠다고 약속했다(창 15:2-5). "아브라함이 여호와를 믿으니 여호와께서 이를 그의 의로 여기시고"(창 15:6). 아브라함은 믿었고, 하나님은 그것을 의롭게 여겼다. 믿음은 눈에 보이는 현실을 믿는 것이 아니다. 믿음은 하나님의 약속의 말씀을 믿는 것이다. 이것이 이신칭의(以信稱義)의 원리다.

(5)할례(Circumcision)의 복. 86세에 아브라함이 이스마엘을 낳았고(창 16:15-16), 99세에 하나님이 찾아왔다. "나는 전능한 하나님이라 너는 내 앞에서 행하여 완전하라"(창 17:1). 하나님은 할례언약으로 이삭의 출생을 준비했다. 할례란 전능하신 하나님을 믿는 언약의 표징이다(창 17:9-14). 아브라함은 99세, 이스마엘은 13세에 할례를 받고, 이삭부터 생후 8일에 할례를 받았다. 아브라함의 혈통적 자손 유대인은 육체의 할례만 자랑했다(행 15:1-2). 모세는 광야세대에게 마음의 할례를 강조했다. "그러므로 너희는 마음에 할례를 행하고 다시는 목을 곧게 하지 말라"(신 10:16). 바울도 영적할례를 강조했다(엡 2:11; 롬 2:28-29; 4:9-13; 고전 7:18-19). 신약교회는 언약의 표징으로 할례 대신에 세례를 받는다(마 28:19-20; 행 2:41-42).

(6)기도(Prayer)의 복. 아브라함은 소돔과 고모라의 소식을 듣자 롯을 구출하려고 간구했다. 의인과 악인을 함께 죽이는 것은 불가하다 주장하고, 소돔과 고모라에서 의인 50명, 45명, 40명, 30명, 20명, 10명만 찾더라도 용서해달라고 간구했다. 하나님은 아브라함의 기도에 응답했다. "하나님이 그 지역의 성을 멸하실 때 곧 롯이 거주하는 성을 엎으실 때에 하나님이 아브라함을 생각하사 롯을 그 엎으시는 중에서 내

보내셨더라"(창 19:29). 하나님은 사라를 취할 뻔했던 아비멜렉 가문의 태를 닫았지만, 아브라함이 기도하자 다시 열어주셨다(창 20:17-18).

(7)상속자(Heir)의 복. 아브라함은 롯, 엘리에셀, 이스마엘을 언약의 상속자라 생각했다. 하나님은 아브라함에게 다메섹사람 엘리에셀을 포기시켰고(창 15:1-6), 애굽여종 하갈의 소생 이스마엘을 포기시켰다(창 17:18-22). 그러나 조카 롯을 떠나기는 결코 쉽지 않았다. 소돔과 고모라가 멸망하고, 롯이 두 딸과 더불어 모압과 암몬을 출산하자 포기했다(창 19:30-38). 하나님은 할례언약으로 이삭의 출생을 약속했고, 아브라함과 사라는 웃음으로 화답했다(창 17:17; 18:12). 그러나 이삭(히, 이츠하크, 웃음)이 태어난 후 진짜로 웃었다(창 21:1-7). 사라가 간증했다. "하나님이 나를 웃게 하시니 듣는 자가 다 나와 함께 웃으리로다"(창 21:6). 간증이란 주어는 '하나님'이고, 동사는 '하게 하셨다'를 사용하는 체험적 고백이다.

(8)순종(Obedience)의 복. 마지막 테스트는 모리아산의 이삭번제다. 하나님의 질문(Question)은 사랑의 테스트였다. "아브라함아! 너는 나를 사랑하느냐? 네 아들을 사랑하느냐?" 주님이 베드로에게 "요한의 아들 시몬아 네가 나를 사랑하느냐?"라고 3번씩 물었다(요 21:15-17). 베드로가 사랑의 고백으로 복음서를 졸업하고, 사도행전으로 입학했다. "나의 힘이신 여호와여 내가 주를 사랑하나이다"(시 18:1). 하나님보다 더 사랑하는 것은 우상이다. 아브라함은 부활신앙으로 순종했고(히 11:17-19), 하나님은 여호와이레로 준비했다(창 22:4-14). 믿음이란 지금까지 인도한 에벤에셀(도움의 돌, 과거)의 하나님, 지금도 함께 하는 임마누엘(God with Us, 현재)의 하나님, 더 좋은 미래를 예비한 여호와이레(본다, 준비한다, 미래)의 하나님을 신뢰하는 것이

다. 마침내 아브라함은 합격했고, 하나님은 감격했다(창 22:16-18). 아브라함은 아들을 바쳤지만, 이삭은 자신을 바쳤다. 이삭이 아브라함에게 순종한 모리아산 번제는 하나님 아버지의 뜻에 자원하여 순종한 예수님의 십자가를 예표한다(요 10:17-18).

2. 이삭 이야기

아브라함은 175세, 이삭은 182세, 야곱은 147세를 살았는데, 이삭의 삶이 가장 평탄했다. 모리아산에서 아브라함이 아들을 바칠 때에 이삭은 자신을 바쳐 하나님을 감동시켰다. 이삭은 자원하여 십자가를 지신 예수님의 예표다(요 10:17-18). 하나님은 더 이상 이삭을 테스트할 필요가 없었다. 다윗과 하나님(시 18:1; 행 13:22-24), 바울과 하나님(행 20:22-24; 갈 2:20)처럼 이삭은 몸을 바쳐 하나님을 사랑하는 믿음의 조상이다.

(1)결혼과 출산(창 25:19-26). 이삭은 40세에 장가들어 60세에 쌍둥이를 얻었다. 아내 리브가는 임신이 불가능한 여자였다. 리브가의 몸 상태를 보면 낙심했겠지만, 이삭은 하나님의 약속을 믿었다. 하나님은 별처럼 모래처럼 많은 자손을 약속했다. 그는 20년간 하나님의 언약을 기대하면서, 기다리면서, 기도했다. 범사에 항상 기도하고 낙심하지 말아야 한다(눅 18:1).

(2)편애. 이삭과 리브가는 자식들을 편애했다. 이삭은 에서를 사랑했고, 리브가는 야곱을 사랑했다(창 25:27-28). 부모의 편애는 야곱에게 대물림했다. 야곱은 4명의 아내 중에 라헬을 편애하고, 12명의 아들 중에 요셉을 편애하고, 마지막엔 베냐민을 편애했다. 이삭은 에서를, 야곱은 요셉을 편애했지만, 장자권은 이삭과 야곱의 편애와 달리 야곱

과 유다에게 넘어갔다.

(3)백배의 복(창 26:12-15). 하나님은 6일 창조 후 안식일에 복을 주셨고(창 2:1-3), 하나님의 형상대로 창조한 남자와 여자에게 복을 주셨다(창 1:26-28). 아브라함에게 "너는 복이 될지라"(You will be a blessing)고 약속했다(창 12:2). 출애굽한 노예민족을 젖과 꿀이 흐르는 가나안의 주인공으로 만들려고 대제사장의 축복기도 시스템을 만들었다(민 6:24-27). 이삭은 농사를 지어 100배의 복을 받았다. 아브라함은 목축하여 이동했는데, 이삭은 정착하여 농사를 지었다. 이삭은 우물파기로 하나님의 복을 받았고, 블레셋 사람들은 이삭의 복을 시기했다. 그는 가업을 대물림하지 않고 자수성가한 벤처형 부자였다. 복을 받으면 시기도 받아야 한다.

3. 야곱 이야기

야곱의 인생 147년은 사랑과 이별의 연속이다. 그것은 리브가의 편애로 성장한 야곱의 운명이다. 하나님도 야곱을 사랑하고 장자권을 소홀히 여긴 에서를 미워했다(롬 9:10-13). 에서는 쓴 뿌리와 장자권을 판 망령된 행실을 눈물로 후회했지만 회개할 기회를 상실했다(히 12:15-17).

(1)리브가. 야곱은 어머니 리브가의 편애를 받고, 어머니의 요리솜씨를 물려받아 별미를 만들 정도였다. 어머니와 공모하여 염소별미로 아버지를 속여 에서의 축복을 빼앗았다(창 27:9-10). 리브가는 에서의 노가 풀리기까지 며칠만 외가집에 있으라 했지만(창 27:41-45), 야곱은 외삼촌 라반의 집에서 20년간 종살이를 해야 했고, 사랑하는 어머니는 세상을 떠났다(창 49:31).

(2)라헬. 야곱은 라반의 둘째 딸 라헬을 사랑했고, 라반은 7년의 봉사 후에 결혼을 허락했다. 그는 라헬을 사랑했기에 7년을 수일같이 보냈다. 그러나 라반에게 속아 첫날밤에 레아를 아내로 맞이했고, 라헬을 위하여 다시 7년을 봉사할 수밖에 없었다. 그는 라헬을 편애한 결과 14년간 라반의 종살이를 했고, 라헬의 여종 빌하, 레아의 여종 실바까지 아내로 맞이했다. 마침내 라헬도 기도로 태가 열려 요셉을 낳았지만, 베냐민을 낳던 중 출산의 고통으로 세상을 떠났다(창 30:22-24; 35:16-20). 결국 가장 사랑하는 아내 라헬을 가장 먼저 보내고 말았다.

(3)요셉. 라헬이 죽자 야곱은 라헬의 소생 요셉을 편애하여 장자권의 상징인 채색옷을 입혔다(창 37:3-4). 결국 요셉은 에브라임지파와 므낫세지파, 즉 두 몫을 받았다. 요셉은 야곱의 편애로 형제들의 시기를 받고, 그 형들은 야곱의 심부름으로 찾아온 17세의 요셉을 애굽에 팔았다. 야곱은 22년간 죽은 줄 알았던 요셉의 초청으로 130세에 애굽에 내려가 17년을 살았다.

(4)유다. 창세기 37-50장의 요셉 내러티브 사이에 38,44장의 유다 내러티브가 나온다. 창세기 38장은 사기꾼 유다의 이야기지만, 창세기 44장은 유다가 예수님의 조상이 된 결정적 근거다.

첫째, 창세기 38장은 유다의 가족사다. 유다는 가나안여인 수아에게 세 아들을 낳았다. 하나님은 장자 엘이 다말과 결혼 후 악함을 보고 죽였다. 둘째 오난이 계대결혼의 원리로 다말과 관계를 맺다 질외사정을 하자 또 하나님이 죽였다. 유다는 셋째 셀라가 장성하도록 다말을 친정에 수절시켰다. 그 후에 아내가 죽고, 유다는 양털 깎던 날에 염소새끼를 주기로 하고 도장과 끈과 지팡이를 담보물로 창녀와 관계를 맺었다. 3개월 후 며느리의 임신소식을 들리자 불태우라 했다. 유다는 염소피를 문혀 야곱을 속였다. "우리가 이것을 발견하였으니 아버지의 아들의 옷인가 보소서!"(창 37:32) 똑같이 다말에게 속았다. "보소서! 이 도장과 그 끈과 지팡이가 누구의 것이니이까?"(창 38:25) 그렇게 베레스와 세라가 태어났다. 야곱은 염소별미로 이삭을 속이고, 유다는 염소피로 야곱을 속이고, 다말은 염소로 유다를 속였다(갈 6:7).

둘째, 창세기 44장은 유다가 베냐민을 변호하는 이야기다. 요셉이 베냐민의 자루에 은잔을 넣고 볼모로 잡는다. 유다는 요셉 앞에서 아버지의 생명과 아이의 생명이 하나고, 막내 베냐민을 데려가지 않으면 아버지 야곱이 죽을 것이라 변호한다(창 44:30-31). 유다가 목숨 걸고 베냐민을 변호한 것은 우리의 대언자 예수님이 우리를 변호하는 예표다(요일 2:1; 롬 8:34).

(5)베냐민. 야곱의 편애는 마지막 위기로 찾아온다. 애굽에서 양식을 구해온 자녀들이 또 다시 양식을 구하려면 베냐민을 데려가야 한다고 했다. 야곱은 사랑하는 막내 베냐민의 생명을 하나님께 맡기며 마지막 결단을 내린다. "내가 자식을 잃게 되면 잃으리로다!"(창 43:13-14) 이것은 아브라함이 사랑하는 독자 이삭의 생명을 하나님께 맡긴 이삭번제와 동등한 난이도의 테스트다. 아브라함이 이삭을, 이삭이 자신을 맡긴 모리아산 번제처럼, 야곱은 마지막 사랑으로 남은 막내 베냐민의 생명을 하나님께 맡겼다. 야곱도 하나님의 사랑의 테스트에 합격했다. 그 순간 야곱도 아브라함과 이삭과 함께 믿음의 조상의 반열에 올랐다. 죽은 라헬은 어쩔 수 없었지만, 하나님은 야곱에게 사랑하는 아들들, 베냐민과 애굽총리 요셉을 만나도록 했다.

4. 요셉 이야기

요셉은 야곱과 라헬 사이에 11번째 아들로 태어나 110세를 살았다. 요셉의 이야기는 꿈 이야기로 시작한다. 형제들의 곡식단이 자신의 곡식단에 절하고, 또 해와 달과 열한별이 자기에게 절하는 꿈이다. 요셉 내러티브는 그 꿈이 실현되는 과정이다. 요셉은 형들에게 팔려 보디발의 종살이와 감옥살이를 하지만, 하나님은 요셉과 함께 하여 은혜를 베푼다(창 39:1-6,19-23).

(1)창세기 사기사건. 뱀에게 속았던 아담의 죄성(sinful nature)이 창세기에 속임수의 피로 흐른다. "오호라 나는 곤고한 사람이로다 이 사망의 몸에서 누가 나를 건져내랴?"(롬 7:24) 아브라함은 사라를 누이라 속인다. 이삭도 리브가를 누이라 속인다. 야곱은 아버지 이삭과 형 에서를 속이고, 외삼촌 라반에게 결혼과 품삯을 두고 사기를 당한다. 심지어 요셉마저 베냐민의 자루에 은잔을 집어넣고 도둑으로 몬다. 태초부터 인간은 에덴동산에서 죄를 짓지만, 하나님은 은혜를 베푼다. 그 은혜가 아니면 인간은 살 수 없다. 노아도 의인이기에 은혜를 받은 것이 아니라 하나님의 은혜를 입어 의인이 되었다(창 6:8-9). 죄인은 하나님의 은혜에 의하여 믿음으로 말미암아 구원을 받는다(엡 2:8-9). 구원은 하나님의 은혜로 믿어져서 얻은 하나님의 선물이다. 욕심이 잉태하면 죄를 낳고, 죄가 장성하면 사망을 낳는다(약 1:15). 그러나 인간은 자기욕심에 끌려 죄를 짓고도 그 책임을 남에게 전가하는 죄성에 사로잡힌 존재다.

(2)창세기 결론. 결론은 하나님의 주권(Sovereignty of God)이다. "사람이 마음으로 자기의 길을 계획할지라도 그의 걸음을 인도하시는 이는 여호와시니라"(잠 16:9). 요셉은 형제들 앞에 방성대곡하며 자신

을 소개하고, 하나님의 주권적 섭리를 고백한다. "나는 당신들의 아우 요셉이니 당신들이 애굽에 판 자라 당신들이 나를 이 곳에 팔았다고 해서 근심하지 마소서 한탄하지 마소서 하나님이 생명을 구원하시려고 나를 당신들보다 먼저 보내셨나이다 … 하나님이 큰 구원으로 당신들의 생명을 보존하고 당신들의 후손을 세상에 두시려고 나를 당신들보다 먼저 보내셨나니 그런즉 나를 이리로 보낸 이는 당신들이 아니요 하나님이시라"(창 45:4-8).

야곱도 유언했다. "나는 죽으나 하나님이 너희와 함께 계시사 너희를 인도하여 너희 조상의 땅으로 돌아가게 하시리라"(창 48:21). 요셉도 하나님께 다 맡기고 유언했다. "나는 죽을 것이나 하나님이 당신들을 돌보시고 당신들을 이 땅에서 인도하여 내사 아브라함과 이삭과 야곱에게 맹세하신 땅에 이르게 하시리라"(창 50:24). 요셉은 출애굽하면 반드시 자신의 해골을 메고 올라가도록 맹세시켰다. 마침내 그 자손들은 요셉의 뼈를 세겜에 장사했다(수 24:32).

2 출애굽기(Exodus)
모세오경의 두 번째 책

하나님의 두 가지 큰일은 창조와 구원이다. 출애굽기는 애굽의 430년 종살이에서 구원받은 이야기를 기록한다. 구원이야기는 성경에서 3번 반복한다. 출애굽(Exodus), 바벨론포로(Exile to Babylon), 십자가(the Cross)다. 첫째, 모세와 여호수아의 출애굽 이야기다. 둘째, 바벨론포로 후 스룹바벨과 여호수아의 성전건축, 느헤미야와 에스라의 성벽건축 이야기다. 셋째, 예수님의 십자가 이야기다. 주님의 지상명령을 수행하던 사도들의 초대교회, 바울과 바나바의 선교여행은 아직도 사도행전 29장을 기록하는 우리들의 선교현장에서 현재진행형이다(마 28:19-20).

I. 이스라엘의 해방(출 1-18장)

1. 출애굽(Exodus, 출발)

(1)새로운 출발. "그리고"(and)란 단어로 시작한 출애굽기는 창세기 후속편이다. 야곱가족 70명이 애굽에서 430년 후 60만이란 거대민족으로 성장한 이야기다. 새로운 가족의 출발이 새로운 민족의 출발로 성장한 발전과정을 기록한다. 민수기를 보면, 애굽의 종살이에서 탈출한 출애굽세대가 603,550명, 광야훈련을 마치고 가나안에 들어간 광야세대가 601,730명이다.

개인, 가족, 교회, 학교, 국가도 기승전결(起承轉結)과 흥망성쇠(興亡

盛衰)의 성장과정을 경험한다. 그 변화는 계절의 변화와 비슷하다. 봄에 씨를 뿌리고, 여름에 성장하고, 가을에 열매를 거두고, 겨울에 저장하여 안식과 쉼을 누림과 같다. 하루도 새벽, 오전, 오후, 저녁이 있다. 한달도 월초, 월중, 월말이 있다. 학생들의 일년도 1학기와 2학기가 있고, 한학기도 새로운 마음의 학기초와 집중하는 중간고사, 마무리하는 기말고사 때가 있다. 사람의 인생도 씨를 뿌리는 유년기와 청소년기, 성장하는 대학청년기, 열매를 거두는 장년기, 안식과 쉼을 누리는 노년기가 있다. 믿음의 수준이란 고난을 대처하는 수준이다. "젊은 날의 고생은 사서라도 하라!" 주의 율례를 배우는 인생의 전환점이 된다면, 고난 당한 것도 유익이다(시 119:67,71).

(2)출애굽 연대. 성경연대를 계산할 때에 기준이 되는 구절이다. "이스라엘 자손이 애굽 땅에서 나온 지 사백팔십 년이요 솔로몬이 이스라엘 왕이 된 지 사 년 시브월 곧 둘째 달에 솔로몬이 여호와를 위하여 성전 건축하기를 시작하였더라"(왕상 6:1). 솔로몬의 즉위는 역사적 기록이 확실한 BC 970년이다. 성전건축 연대는 솔로몬 즉위 4년차 BC 966년이고, 그 해는 출애굽이후 480년째다. 출애굽연대는 BC 966년에서 480년을 올라가면 BC 1446년이 된다. 모세는 80세에 출애굽하여 120년을 살았기에 모세오경의 기록연대는 BC 1446-1406년이 된다.

(3)바로의 정책. 요셉을 알지 못하는 새 왕이 등장하며 정세가 급변한다(출 1:8). 강제노동, 산파를 통한 살해음모, 남자아기 공개적 살해 정책이 시행된다. 아론(83세)과 모세(80세)는 3살 차이인데, 모세의 출생 때에 바로의 정책이 급변했다. 그러나 이스라엘은 압제를 당할수록, 고난을 당할수록 강해졌다. 어떤 환경에도 언약의 본질은 변치 않

는다. "하나님은 나의 하나님이고, 나는 하나님의 백성이다. 하나님은 나의 아버지, 나는 하나님의 자녀다." 언약의 본질을 확신해야 자존감과 자신감이 나온다. 결국 자(아)존(중)감, 자(아)신(뢰)감이 약하면, 범사에 고난을 극복하고 성공하기 어렵다. 잠언은 여름에 겨울을 준비하는 개미의 지혜를 배우라 한다(잠 6:6-8). 하나님의 미래지향적 도우심을 믿고, 기대하면서, 기다리면서, 기도해야 한다. "이 또한 지나가리라!"(This, too, shall pass away)

2. 광야의 법칙

부르짖음과 응답은 하나님의 약속(promise)과 성취(fulfillment)이다. "너는 내게 부르짖으라 내가 네게 응답하겠고(Call to me and I will answer you), 네가 알지 못하는 크고 은밀한 일을 네게 보이리라"(렘 33:3). 하나님은 이스라엘에게 광야법칙을 가르쳤다(시 127:1,2). 최선은 부르짖는 것이고(출 2:23-25), 차선은 가만히 있는 것이고(출 14:10-14), 최악은 원망하는 것이다(민 14:28). 이스라엘 백성은 출애굽 후에 홍해 앞에서, 마라의 쓴물 앞에서, 양식이 떨어지고 마실 물이 없을 때마다 원망했지만, 모세는 하나님께 부르짖었다. 홍해 앞에서 모세가 외쳤다. "너희는 두려워하지 말고 가만히 서서 여호와께서 오늘 너희를 위하여 행하시는 구원을 보라 너희가 오늘 본 애굽 사람을 영원히 다시 보지 아니하리라 여호와께서 너희를 위하여 싸우시리니 너희는 가만히 있을지니라"(출 14:13-14).

3. 모세의 인생 120년

모세의 사명은 출애굽이고, 그 이름의 뜻은 "물에서 건져낸 자"다.

후계자 여호수아는 "구원자"란 뜻으로 예수님의 예표다. 모세의 인생 120년은 정확히 세 파트로 나누어진다.

(1)첫째 40년. 부모 아므람과 요게벳은 생후 3개월에 모세를 갈대상자에 담아 나일강에 버렸다(출 6:20). 하나님은 모세를 바로공주의 아들로 삼아 애굽의 왕자로 키웠다. 그는 애굽의 모든 지혜를 배워 학문과 학술에 능했다(행 7:22). 출애굽 지도자와 모세오경 저자로 훈련을 받았다. 스데반의 설교는 모세의 삶과 이스라엘 역사를 해석한 구약개요라 할 수 있다(행 7장).

(2)둘째 40년. 모세는 미디안 제사장 이드로의 양치기로 지냈다. 그것은 출애굽을 위한 현지적응훈련이다. 위로의 하나님이 고난 중에 위로하심은 고난 중에 있는 또 다른 사람을 위로하라는 사명이다(고후 1:3-6). 이스라엘이 고통으로 부르짖자(출 2:23-25), 하나님은 떨기나무 불꽃 가운데서 80세 모세를 불렀다. 모세의 소명(Calling)은 출애굽의 사명(Mission) 때문이다. 출애굽기 3-4장은 모세가 하나님의 부르심에 5번이나 변명한다(출 3:9-13, 13-14, 15-22, 4:1-9, 10-17). 그러나 하나님은 무조건적(unconditional), 불가항력적(irresistible) 은혜로 부른다. 모세의 변명과 달리 아론이 설명하자 이스라엘 백성들이 믿음으로 반응했다. "백성이 믿으며 ... 경배하였더라"(출 4:30,31). 나아만의 생각처럼 은혜의 걸림돌은 내 생각이다(왕상 5:11; 사 55:6-9). 인간은 의존자지만, 하나님은 "스스로 있는 자"(I AM WHO I AM) 즉 자존자다(출 3:14). 유대인은 여호와(YHWH, 4개 자음)를 아도나이 즉 나의 주님으로 바꿔 읽었다.

(3)셋째 40년. 모세는 광야40년 출애굽을 주도했다. 10가지 재앙은 바로에게 회개의 기회였고, 모세에게 하나님만 신뢰할 믿음의 훈련

이었다. 하나님은 7월을 1월로 달력을 바꿨다. 10번째 재앙은 유월절(Passover, 1월 14일)에 죽음의 사자가 애굽을 휩쓸던 밤이다. 좌우 설주와 문인방에 어린양의 피를 바른 집은 안전했고, 피가 없던 애굽의 집은 왕궁부터 짐승의 우리까지 바로의 장자부터 짐승의 초태생까지 전멸했다. 무교절은 유월절 후 7일간 무교병을 먹던 절기다. 오순절(칠칠절, 맥추절)은 유월절부터 50일째 되는 날이다. 나팔절(7월 1일)은 유대인의 설날이다. 대속죄일(7월 10일)은 대제사장이 1년에 1번 지성소에 들어간 날이다. 장막절(초막절, 수장절)은 7월 15일부터 1주간 추수한 곡식을 저장한 후 광야생활을 기념한 절기다.

4. 출애굽 이후 사건들

광야의 삶은 인생의 수고나 노력과 무관하다. 하나님은 광야에서 순종을 시험했고, 말씀에 순종해야 산다고 가르쳤다. "네 마음이 어떠한지 그 명령을 지키는지 지키지 않는지 알려 하심이라. 사람이 떡으로만 사는 것이 아니요 여호와의 입에서 나오는 모든 말씀으로 사는 줄을 네가 알게 하려 하심이니라"(신 8:2-3). 신학의 딜레마는 하나님의 주권과 인간의 자유의지다. 바울은 하나님의 은혜를 고백하지만(고전 15:8-10), 부지런하여 게으르지 말고 열심을 품고 주를 섬기라 교훈한다(롬 12:11). 시편은 하나님 없는 노력의 허무함을 강조하고(시 121:1-2; 127:1-2), 잠언은 게으른 자에게 개미의 지혜를 배우라 한다(잠 6:6-11).

(1)홍해바다. 모세는 하나님의 명령으로 돌이켜 홍해 앞에 진을 쳤다. 장례를 마친 바로가 추격했다(출 14:1-9). 이스라엘은 두려워 부르짖고 원망했다(출 14:10-12). 모세는 "여호와께서 너희를 위하여 싸우시

리니 너희는 가만히 있을지니라"(출 14:14)고 선포했다. 하나님은 모세에게 명령했다. "너는 어찌하여 내게 부르짖느냐 이스라엘 자손에게 명령하여 앞으로 나아가게 하고 지팡이를 들고 손을 바다 위로 내밀어 그것이 갈라지게 하라 이스라엘 자손이 바다 가운데서 마른 땅으로 행하리라"(출 14:15-16). 모세가 명령하자 홍해가 갈라졌고, 회복되었다(출 14:21-30). 이스라엘은 큰 능력을 보았고, 여호와를 경외하며 그 종 모세를 믿었다(출 14:31).

(2)마라의 쓴물. 출애굽 후 3일 만에 수르광야에서 맛본 마라의 물은 쓴물이었다. 백성은 원망했고, 모세는 부르짖었다. 하나님은 순종을 테스트했다(출 15:22-25). 하나님은 한 나무를 지시했고, 모세가 던지자 단물이 되었다. "너희가 순종하고 내가 보기에 의를 행하며 내 계명에 귀를 기울이며 내 모든 규례를 지키면 … 나는 너희를 치료하는 여호와임이라"(출 15:26). 마라 다음에 물샘 12개, 종려나무 70그루의 오아시스 엘림이 기다렸다. 엘림을 믿었다면, 인내했을 것이다. 성경은 미래지향적이다. 현재의 고난은 미래의 영광과 비교할 수 없다(롬 8:18). 성경은 마라에서 엘림으로, 애굽에서 가나안으로, 에덴에서 새 하늘과 새 땅으로 인도한다.

(3)만나. 만나는 "이것이 무엇이냐?"(출 16:15)란 뜻이다. 처음에는 꿀 맛이었는데(출 16:31), 나중에는 기름 섞은 과자 맛이었다(민 11:8). 유월절 밤에 무교병, 발효되지 않은 떡을 갖고 광야로 나왔는데, 한 달 만에 양식이 떨어졌다. 하나님 매일아침 해뜨기 전에 만나를 주셨는데, 안식일에는 주지 않았다. 유효기간은 하루였고, 안식일에만 삶거나 구운 만나를 먹었다(출 16:21-30). 만나의 법칙이다. "많이 거둔 자도 남음이 없고 적게 거둔 자도 부족함이 없이 각 사람은 먹을 만큼만 거두

었더라"(출 16:18). 그리스도인의 신앙생활은 초지일관이다. 홍해의 감격을 상실하면, 광야생활은 비극이다. 에베소교회처럼 첫 사랑을 회복해야 한다(계 2:1-7).

(4)생수. 광야에 2번의 생수사건이 있다. 맛사에서는 지팡이로 반석을 치면, 생수가 나올 것을 약속했다(출 17:1-7). 므리바에서는 반석에게 명령하여 물을 내라고 했다(민 20:2-9). 기적은 항상 순종의 결과다. 모세는 므리바에서도 맛사처럼 지팡이로 반석을 내리치는 불순종으로 가나안 입성을 상실했다(민 20:10-13; 신 3:23-29). 그것은 사탄도 알고 있는 원리다. "네가 만일 하나님의 아들이어든 명하여 이 돌들로 떡덩이가 되게 하라"(마 4:3; 눅 4:3). 주님은 바람과 바다를 "잠잠하라 고요하라"고 명했고(막 4:39), 베드로는 앉은뱅이를 일으켰다(행 3:6). 하나님의 능력은 믿음으로 순종하여 선포할 때 믿는 자에게 역사한다(막 11:23-24; 살전 2:13).

(5)아말렉 전쟁. 여호와께서 에서의 자손 아말렉과 대대로 싸우리라 맹세했다(창 36:12). 리브가의 복중에서 시작된 아말렉과 이스라엘의 영적전쟁은 모르드개와 에스더가 히브리민족의 전멸을 꿈꾼 아각자손 하만의 계책을 막아낸 부림절에 절정을 이루었다(에 4:16; 9:20-32). 아말렉과 전쟁터는 둘이다. 여호수아는 전쟁터로, 모세는 산꼭대기로 갔다. "모세가 손을 들면 이스라엘이 이기고 손을 내리면 아말렉이 이기더니"(출 17:11). 아론과 훌이 모세의 양손을 해가 지도록 붙들어 승전했다. 이것을 책에 기록하여 여호수아의 귀에 들려주고(출 17:14), 모든 영광을 하나님께 돌리게 했다(고전 10:31). 그 결과 아론 자손은 대대로 제사장이 되었고, 훌의 손자 브사렐은 하나님의 지혜로 법궤를 비롯한 성막의 기구들을 만들었다(출 31:1-11; 36:1).

(6)이드로의 경영원리. 출애굽의 소식을 듣고, 모세의 장인 이드로가 모세의 아내 십보라와 두 아들 게르솜과 엘리에셀을 데리고 모세를 찾아왔다(출 18:1-12). 이튿날 이드로는 모세의 재판과정을 지켜보고, 중요한 일만 감당하고 나머지는 분담하라고 조언했다. 모세는 이드로의 경영원리에 따라 천부장, 백부장, 오십부장, 십부장을 세워 업무를 분담했다. 흔히 중요한 일은 제쳐놓고 급한 일만 처리하며 바쁜 사람을 나쁜 사람이라 한다. 반드시 내가 할 일만 내가 하고, 나머지는 다른 사람에게 맡겨서 처리하면 된다. 그것이 이드로의 경영원리다.

II. 시내광야의 이스라엘(출 19-40장)

1. 이스라엘의 정체성의 변화(출 19-24장)

하나님은 이스라엘을 노예민족에서 하나님의 백성으로 해방시켜 십계명과 율법을 준다.

(1)이스라엘의 정체성. 노예민족에서 하나님의 백성으로 신분상승이 이루어졌다. 하나님은 출애굽한 노예민족의 신분을 내 소유, 제사장 나라, 거룩한 백성으로 바꿨다. 하나님이 시내산에서 말씀했다. "내가 애굽 사람에게 어떻게 행하였음과 내가 어떻게 독수리 날개로 너희를 업어 내게로 인도하였음을 너희가 보았느니라 세계가 다 내게 속하였나니 너희가 내 말을 잘 듣고 내 언약을 지키면 너희는 모든 민족 중에서 내 소유가 되겠고 너희가 내게 대하여 제사장 나라가 되며 거룩한 백성이 되리라 너는 이 말을 이스라엘 자손에게 전할지니라"(출 19:4-6).

(2)신약의 백성들. 신약은 구원받은 이방인이 하나님의 백성이 되고, 왕 같은 제사장이 된다. "그러나 너희는 택하신 족속이요 왕 같은 제사장들이요 거룩한 나라요 그의 소유가 된 백성이니 이는 너희를 어두

운 데서 불러 내어 그의 기이한 빛에 들어가게 하신 이의 아름다운 덕을 선포하게 하려 하심이라 너희가 전에는 백성이 아니더니 이제는 하나님의 백성이요 전에는 긍휼을 얻지 못하였더니 이제는 긍휼을 얻은 자니라"(벧전 2:9-10). 루터는 만인제사장설을 주장했다. 그리스도인의 자존감과 자신감은 "하나님의 자녀가 되는 권세"에서 나온다(요 1:12-13).

(3)하나님의 백성과 자녀. 바울은 하나님과 백성의 관계에서 아버지와 자녀의 관계로 업그레이드했다. "우리는 살아 계신 하나님의 성전이라 이와 같이 하나님께서 이르시되 내가 그들 가운데 거하며 두루 행하여 나는 그들의 하나님이 되고 그들은 나의 백성이 되리라 그러므로 너희는 그들 중에서 나와서 따로 있고 부정한 것을 만지지 말라 내가 너희를 영접하여 너희에게 아버지가 되고 너희는 내게 자녀가 되리라 전능하신 주의 말씀이니라"(고후 6:16-18).

2. 성막건축과 하나님을 섬기는 길(출 25-40장)

(1)하나님의 임재. 인간은 에덴동산에서 하나님과 함께 살았다. 하나님의 임재는 노아의 방주, 모세의 성막, 솔로몬의 성전, 스룹바벨의 성전, 예수님의 몸인 성전, 우리의 몸인 성전, 신천신지의 성전 하나님과 어린 양으로 계속된다. 노아는 여호와께 은혜를 입었고(창 6:8), 성막위의 구름기둥과 불기둥은 광야40년 임재의 상징이다(출 40:34-38).

(2)모세의 금식기도. 모세는 시내산에서 첫 번째 40일금식기도에 들어갔고, 하나님은 모세에게 십계명, 율례와 법도를 주고, 성막건축을 명령했다. 그러나 출애굽기 32장의 금송아지 사건으로 모든 것이 물거품이 되었다. 이스라엘이 아론을 중심으로 금송아지 우상을 만들어 숭

배했다. 모세는 레위지파를 중심으로 우상숭배문제를 해결하고, 두 번째 40일금식기도에 들어갔다. 모세는 두 번째 준비한 두 돌비에 십계명을 받고 내려왔다.

(3)모세의 성막건축. 모세는 돌비를 보관할 법궤를 만들고, 법궤를 보관할 성막을 건축하라고 선포했다. 먼저 하나님이 모세에게 성막건축을 명령하고, 다시 모세가 백성들에게 성막건축을 명령했다. 하나님은 훌의 손자, 우리의 아들, 브사렐을 지명했다(출 31:1-6; 35:30-36:1). 성막건축의 조력자로 오홀리압과 지혜로운 동역자들을 세웠다. 하나님의 부름을 받은 자들은 하나님께 영광을 돌려야 한다(사 43:1; 고전 1:26-31, 10:31). 출애굽 제2년 1월 1일에 성막을 세웠고, 구름기둥과 불기둥이 성막위로 위치를 옮기면서 출애굽기가 끝난다(출 40:34-38).

(4)성전건축의 의미. 다윗은 하나님의 임재를 갈망했고(시 16:8; 23:4), 솔로몬은 다윗의 소원대로 성전을 건축했다(대상 28:3-6). 바사 왕 고레스칙령으로 바벨론포로에서 귀환한 총독 스룹바벨과 대제사장 여호수아의 지도로 성전을 재건했다(대하 36:22-23; 스 1:1-4). 제자들은 예수님의 부활 후에야 비로소 예수님의 몸이 성전이고, 3일만의 성전건축이 죽음과 부활이란 사실을 깨달았다(요 2:19-21). 바울은 우리 몸을 거룩한 성령이 내주하는 성전이라 강조했다(고전 3:16-17; 6:19-20; 고후 6:16). 개혁주의란 하나님 중심, 성경 중심, 교회 중심이다. 광야40년 이스라엘의 중심은 성막이고, 성막위에 임재의 상징 불기둥과 구름기둥이 존재했다.

3 레위기(Leviticus)
모세오경의 세 번째 책

출애굽기가 성막의 하드웨어를 건축한 이야기라면, 레위기는 성막의 소프트웨어 즉 성막사용설명서다. 어떻게(How)? 누가(Who)? 언제(When)? 성막에서 하나님을 섬길 것인가? 레위기는 출애굽한 하나님의 백성들에게 평생의 시스템을 만들어준다. 이스라엘 백성들은 세상의 중심이 이스라엘이고, 이스라엘의 중심은 예루살렘이고, 예루살렘의 중심은 성전이고, 성전의 중심은 지성소라 한다. 지성소의 중심에 법궤가 있고, 법궤 안에 돌비의 십계명이 있다. 결국 모세는 성막 중심의 시스템 즉 하나님 중심, 말씀중심, 교회중심의 시스템을 만든 것이다.

I. 레위기의 주제

주제는 거룩함(Holiness)이다. "여호와께서 모세에게 말씀하여 이르시되 너는 이스라엘 자손의 온 회중에게 말하여 이르라 너희는 거룩하라 이는 나 여호와 너희 하나님이 거룩함이니라"(Be holy because I, the Lord your God, am holy)"(레 19:1-2). 거룩함은 구별을 뜻하는데, 사람과 사물이 각각 관계에 따라 자기위치를 지키는 것이다. 천체는 궤도를 지킨다. 비행기와 차, 사람과 배도 하늘, 땅, 바다에서 항로와 차도, 인도와 뱃길을 지켜야 한다. 성도는 하나님과 수직관계와 사람과 수평관계를 지켜야 한다. 하나님 앞에서 영적 질서와 예배시간을 지키고, 가정에서 부부, 부자, 형제자매의 위치를 지키고, 사회에서 각자 맡은 직분과 직위에 맞게 살아야 한다. 성도는 생명의 질서와 윤리적 삶을 살아야 한다. "나는 여호와 너희의 하나님이라 내가 거룩하니 너희도 몸을 구별하여 거룩하게 하고 땅에 기는 길짐승으로 말미암아 스스로 더럽히지 말라 나는 너희의 하나님이 되려고 너희를 애굽 땅에서 인도하여 낸 여호와라 내가 거룩하니 너희도 거룩할지어다"(레 11:44-45). 하나님께 바쳐진 것들의 이름에 거룩함이란 의미를 덧붙여 성전, 성경, 성도, 성물, 성일처럼 부른다.

II. 하나님께 나아가는 법(레 1-27장)

레위기는 성막사용설명서다. 성막은 광야40년 이스라엘 민족의 삶의 중심이다. 성막을 중심으로 레위자손이 진을 쳤다. 동쪽에 모세와 아론의 자손이 진을 치고, 남쪽에 고핫, 서쪽에 게르손, 북쪽에 므라리 자손이 진을 쳤다. 배후에 동서남북에 3지파씩 12지파가 진을 쳤다. 동쪽에 유다, 잇사갈, 스불론이 진을 치고, 남쪽에 르우벤, 시므온, 갓이 진을 치고, 서쪽에 에브라임, 므낫세, 베냐민이 진을 치고, 북쪽에 단, 아셀, 납달리가 진을 쳤다. 성막중심의 삶은 하나님 중심, 말씀(성경)중심, 교회중심을 예표한다.

1. 어떻게(How) 섬길 것인가?(레 1-7장)

(1)제사의 종류. 레위기는 5대제사 즉 번제, 소제, 화목제, 속죄제, 속건제를 설명한다.

첫째, 번제는 제사 드리는 사람의 형편대로 소의 번제, 양의 번제, 집비둘기의 번제, 산비둘기의 번제를 드린다. 예수님의 부모가 산비둘기

나 집비둘기 둘로 제사하려고 했던 것을 보면, 집안 형편이 좋지 않았음을 알 수 있다(눅 2:22-24).

둘째, 소제는 단독제사가 아니라 번제와 함께 드리는 곡식 제사다. 요엘의 시대에는 4번의 메뚜기 재앙으로 극심한 기근이 있었는데, 소제와 전제를 다시 드릴 수 있는 방법은 진정한 회개라 강조했다(욜 2:12). "너희는 옷을 찢지 말고 마음을 찢고 너희 하나님 여호와께로 돌아올지어다 그는 은혜로우시며 자비로우시며 노하기를 더디하시며 인애가 크시사 뜻을 돌이켜 재앙을 내리지 아니하시나니 주께서 혹시 마음과 뜻을 돌이키시고 그 뒤에 복을 내리사 너희 하나님 여호와께 소제와 전제를 드리게 하지 아니하실는지 누가 알겠느냐"(욜 2:13-14).

셋째, 화목제는 제사장과 제물을 바친 백성들이 제사 후에 제물을 나눠 먹는 제사다. 만약 제사를 드린 후 2-3일이 지나도록 제물을 남겨두면 화목제는 무효였다. 냉장고가 없던 시절에 화목제가 유효하도록 제물을 빨리 먹으려면, 그것은 나눠 먹는 방법밖에 없다는 교훈이다.

넷째, 속죄제는 개인이나 민족의 죄를 용서받기 위해 드리는 제사다. 예수님의 십자가는 속죄제의 완성이다. "염소와 송아지의 피로 하지 아니하고 오직 자기의 피로 영원한 속죄를 이루사 단번에 성소에 들어가셨느니라 염소와 황소의 피와 및 암송아지의 재를 부정한 자에게 뿌려 그 육체를 정결하게 하여 거룩하게 하거든 하물며 영원하신 성령으로 말미암아 흠 없는 자기를 하나님께 드린 그리스도의 피가 어찌 너희 양심을 죽은 행실에서 깨끗하게 하고 살아 계신 하나님을 섬기게 하지 못하겠느냐"(히 9:12-14).

다섯째, 속건제는 부지중에 여호와의 성물이나 계명에 대해 죄를 지은 경우에 드린다. 반드시 흠 없는 숫양을 드리고, 여호와의 성물에 대한 배상은 1/5을 더하여 제사장에게 주고, 하나님 앞에 계명을 범한 허물도 속건제의 숫양으로 제사장이 속죄하여야 사함을 받도록 했다.

(2)제사의 방법. 제사를 드리는 방법에 따라 4가지로 분류했다.

첫째, 화제(火祭)는 번제처럼 제물을 불로 태워드리는 제사다. 완전한 헌신을 의미한다.

둘째, 거제(擧祭)는 받들어 드리는 제사다. 낮고 천한 죄인이 높으신 하나님께 드리는 제사다.

셋째, 요제(搖祭)는 키질로 쭉정이는 내보내고 알곡을 모아 하나님께 드리는 제사다.

넷째, 전제(奠祭)는 액체를 부어드린 제사. 야곱은 벧엘의 돌단에 어머니 리브가가 준 기름병을 부어 전제를 드렸다(창 28:18-19). 다윗은 전쟁터에서 고향 베들레헴의 샘물을 마시고 싶었는데, 부하들이 사선을 뚫고 물을 길러왔다. 다윗은 단을 쌓고 물을 부하들의 피라 여기고 전제를 드렸다. 바울은 사역을 마치며 자신의 몸을 전제로 부어드렸다고 고백한다(딤후 4:6).

2. 누가(Who) 섬길 것인가?(레 8-16장)

(1)제사장의 위임식. 위임식에서 제사장을 하나님의 중보자로 세웠다. 중보자는 선지자와 제사장이다. 하나님은 선지자를 통해 말씀으로 사람을 찾아온다. 사람은 제사장을 통해 제물을 갖고 하나님께 나아간다. 구약에서 제사장 없는 제사는 무효다. 제사장은 구별을 상징하는 거룩한 옷을 입고 제사를 드렸다.

(2)예수님의 삼중직. 선지자, 제사장, 왕은 기름부음으로 세운 직분이다. 예수님의 삼중직은 그 선지자(신 18:15,18), 큰 대제사장(히

4:14), 만왕의 왕, 만주의 주다(계 19:16). 우리도 주 안에서 부분적 삼중직을 누린다(출 19:4-6; 벧전 2:9-10). "그러나 너희는 택하신 족속이요 왕 같은 제사장들이요 거룩한 나라요 그의 소유가 된 백성이니 이는 너희를 어두운 데서 불러 내어 그의 기이한 빛에 들어가게 하신 이의 아름다운 덕을 선포하게 하려 하심이라"(벧전 2:9).

(3)십자가의 제사. 대제사장 예수 그리스도가 자신을 제물로 하나님께 드린 십자가의 제사는 단번에(Once for All) 인류의 죄를 대속한 사건이다(히브리서 4:14-16; 9:11-15; 9:10). 구속받은 하나님의 자녀들은 예수 그리스도의 이름으로 기도, 찬양, 감사, 선포할 수 있다. 히브리서는 그리스도인에게 새로운 삶을 권면한다. "그러므로 형제들아 우리가 예수의 피를 힘입어 성소에 들어갈 담력을 얻었나니 그 길은 우리를 위하여 휘장 가운데로 열어 놓으신 새로운 살 길이요 휘장은 곧 그의 육체니라 또 하나님의 집 다스리는 큰 제사장이 계시매 우리가 마음에 뿌림을 받아 악한 양심으로부터 벗어나고 몸은 맑은 물로 씻음을 받았으니 참 마음과 온전한 믿음으로 하나님께 나아가자 또 약속하신 이는 미쁘시니 우리가 믿는 도리의 소망을 움직이지 말며 굳게 잡고 서로 돌아보아 사랑과 선행을 격려하며 모이기를 폐하는 어떤 사람들의 습관과 같이 하지 말고 오직 권하여 그 날이 가까움을 볼수록 더욱 그리하자"(히 10:19-25).

3. 언제(When) 섬길 것인가?(레 17-27)

레위기는 하나님이 친히 하나님을 섬길 시간을 정한다. 이스라엘은 그 만남의 시간을 절기 즉 축제(festival)라 부른다. 이스라엘의 3대 절기는 유월절, 오순절, 장막절이다.

(1)상번제. 매일 아침과 저녁에 드리는 제사다. 하나님 앞에서 하루를 시작하고 마치며 드리는 가장 기본적인 제사다.

(2)안식일. 매주 안식일에 드리는 제사다. 안식일 준수는 십계명의 4계명인데, 6일의 노동과 1일의 안식은 결혼과 함께 하나님의 창조원리다. 하나님의 피조물인 인간은 평생 하나님 앞에서 한 주간을 시작하며 마치는 노동과 안식의 규칙을 지켜야 한다. 구약의 안식일은 천지창조 기념일(출 20:8-11)과 출애굽 기념일인데(신 5:12-15), 신약의 성도들은 부활기념일의 의미를 첨가하여 주일성수의 의무를 다해야 한다(마 28:1; 요 20:19,26; 행 20:7).

(3)월삭. 매월 초하루에 드리는 제사다. 하나님 앞에서 한 달을 시작하고 마무리하는 제사다.

(4)나팔절. 매년 7월 1일에 드리는 제사다. 원래 나팔절은 매년 초하루 1월 1일 설날에 지키고, 월삭 중에 가장 큰 월삭이다. 그러나 하나님이 유월절을 제정할 때에 1월을 7월로, 7월을 1월로 바꾸었다. 그 결과 나팔절은 7월 1일이 되었다.

(5)대속죄일. 매년 7월 10일, 1년에 1번 대제사장이 지성소에 들어가서 제사를 드리는 날이다(레 16장). 대속죄일 후 거룩함을 위해 3가지 규례를 지켜야 한다. 첫째, 반드시 제물은 회막에서 드려야 한다(레 17:1-9). 둘째, 육체의 생명은 피에 있기 때문에 무슨 피든지 먹지 말아야 한다(레 17:10-18). 셋째, 가나안의 가증한 풍속을 따르지 말아야 한다(레 18장).

(6)유월절. 430년 애굽의 종살이에서 탈출한 1월 14일 밤이다. 무교절은 그 후에 한 주간 무교병을 먹으며 계속 지키는 절기다. 예수님은 유월절에 십자가에서 세상 죄를 지고 가는 하나님의 어린 양으로 죽었

다(요 1:29). 유월절은 출애굽과 십자가 즉 과거의 사건을 의미한다.

(7)오순절. 유월절부터 50일째 되는 날이고 유월절 7주 후란 의미로 칠칠절이라 한다. 모맥을 거두는 시기여서 맥추절이라 부른다. 오순절은 신약에서 성령강림, 성령충만을 체험하고 새롭게 시작하는 현재의 사건을 의미한다.

(8)장막절. 장막과 초막을 짓고 살던 광야생활을 기념하는 의미에서 초막절이라 부른다. 추수 후에 곡간에 알곡을 저장한 후 지키기에 수장절이라 부른다. 수장절은 알곡 신자가 천국에 들어갈 미래의 사건을 의미한다. 유월절이 과거라면, 오순절은 현재, 초막절은 미래의 사건이다.

(9)안식년. 안식년은 매 7년마다 주인과 종, 토지까지 안식하는 절기다. 역대기는 바벨론포로를 안식년에 비유했다. "칼에서 살아 남은 자를 그가 바벨론으로 사로잡아가매 무리가 거기서 갈대아 왕과 그의 자손의 노예가 되어 바사국이 통치할 때까지 이르니라 이에 토지가 황폐하여 땅이 안식년을 누림 같이 안식하여 칠십 년을 지냈으니 여호와께서 예레미야의 입으로 하신 말씀이 이루어졌더라"(대하 36:20-21). 문자적으로 490년간, 즉 이스라엘이 가나안정복부터 바벨론포로까지 한 번도 안식년을 제대로 지키지 않았다는 의미다.

(10)희년. 50년째가 되는 해에 가나안 정복 초기상태로 환원시켰다. 이사야는 은혜의 해라 불렀고(사 61:1-3), 예수님은 공생애의 사역을 희년의 성취라 해석했다(눅 4:16-21). 희년은 하나님이 그리스도에게 기름부음을 부어 가난한 자에게 복음을 전하고, 포로 된 자에게 자유를, 눈 먼 자에게 다시 보게 함을, 눌린 자를 자유롭게, 갇힌 자에게 놓임을, 슬픈 자를 위로하는 회복의 해를 뜻한다. 희년은 인간의 욕심으로 형성된 빈익빈부익부를 해결하는 제도다.

4 민수기(Numbers)
모세오경의 네 번째 책

민수기는 광야40년 이스라엘 백성의 삶을 기록한 단면도다. 모세는 애굽에서 탈출한 출애굽세대와 광야에서 태어난 광야세대의 인구를 조사했다. 민수기는 2번의 인구조사 때문에 붙여진 이름이다. 출애굽의 목적은 애굽에서 탈출이나 광야생활이 아니다. 최종목적은 약속의 땅 가나안에 입성하는 것이다. 모세는 출애굽을 주관했지만, 여호수아와 갈렙은 가나안 정복과 입성을 주관했다. 10명의 정탐꾼은 가나안 입성이란 하나님의 계획을 성취하는데 훼방꾼이었다. 여호수아와 갈렙처럼 일꾼이 될 것인가? 원망하던 자들처럼 훼방꾼이 될 것인가? 디딤돌이 될 것인가? 걸림돌이 될 것인가? 하나님의 계획에 절대긍정으로 반응하면, 가나안의 주인공이 된다. 그러나 절대부정으로 반응하면, 광야세대처럼 엎드러져 죽을 수밖에 없다.

I. 이스라엘의 광야생활(민 1-22장)

1. 하나님의 선택

하나님은 자신의 뜻을 성취하려고 사람을 선택한다. 그러나 하나님의 선택은 스펙과 반대로 역설적 선택이다(고전 1:26-31). 지혜로운 자보다 미련한 자, 강한 자보다 약한 자, 부유한 자보다 없는 자를 선택한다. 누구든지 하나님만 자랑하고, 하나님께 영광을 돌리라는 뜻이다.

구원이란 하나님의 은혜로 믿어져서 받은 선물이기에 누구라도 자랑할 수 없다(엡 2:8-9). 하나님이 "믿음으로 믿음에" 이르게 하신 선물이다(롬 1:17). 전자는 하나님의 주권적 은혜로 믿어진 믿음이고, 후자는 사람이 자유의지로 믿는 믿음이다. 그렇기 때문에 바울은 내가 나 된 것과 모든 사도보다 더 많이 수고한 것이 하나님의 은혜라 고백했다. 노아는 의인이기에 하나님의 은혜를 받은 것이 아니라 은혜를 받아서 의인의 삶을 살았다(창 6:8-9). "오직 은혜!"(sola Gratia)를 받아 "오직 하나님께 영광을!"(soli Deo Gloria) 돌리자!

2. 1차 인구조사

민수기 1-4장에서 출애굽세대의 인구를 조사했는데, 총계는 603,550명이었다(민 1:46). 40년 후에 민수기 26장에서 광야세대의 인구를 조사했는데, 총계는 601,730명이었다(민 26:51). 민수기 13, 14장에서 정탐꾼의 사건으로 하나님이 통곡하던 백성들을 모조리 죽이려 했지만, 모세의 중재로 40년간 광야에서 그들이 죽기를 기다렸다. 603,550명을 40년으로 나누고, 365일로 나누면, 하루 평균 41.3명이 죽었다. 하나님이 "너희 말이 내 귀에 들린 대로 내가 너희에게 행하리니"라고 맹세한 것처럼(민 14:28), 원망하던 자들은 40년 동안 매일평균 40명 이상의 장례를 치루며 통곡해야 했다(민 14:1-3). 하나님은 모세의 출애굽세대 60만 즉 걸림돌과 훼방꾼들을 죽이고, 여호수아와 갈렙의 광야세대 60만 즉 신세대를 통해 가나안 정복을 성취했다. 성경은 민주주의가 아니라 신주주의다. 하나님은 60만이 반대해도 자기 뜻을 성취한다. 하나님의 은혜란 기회를 준 것이다. 믿음으로 기회를 붙잡고 구할 것은 충성이다(고전 4:1-2). 하나님은 60만이 반대해도 또 다른 60만을 통해 가나안정복을 성취하기 때문이다.

3. 나실인의 서원

(1)나실인의 금령. 나실인은 하나님께 바쳐진 사람이다. 나실인의 금령은 금주, 삭발금지, 시체접촉금지 등 3가지다(민 6:1-12). 성경의 대표적 나실인은 삼손, 사무엘, 세례 요한 등이다.

(2)삼손. 그는 3가지 금령을 모두 다 어겼다. 삼손은 금주령을 어기고 딤나와 가사에 다녔고(삿 13:4,7), 들릴라의 무릎에서 삭발금지령을 어겼고(삿 16:15-22), 시체접촉금지령을 어기고 사자의 시체에서 꿀을 꺼냈다(삿 14:5-8). 그럼에도 불구하고 삼손이 죽을 지경이 되어 부르짖자 하나님은 2번이나 응답했다. 삼손이 나귀턱뼈로 블레셋사람 천 명을 죽인 후 목말라 죽게 되자 부르짖었다. 하나님은 라맛 레히에 엔학고레란 샘물을 터뜨려 살려줬다(삿 15:18-19). 머리가 잘린 삼손이 삼천 명이 들어간 블레셋경기장에서 재롱부리다 쉬는 시간에 기둥을 붙잡고 부르짖었다. 그는 하나님의 응답으로 살았을 때보다 더 많은 자를 죽이고, 결국 자신도 죽었다(삿 16:28-31). 하나님은 나실인의 규례를 어긴 삼손이 부르짖음에도 응답했다(렘 33:3).

(3)서원. 하나님과 약속은 해로울지라도 지켜야 한다(시 15:4). 삼손의 아버지 마노아, 사무엘의 어머니 한나, 세례요한의 부모 사가랴와 엘리사벳, 사도바울처럼 서원의 대상은 자기 자신과 자녀다. 하나님 앞에 서원하고 갚지 않는 것보다 서원하지 않는 것이 더 낫다(전 5:1-7).

4. 대제사장의 축복기도 시스템

(1)하나님의 목적. "내가 반드시 너에게 복 주고 복 주며 너를 번성

하게 하고 번성하게 하리라"(히 6:14). 아브라함에게 "너는 복이 되라!"(you will be a blessing)고 했다(창 12:1-3). 하나님은 제사장의 축복기도 시스템으로 이스라엘 자손에게 복과 은혜와 평강을 주길 원했다. 하나님은 노예민족을 젖과 꿀이 흐르는 가나안의 주인공으로 변화시키길 시스템을 원했다.

(2)하나님의 명령. 하나님은 모세에게, 모세는 아론과 그 아들들에게 이스라엘 민족을 축복하도록 명령했다. 제사장이 아침저녁 상번제, 매주 안식일제사, 매월초하루 월삭제사, 매년 나팔절과 유월절, 오순절, 장막절, 대속죄일의 절기마다 축복하도록 명령했다. "여호와는 네게 복을 주시고 너를 지키시기를 원하며 여호와는 그의 얼굴을 네게 비추사 은혜 베푸시기를 원하며 여호와는 그 얼굴을 네게로 향하여 드사 평강 주시기를 원하노라"(민 6:24-26).

(3)복과 은혜와 평강. 믿음의 결국은 영혼의 구원이다(벧전 1:9). 구약의 복은 가나안, 신약은 천국이다. 은혜란 사울이 바울로 변화된 것이다. 바리새인의 공로사상을 버리고, 그리스도인의 은혜사상으로 무장해야 한다. 부활의 주님은 제자들에게 평강을 빌었다(요 20:19,21,26) 바울서신의 인사말은 은혜와 평강뿐이다(롬 1:1-7; 고전 1:1-3; 고후 1:1-2; 갈 1:1-3; 엡 1:1-2; 빌 1:1-2; 골 1:1-2; 살전 1:1; 살후 1:1-2; 딤전 1:1-2; 딤후 1:1-2; 딛 1:1-4; 몬 1:1-3).

(4)복과 축복. 제사장들이 이스라엘을 축복하면, 하나님이 복을 주기로 약속했다(민 6:27). 주어가 사람이면 축복한다, 주어가 하나님이면 복을 준다는 동사를 쓴다. 즉 제사장이 축복하면, 하나님이 복을 준다(창 1:26-28; 12:3; 민 6:27). 주님마저도 제자들을 축복했다(눅 24:50-51).

(5)신약의 축도. 제사장의 축복은 신약의 마지막 예배순서 축도와 유사하다. "주 예수 그리스도의 은혜와 하나님의 사랑과 성령의 교통하심이 너희 무리와 함께 있을지어다"(고후 13:13).

5. 광야생활의 단면도

민수기는 광야40년의 단면도를 보여준다(민 9:15-23). 이스라엘은 일 년이든지, 한 달이든지, 이틀이든지, 구름기둥과 불기둥이 성막위에 멈추면 진을 치고, 움직이면 출발했다. 구름기둥과 불기둥은 이스라엘의 진을 보호했고, 광야여행의 길잡이였다. "사람이 마음으로 자기의 길을 계획할지라도 그의 걸음을 인도하시는 이는 여호와시니라"(잠 16:9). 구름기둥과 불기둥은 광야에서 40년간 하나님의 보호하심과 인도하심을 상징하는 표지였다. 이스라엘의 광야생활은 여호와의 명령대로 진을 치고, 여호와의 명령대로 행진하고, 여호와의 명령을 따라 직임을 지켰다(삼상 15:22-23). "볼지어다 내가 세상 끝날까지 너희와 항상 함께 있으리라"(마 28:20).

6. 형제자매의 난

(1)형제사랑. 아론과 미리암이 모세가 구스여자를 취했다고 비방했지만, 그들은 모세의 리더십에 도전했다. 구스여자가 십보라인지 후처인지 모르지만, 모세는 온유로 대처했다(민 12:1-3). 최고의 사랑은 형제사랑이다. "누구든지 하나님을 사랑하노라 하고 그 형제를 미워하면 이는 거짓말하는 자니 보는 바 그 형제를 사랑하지 아니하는 자는 보지 못하는 바 하나님을 사랑할 수 없느니라 우리가 이 계명을 주께 받았나니 하나님을 사랑하는 자는 또한 그 형제를 사랑할지니라"(요일 4:20-

21). 오바댜는 형제 이스라엘 자손을 공격한 에서의 자손 에돔 족속을 책망했다. 형제가 연합하여 동거함이 가장 선하고 아름다운 일이다(시 133:1-3).

(2)탕자의 비유. 이것은 아버지의 사랑의 비유다. 탕자가 돌아올 때에 아버지는 사랑으로 대하지만, 형은 시비를 걸고 비난한다. 많은 구성원이 아버지의 마음을 품고 서로 돌아보는 가정과 교회공동체는 행복하다(민 21:4; 행 6:1-4). 그러나 형의 마음을 품고 비난하면 불행하다.

(3)모세의 온유함. 온유함은 예수님의 마음이다(민 12:3; 빌 2:5; 마 11:28-30). 그러나 사탄의 특성은 거짓과 교만이다(창 3:4-5; 요 8:44). "온유한 자는 복이 있나니 그들이 땅을 기업으로 받을 것임이요"(마 5:5). 결국 모세도 므리바에서 백성과 다투며 분노의 지팡이로 반석을 내리침으로 가나안입성을 상실했다(민 20:10-13). 사탄은 분노의 틈(헬, 토포스, 발판)을 노린다(엡 4:26-27). 성령의 마지막 열매 절제로 자기관리능력을 길러 분노와 두려움의 상처와 마음의 쓴 뿌리를 제거해야 한다. 모세와 다투던 미리암과 아론도 광야에서 죽었다(민 20:1,22-29).

7. 열두 정탐꾼 파송사건

광야40년 가운데 가장 비극적 사건이 민수기 13-14장의 12정탐꾼 파송사건이다.

(1)정탐꾼의 사명. 모세가 보낸 정탐꾼의 사명이다. "거민이 강한지 약한지 많은지 적은지와 그들이 사는 땅이 좋은지 나쁜지와 사는 성읍이 진영인지 산성인지와 토지가 비옥한지 메마른지 나무가 있는지 없는지를 탐지하라"(민 13:18-20). 40일 후 그들이 벤 포도송이를 둘이

메고 와서 보고했다. "당신이 우리를 보낸 땅에 간즉 과연 그 땅에 젖과 꿀이 흐르는데 이것은 그 땅의 과일이니이다"(민 13:27). 이것이 팩트다. 그런데 그들은 스스로 메뚜기증후군에 걸려 "그러나"라고 그 땅을 악평하기 시작했다(민 13:28,33). 정탐꾼의 사명은 "그러나"라고 불순종하기보다 "그러므로"라고 순종하는 것이다. 말이 씨가 된다(민 14:28; 눅 8:11). 하나님의 뜻은 광야에서도 항상 기뻐하고, 쉬지 말고 기도하고, 범사에 감사하는 것이다(살전 5:16-18).

(2)여호수와 갈렙. 10:2의 열세와 백성들의 통곡에도 그들은 믿음으로 그 땅이 심히 아름답고 과연 젖과 꿀이 흐르는 땅이라 보고했다(민 14:1-8). "다만 여호와를 거역하지는 말라 또 그 땅 백성을 두려워하지 말라 그들은 우리의 먹이라 그들의 보호자는 그들에게서 떠났고 여호와는 우리와 함께 하시느니라 그들을 두려워하지 말라"(민 14:9). 하나님은 원망하는 자들에게 "너희 말이 내 귀에 들린 대로" 행하리라 했고(민 14:28), 여호수아와 갈렙에게 그들의 믿음대로 가나안 입성을 약속했다(민 13:30-33; 14:6-9; 26-30). 하루 밤에 자존감과 자신감 상실한 60만이 원망바이러스에 감염된 확진자가 되었다. 40년 후에 85세의 갈렙은 그의 말대로 "이 산지를 지금 내게 주소서!"(수 14:12)라고 요구하여 정복했다(수 14:13-15; 15:13-19).

(3)말의 힘. 믿음은 들음에서 나온다(롬 10:17). 세상에 말씀, 말씨, 말투가 있는데, 하나님의 말씀을 마음에 심으면 복을 받는다. 말씀을 듣고 믿으면, 마음과 생각이 바뀐다. 생각은 말을, 말은 행동을, 행동은 습관을, 습관은 인생(人生)을 바꾼다. 사람은 듣기, 말하기, 읽기, 쓰기를 거쳐 성장한다. 바이킹(Viking)의 후예 영국은 제임스 왕이 번역한 영어성경(KJV)을 읽고, 신사숙녀의 나라가 되었다. "내가 주의 증거들

을 늘 읊조리므로 나의 명철함이 나의 모든 스승보다 나으며 주의 법도들을 지키므로 나의 명철함이 노인보다 나으니이다"(시 119:99-100). 성경을 읽는 자, 듣는 자, 지키는 자들이 복이 있다(계 1:1-3). 광야세대의 원망은 "없다!"와 "죽겠다!"였다. 누구든지 "없어 죽겠다!"라고 최악으로 반응하면 모든 것이 끝(the end)이다.

II. 거짓 선지자 발람과 모압 왕 발락의 음모(민 22-25장)

1. 뇌물의 유혹

거짓 선지자 발람과 모압 왕 발락의 이야기다(민 22-24장). 발락은 발람에게 이스라엘을 저주하라고 뇌물을 주고, 더 많은 뇌물을 주었다. 하나님은 발람에게 말씀으로 경고했고, 또 나귀를 통해 재차 경고했다. 발람은 발락의 뇌물을 받고 4번씩 이스라엘을 저주하려고 시도했다. 하나님의 영이 임하자 발람은 저주가 아닌 축복을 선포했다(민 23:11,25; 24:2,10,14-25).

2. 하나님의 음성

거짓 선지자 발람처럼 하나님의 말씀을 듣고 해석하고 적용하면 망한다. 성경말씀을 읽고 큐티(Quiet Time)를 할 때에 사실(Fact), 의미(Meaning), 적용(Application)의 단계로 누구의 말을 듣고 있는지 자신을 살펴보아야 한다. 발람의 입장과 발락의 입장, 나귀의 입장과 이스라엘 백성의 입장도 살펴보고, 특히 하나님의 입장에서 역지사지(易地思之)하면, 유혹을 물리치고 육신의 정욕, 안목의 정욕, 이생의 자랑을 이길 수 있다. 세상은 우리를 저주할 수 없고(창 12:3; 히 6:14), 하나님이 반드시 원수를 갚아준다(롬 12:14-21).

3. 바알브올의 비극

(1)비느하스의 열심. 제사장 아론의 손자, 엘르아살의 아들, 비느하스가 하나님의 질투심으로 동침한 남녀의 배를 꿰뚫어 죽이자 24,000명을 죽인 염병이 그쳤다(민 25:6-13). 반면에 음행의 주인공은 시므온지파의 족장의 지도자, 살루의 아들 시므리와 미디안 족장 가문의 수령, 수르의 딸 고스비였다(민 25:14-15).

(2)스스로 넘어짐. 발락의 뇌물을 받은 발람도 이스라엘을 저주하지 못했다. 그러나 바알브올의 비극은 이스라엘이 스스로 음행의 유혹에 넘어진 사건이다. 하나님은 이스라엘을 속임수로 미혹한 미디안을 대적하여 치도록 했다(민 25:16-18). 다윗도 피난생활 중에는 새벽을 깨우고(시 16:8; 57:7-8), 나의 힘이 되신 여호와를 사랑하고(시 18:1-2), 여호와를 나의 목자로 삼고 자족하며 승리했다(시 23:1). 그러나 왕이 되어 백향목 왕궁의 상아침대에서 저녁 때에 일어나서 밧세바를 보고 스스로 넘어졌다(삼하 11:2). 노아도 600세에 홍수가 날 때까지 의롭게 살았지만, 홍수 후에 포도주 농사를 짓고 포도주를 마시고 스스로 넘어졌다(창 9:20-27). 강력한 적은 외부에 있지 않고, 항상 내부에 있다. 주님도 시험에 들지 않게 기도하라 했다(마 6:13). 육체의 질병도 외과의 병보다 암처럼 내과의 병이 더 위험하다. 승리의 비결은 자신과 싸움에서 이기는 극기와 절제다. 순서는 수신(修身), 제가(齊家), 치국(治國), 평천하(平天下)다.

III. 가나안 입성 준비(민 26-36장)

1. 2차 인구조사

(1)광야세대. 하나님 편에서 순종하지 않던 정탐꾼 사건으로 통곡했

던 출애굽세대가 죽었고, 모세는 가나안에 들어갈 신세대를 계수했다. 인구조사의 총계는 601,730명이었다(민 26:51). 아브라함 링컨은 남북전쟁 때 "하나님이 내편인가?"가 아니라 "내가 하나님 편인가?"를 생각하며 기도했다. 출애굽세대처럼 불순종의 습관이 들면, 가나안 입성에 실패한다(히 3:15-19).

(2)출애굽세대. "오늘 너희가 그의 음성을 듣거든 격노하시게 하던 것 같이 너희 마음을 완고하게 하지 말라"(히 3:15). 출애굽세대 603,550명 가운데 여호수아와 갈렙을 뺀 나머지는 광야40년 하나님을 격노케 한 불순종으로 가나안 입성이 금지되었다(히 3:18). 결국 그들은 믿지 않음으로 능히 들어가지 못한 것이다(히 3:19). 바울은 그것을 본보기로 삼고, 그들처럼 우상숭배자, 음행하는 자, 시험하는 자, 원망하는 자가 되지 말자고 다짐했다(고전 10:5-11). "그런즉 선 줄로 생각한 자는 넘어질까 조심하라"(고전 10:12).

2. 슬로브핫의 딸들의 기업분배

하나님이 아브라함에게 약속한 기업은 땅과 자손이다(창 12:1-3). 민수기 27장, 36장은 므낫세지파 슬로브핫의 다섯 딸, 말라, 노아, 호글라, 밀가, 디르사의 기업분배 사건을 기록한다. 최종안은 슬로브핫의 딸들에게 기업을 분배하라는 것이다. 그러나 기업을 갖고 시집을 가면 므낫세지파의 기업이 줄어든다는 반대도 합당하기 때문에, 남편선택권을 므낫세지파로 제한시켰다. 딸들에게 기업을 주되 므낫세지파 내에서만 시집가도록 했다. 그것은 하나님이 주신 기업의 중요성을 교훈한다(시 127:3). 나봇이 아합과 이세벨의 거짓증인에 의해 돌에 맞아 죽으면서 조상의 기업인 포도원을 팔지 않은 것도 기업의 중요성을 강조한다(왕하 21:11-16).

3. 도피성

하나님은 부지중에 살인한 자들을 살리려고 요단강을 중심으로 동쪽과 서쪽에 3개씩, 6개의 도피성을 지정하여 가장 가까운 곳으로 도피하여 구원받도록 했다(민 35:9-15; 수 20:7-9).

(1)요단강 동쪽(3개). 르우벤지파의 평지광야 베셀, 갓지파의 길르앗 라못, 므낫세지파의 바산 골란이다.

(2)요단강 서쪽(3개). 납달리 산지 갈릴리의 게데스, 에브라임 산지 세겜, 유다 산지 기럇 아르바, 헤브론이다.

5 신명기(Deuteronomy)
모세오경의 다섯 번째 책

　신명기란 두 번째(deutro)와 율법(nomos)의 합성어다. 모세가 인생 120년, 광야40년을 정리하면서 마지막 한 달 동안 가나안에 들어갈 광야세대에게 율례와 법도를 선포한 메시지다. 모세는 십계명을 출애굽기 20장에서 출애굽세대에게 공포했고, 두 번째로 신명기 5장에서 광야세대에게 공포했다. 모세는 언약의 현재성과 미래성을 언급했다.

　첫째, 과거 세대보다 현재 세대를 강조했다. "우리 하나님 여호와께서 호렙산에서 우리와 언약을 세우셨나니 이 언약은 여호와께서 우리 조상들과 세우신 것이 아니요 오늘 여기 살아 있는 우리 곧 우리와 세우신 것이라"(신 5:2-3). 데살로니가교회는 바울이 현재 선포한 설교를 사람의 말이 아닌 하나님의 말씀으로 받고, 그 말씀은 믿는 자 속에서 역사했다(살전 2:13).

　둘째, 현재 세대와 함께 미래 세대를 강조했다. "내가 이 언약과 맹세를 너희에게만 세우는 것이 아니라 오늘 우리 하나님 여호와 앞에서 우리와 함께 여기 서 있는 자와 오늘 우리와 함께 여기 있지 아니한 자에게까지이니라"(신 29:14-15). 예수님도 최후만찬 후 제자들과 미래의 제자들을 사랑하는 마음으로 기도했다. "내가 비옵는 것은 이 사람들만 위함이 아니요 또 그들의 말로 말미암아 나를 믿는 사람들도 위함이니 아버지여, 아버지께서 내 안에, 내가 아버지 안에 있는 것 같이 그들도 다 하나가 되어 우리 안에 있게 하사 세상으로 아버지께서 나를 보내신 것을 믿게 하옵소서"(요 17:20-21). 광야세대에게 두 번째 선포한 신명기는 과거보다 현재 세대와 미래 세대를 위한 메시지다(신 5:1-3; 29:14-15).

I. 과거의 회고(신 1-4장)

신명기 1-4장은 역사적 서막으로 과거를 회고하는 내용이다.
첫째, 광야40년을 방황하게 된 정탐꾼사건을 회고한다(신 1:19-33).
둘째, 헤스본 왕 시혼과 바산 왕 옥의 사건을 회고한다(신 2:26-37; 3:1-11).
셋째, 하나님께 기도했지만, 모세의 가나안 입성금지가 풀리지 않았다 회고한다(신 3:23-29).
넷째, 요단강 동쪽의 도피성을 확인한다(신 4:41-43).

II. 현재의 삶(신 5-26장)

신명기 5-26장은 언약백성의 삶을 안내하는 약정들이다.

1. 십계명

모세의 율법은 사랑의 법이다(신 5-11장). 모세는 신명기 5장에서 출애굽기 20장의 십계명을 재차 선포한다. 십계명은 대신계명(對神誡命)인 하나님 사랑과 대인계명(對人誡命)인 이웃 사랑으로 분류한다.
(1)개신교는 하나님 사랑(1-4계명)과 이웃사랑(5-10계명)으로 분류한다.
(2)유대교는 대신계명(1-5계명)과 대인계명(6-10계명)으로 분류하는데, 부모공경의 5계명을 대신계명으로 분류하여 부모를 하나님처럼 공

경하라고 강조한다.

(3)가톨릭은 대신계명(1-3계명)과 대인계명(4-10계명)으로 분류하는데, 사람이 안식일을 위하지 않고 안식일이 사람을 위한다는 말씀처럼 안식일의 4계명을 대인계명으로 여긴다.

2. 계시의 점진적 발전(Progressiveness of Revelation)

(1)출애굽기 십계명(출 20:1-17)은 4계명의 안식일을 창조기념일로 지키라 한다(출 20:8-11).

(2)신명기 십계명(신 5:7-21)은 4계명의 안식일을 출애굽기념일로 지키라 한다(신 5:12-15).

(3)신약의 주일성수는 노동과 안식의 우선순위를 바꾼다. 구약은 6일간 노동 후에 7일째 토요일에 안식일을 지켰다. 그러나 신약은 예수님의 부활을 기념하여 안식 후 첫날 일요일에 먼저 주일을 지키고, 6일간 우리의 일을 한다. 4계명 준수과정을 보면, 그 의미가 천지창조기념일, 출애굽기념일, 부활기념일로 발전했다. 이것이 계시의 점진적 발전이다. 오늘날 주일성수는 천지창조기념일, 출애굽기념일, 부활기념일의 의미를 동시에 발전시켜 지켜야 한다.

3. 하나님의 레슨(Lesson)

하나님은 광야40년 두 가지를 가르쳤다(신 8:1-3).

첫째, 하나님은 우리의 마음이 알고 싶었다. 즉 우리가 순종하는지 불순종하는지 궁금했다. 마음이 궁금한 것은 오직 사랑할 때뿐이다. 주님은 2,000년 전에 최후만찬에서 사랑을 강조했다. "아버지가 내 안에, 내가 아버지 안에, 내가 너희 안에, 너희가 내 안에 있다." 그러나 우리는 주님의 사랑에 무관심했고, 드라마에서 "내 안에 너 있다!"는 주인공의 멘트에 심쿵할 뿐이다.

둘째, 하나님은 사람이 떡보다 말씀으로 산다는 것을 알게 하고 싶었다. 즉 광야란 인간의 노력보다 순종의 복으로 살아야 한다는 것이다(시 127:1-2).

4. 광야의 종착역

하나님의 계획은 "마침내" 가나안의 복을 주심이다(신 8:16). 아담은 고난 없이 무조건 복을 받아 에덴동산을 빼앗겼다. 하나님은 광야의 고난을 통해 젖과 꿀이 흐르는 가나안의 복을 주려고 계획했다. 마침내 하나님이 복을 주면, 교만하지 말고 겸손해야 한다. 그것이 고난 없이 왕이 된 사울과 고난 후에 왕이 된 다윗의 차이점이다. "그러나 네가 마음에 이르기를 내 능력과 내 손의 힘으로 내가 이 재물을 얻었다 말할 것이라 네 하나님 여호와를 기억하라 그가 네게 재물 얻을 능력을 주셨음이라 이같이 하심은 네 조상들에게 맹세하신 언약을 오늘과 같이 이루려 하심이니라"(신 8:17). 하나님이 광야생활을 거쳐 마침내 가나안의 복을 주려는 까닭은 그 복을 누리도록 하려는 것이다. 그럼에도 불구하고 북이스라엘은 BC 722년 앗수르에 멸망하고, 남유다는 바벨론포로 70년의 비극을 당했다. 신앙생활은 교만을 버리고, 겸손하게 하나님께 순종하는 초지일관(初志一貫)뿐이다(잠 16:18; 약 4:6; 벧전 5:5,6).

5. 특별지시

모세가 신명기 12-26장에서 선포한 하나님의 특별지시 내용들은 다음과 같다.

첫째, 하나님이 택한 한 처소에서 예배하라는 것이다(신 12장). 하나님은 다윗을 오르난의 타작마당으로 인도하여 성전부지를 결정하고, 솔로몬이 그곳에 성전을 건축했다(대하 3:1).

둘째, 장차 세울 왕의 규례를 공포했다. 왕은 타국인 아닌 형제 중에 세우고, 왕은 많은 병마를 두려고 애굽에 가지 말고, 많은 아내를 두어 미혹 받지 말고, 많은 은금을 쌓지 말고, 율법책을 읽고 순종하라 했다(신 17:14-20). 부귀영화를 누린 솔로몬도 하나님 없는 인생의 허무를 논하고, 인생의 본분은 하나님을 경외하고 명령을 지키는 것이라 했다(전 1:2; 12:13-14).

셋째, 선지자의 규례를 말씀했다. 장차 모세와 같은 선지자 하나를 세울 것이라고 약속했다(신 18:15,18). 말씀의 성취여부로 참 선지자와 거짓 선지자를 구별하라 했다(신 18:15-22). 결국 모세와 같은 그 선지자는 예수님이다(요 1:19-28). 예수님은 율법과 선지자를 폐하지 않고, 십자가에서 율법의 요구를 다 성취했다(마 5:17-18; 요 19:30).

III. 미래의 예고(신 27-34장)

신명기 27-34장은 모세가 죽기 전에 이스라엘 백성의 미래를 예고하는 내용이다.

1. 언약의 비준

신명기 27-30장은 언약의 재가와 비준 과정을 통해 언약백성의 삶을 강조한다. 율법에 순종하면 복을 받고, 불순종하면 저주를 받는다고 역설한다.

2. 하나님의 법

그것은 축복과 저주의 법이다. 하나님의 말씀에 순종하면 복을 받고, 불순종하면 저주를 받는다. 사무엘도 순종이 제사보다 낫다고 했다(삼상 15:22-23). 순종하면 들어와도 나가도 복을 받고(신 28:1-14), 불순종하면 들어와도 나가도 저주를 받는다(신 28:15-19, 20-66).

3. 사랑의 율법준수

모세는 사랑하면 율법의 계명을 지키는 것이 쉽다고 한다(신 30:11-14). 율법은 하늘이나 바다 밖에 있지 않고, 마음과 입에 있기 때문이다. "오직 그 말씀이 네게 매우 가까워서 네 입에 있으며 네 마음에 있은즉 네가 이를 행할 수 있느니라"(신 30:14). 형제사랑을 강조한 요한은 하나님을 사랑한다면서 보이는 형제를 미워하는 자를 거짓말쟁이라 했다(요일 4:20-21). 하나님의 계명을 지키는 것은 사랑하면 쉽고, 사랑하지 않으면 어렵다. "우리가 하나님을 사랑하고 그의 계명들을 지킬 때에 이로써 우리가 하나님의 자녀를 사랑하는 줄을 아느니라 하나님을 사랑하는 것은 이것이니 우리가 그의 계명들을 지키는 것이라 그의 계명들은 무거운 것이 아니로다"(요일 5:2-3). 주님은 3번이나 물었다. "네가 나를 사랑하느냐?"(요 21:15-17)

4. 언약의 계속성

신명기 31-34장은 역동적 배치로 언약의 계속성을 확립한다. 모세는 하나님 앞에 자신의 마지막을 준비하고, 여호수아를 후계자로 세워 가나안정복을 준비했다. 하나님은 모세의 가나안입성을 금지하고, 여호수아를 후계자로 세우라 했다(신 3:28; 31:3,7,14,23). 여호수아는 하나님의 종 모세를 40년간 섬긴 종의 종(Servant of servant)이고(수 1:1), 죽기까지 순종한 예수님의 예표다(빌 2:5-8). 그는 성령이 머무는 사람이다(민 27:18-20). 모세는 여호수아에게 안수했다. "모세가 눈의 아들 여호수아에게 안수하였으므로 그에게 지혜의 영이 충만하니 이스라엘 자손이 여호와께서 모세에게 명령하신 대로 여호수아의 말을 순종하였더라"(신 34:9).

5. 모세의 축복과 죽음

(1)모세의 축복. 야곱이 죽기 전에 열두 아들을 축복했고, 모세는 신명기 33:1-29에서 12지파를 축복했다. 미래에 역사적으로 그대로 성취된 모세의 축복의 결론이다. "여수룬이여 하나님 같은 이가 없도다 … 이스라엘(야곱)이여! 너(나)는 행복한 사람이로다!"(신 33:26-29)

(2)모세의 죽음. 건강한 몸으로 사명을 마치고 죽었다. 모세는 마지막 날도 느보산에 오르고 맞은편 비스가 산꼭대기에 올라 요단강 건너편 약속의 땅, 아브라함과 이삭과 야곱에게 맹세한 땅을 바라보고, 벳브올 맞은편 모압 땅에서 죽었다(신 34:1-8). "모세가 죽을 때 나이 백이십 세였으나 그의 눈이 흐리지 아니하였고 기력이 쇠하지 아니하였더라"(신 34:7). 모세는 사명을 마치고 죽었다. 예수님도 십자가의 사명을 완수하고 죽었다. "다 이루었다!"(요 19:30)

역사서
(the Books of History)

1. 역사의 주인

"역사의 주인은 하나님이시다!" 역사서는 하나님의 주권사상(Sovereignty of God, Authority of God)을 가르친다. 역사서의 범위는 여호수아, 사사기, 룻기, 사무엘상하, 열왕기상하, 역대상하, 에스라, 느헤미야, 에스더까지 12권이다. 여호수아는 모세가 죽은 후 가나안정복을 기록한다. 사시기와 룻기는 사사들의 시대를 다룬다. 사무엘상하는 사무엘이 사울과 다윗을 왕으로 세운다. 열왕기상하는 솔로몬의 시대와 분열왕국시대, 즉 솔로몬의 아들 르호보암부터 BC 586년 바벨론포로 잡혀간 남유다의 역사와 느밧의 아들 여로보암부터 BC 722년 앗수르에 멸망한 북이스라엘의 역사를 기록한다. 역대상하는 히브리어성경의 마지막 책인데, 아담부터 바사 왕 고레스칙령까지 남유다의 역사를 기록한다. 에스라와 느헤미야는 바벨론포로 후 예루살렘 성전과 성곽 재건을 기록한다. 에스더는 유다민족을 위기에서 살린 부림절의 기원을 기록한다.

2. 창조주 하나님

"태초에 하나님이 천지를 창조하시니라"(창 1:1). 성경은 하나님의 천지창조를 선포한다. 하나님은 첫 문장의 주어이고, 성경전체의 주어다. 하나님은 천지만물의 주인이다(사 43:1). 하나님은 창조주이고, 인간은 피조물이다. 사도신경은 창조주 하나님이 아버지 하나님이라 고백한다. 동시에 하나님이 소유주란 사실을 고백해야 한다. 창조주 하나님이 인간의 생사화복과 인류의 흥망성쇠를 주관한다(삼상 2:6-10; 단 2:47; 4:34-37; 시 127:1-2; 잠 16:9).

3. 하나님이 주인이다.

이방인은 그 인생에 하나님이 없는 자다(시 10:4; 14:1). 그리스도인은 하나님을 주인으로 섬기는 자다(마 6:24). 성경은 신주주의를 가르치고, 우리는 민주주의로 산다. 그것이 성도의 삶의 딜레마다. 절대주권을 지닌 하나님이 인간에게 자유의지를 주셨다. 인간이 모든 것을 자유의지로 선택하기 때문에, 모든 책임도 인간에게 있다. 아담의 비극과 노아홍수의 원인도 하나님께 묻지 않고 자유의지로 선택한 결과다(창 3:6; 6:1-2). 아리스토텔레스는 민주주의를 중우정치(衆愚政治)라 했다. 60만이 광야에서 투표했다면, 다수결원리에 따라 60만:2(여호수아와 갈렙)로 애굽귀환을 결정했을 것이다. 예수님의 선택기준은 좁은 문이다(마 7:13-14). 바울처럼 사명(Mission)을 감당하려면 다수보다 소수, 소수보다 진리를 선택해야 한다(행 20:22-24).

6 여호수아(Joshua)
가나안 정복

모세의 후계자 여호수아는 가나안정복을 기록한다. 모세는 출애굽으로 시작했고, 여호수아는 가나안정복으로 마무리했다. 모세는 출애굽의 지도자, 여호수아는 가나안정복의 지도자다. 모세는 물에서 건져낸 자, 즉 구원받은 자다. 여호수아는 호세아, 예수아처럼 구원자(savior)를 뜻하는 예수님의 히브리식 이름이다. 가나안의 안식을 준 여호수아는 영원한 안식을 주신 구원자 예수님의 예표다(히 4:8-11). 여호수아는 하나님의 영이 머무는 자다. 엘리야의 후계자 엘리사도 성령의 능력이 엘리야보다 갑절로 역사했다(왕하 2:9). 예수님의 제자들도 성령의 능력과 기름부음으로 더 큰 일을 했다(요 14:12; 행 1:8; 2:1-4; 10:38). 범사에 마무리 철학이 중요하다. 용두사미(龍頭蛇尾)가 되면 불행하다. 십자가에서 구원사역을 완성한 예수님처럼, 여호수아는 가나안정복으로 출애굽을 완성했다. 인생의 3대악재란 초년성공, 중년상처, 말년궁핍이라 한다. 인생도 시작보다 마무리가 중요하다. "다윗은 점점 강하여 가고 사울의 집은 점점 약하여 가니라"(삼하 3:1). 다윗처럼 미래지향적으로 더 좋은 미래를 준비할 여호와이레의 하나님을 믿으면, 점점(.net .com)의 시대에 점점 좋아질 것이다(롬 8:17).

I. 약속의 땅에 들어감(수 1-5장)

1. 여호수아의 소명(Calling)

모세가 죽자 하나님은 모세의 출애굽 사명(Mission)을 후계자 여호수아에게 계승시킨다.

(1)순종의 사람. 그는 광야40년 여호와의 종 모세, 모세의 수종자(Servant of servant)였다. 그는 예수님처럼 순종의 사람이다. 예수님의 제자도(Discipleship)는 섬김의 도(Servantship)다(마 20:27-28; 눅 22:26-27). 솔로몬의 아들 르호보암은 노인들의 섬김의 도를 거절하여 통일왕국을 분열시켰다(왕상 12:6-9). 모세는 분노로 가나안입성을 상실했고, 여호수아는 순종으로 가나안을 정복했다. 갑을관계로 보면, 그리스도인은 슈퍼(super) 을로서 사명을 감당한다.

(2)영이 머무는 사람. 여호수아는 성령의 내주와 충만을 체험한 사람이다(민 27:18-20). 예수님사역의 비밀은 성령의 능력이다. "하나님이 나사렛 예수에게 성령과 능력을 기름 붓듯 하셨으매 그가 두루 다니시며 선한 일을 행하시고 마귀에게 눌린 모든 사람을 고치셨으니 이는 하나님이 함께 하셨음이라"(행 10:38). 바울도 성령의 나타남과 능력으로 사역을 전환했다(고전 2:1-5). 하나님의 사명을 감당할 능력은 오직성령뿐이다(슥 4:6; 행 1:8; 갈 5:22-23; 엡 5:18).

(3)형통의 비결. 하나님은 여호수아에게 형통의 비결을 약속했다.

첫째, 모세와 함께 했듯이 함께 하겠다는 임마누엘(God with us)을 약속했다(마 28:20).

둘째, 두려워하거나 놀라지 말고, 마음을 강하고 담대하라 했다(사 41:10).

셋째, 율법책을 주야로 묵상하고 행하면 길이 평탄하고 형통할 것을 약속했다(계 1:1-3).

2. 요단강 도하작전

(1)하나님의 테스트. 하나님은 법궤를 맨 제사장들에게 넘치는 요단

강에 들어가라 한다. 백성들 앞에서 제사장들에게 믿음을 요구한다. 영적전쟁도 위험을 무릅쓰지 않으면 아무것도 얻지 못한다(No Risk, No Gain). 하나님은 40년 전에 출애굽한 모세를 홍해로 테스트했다. 이제 가나안정복을 앞에 둔 여호수아를 요단강으로 테스트한다. 스룹바벨 앞에 큰 산이 평지가 되고, 예수님 앞에 바람과 바다가 잠잠하듯이, 누구든지 순종으로 극복할 홍해와 요단강이 있다.

(2)영적 세례. 바울은 모세의 홍해도하 사건을 세례에 비유했다(고전 10:1-4). 세례란 신자가 그리스도와 함께 죽고, 그리스도와 함께 사는 삶의 전환점이다(롬 6:1-11; 갈 2:20). 성도의 삶이 BC(Before Christ)와 AD(Anno Domini)로 바뀌는 전환점(turning point)이다. 기독교기관에서 인재를 채용할 때 홍해를 건넌 영적체험을 증명하는 세례증명서를 요구한다. 가톨릭은 교육과정을 거쳐 영세와 세례명을 주는데, 개신교는 세례의식을 쉽게 취급한 경향이 있다.

(3)가나안 앞으로! 홍해를 건넜다면, 더 이상 애굽을 그리워하지 말아야 한다. 롯의 아내처럼 뒤를 돌아보다가 소금기둥이 되면 안 된다. 바울은 주 예수님께 붙잡힌 그것을 잡으려고 푯대를 향하여 달려갔다(빌 3:12-14). 히브리서는 오직 예수님만 생각하고, 예수님만 바라보고 권면한다(히 3:1; 12:1-3). 그러나 광야세대는 틈만 나면 애굽으로 돌아가자 외쳤다. 진정한 회개란 애굽이 아니라 여호와께 돌아가는 것이다(호 6:1-3; 욜 2:12-14; 암 5:4-6).

3. 길갈의 3가지 사건

여호수아는 길갈에서 가나안정복을 위한 성전(聖戰)을 준비했다. 길갈은 히브리어로 "굴러간다"는 뜻이다. 이스라엘은 애굽의 수치를 제거하고, 깨끗한 그릇이 되었다(딤전 2:20-21).

(1)할례를 행함. 광야40년 행치 못한 할례를 행하여 무할례자의 수치를 제거했다(수 5:2-9).

(2)유월절(Passover)을 지킴. 유월절을 지키면서 새롭게 가나안정복을 준비했다(수 5:10).

(3)만나가 그침. 유월절 이튿날에 가나안의 소산을 먹었고, 만나가 그쳤다(수 5:11-12). 하나님이 하늘에서 만나를 주신 것처럼, 드디어 길갈 땅에서 나온 만나를 주셨다(신 8:3).

II. 약속의 땅을 정복함(수 6-12장)

1. 가나안 정복전쟁

대표적 전쟁은 여리고성 전쟁과 아이성 전쟁이다. 순종의 상징으로 모세의 신발을 벗기듯이(출 3:5), 하나님은 거룩한 전쟁(Holy War)을 준비하는 여호수아의 신발도 벗기셨다. "여호와의 군대 대장이 여호수아에게 이르되 네 발에서 신을 벗으라 네가 선 곳은 거룩하니라 하니 여호수아가 그대로 행하니라"(수 5:15). 전쟁은 여호와께 속한 것이고(삼상 17:47), 승전의 비결은 하나님의 종으로 순종하는 것이기 때문이다(삼상 15:22-23).

2. 여리고 전쟁

(1)하나님의 작전. 하나님의 명령에 순종하여 승리했다. 엿새 동안 매일 새벽에 여리고성을 한 바퀴씩 돌고, 일곱째 날 새벽에 일곱 바퀴를 돌고, 제사장의 양각나팔에 맞춰 함성을 지르면 성이 무너진다는 작전이다. 여호수아와 제사장들과 60만은 그대로 순종하여 승리했다.

(2)여호수아의 경고. 여호수아가 맹세로 경고했다. "누구든지 일어나서 이 여리고 성을 건축하는 자는 여호와 앞에서 저주를 받을 것이라 그 기초를 쌓을 때에 그의 맏아들을 잃을 것이요 그 문을 세울 때에 그의 막내아들을 잃으리라"(수 6:26). 아합 때에 벧엘 사람 히엘이 여리고의 터를 쌓을 때 맏아들 아비람을 잃고, 성문을 세울 때 막내 스굽을 잃었다(왕상 16:34).

3. 아이성 전투

(1)사람의 작전. 여호수아는 아이성 전투에서 패배를 경험한다. 여호수아는 여리고를 점령한 기세로 작은 성 아이를 가볍게 여긴 백성의 의견을 따랐다. 결과는 3,000명이 참전하여 36명이 전사했다. 여리고 작전과 달리 사람들의 의견을 따른 결과였다. 하나님의 뜻을 묻지 않고 치룬 전쟁의 결과는 참혹했다. 아이성 패전의 또 다른 원인은 아간의 범죄였다. 하나님이 주관하는 거룩한 전쟁에서 승리보다 중요한 것은 거룩함이란 교훈이다(레 19:1-2).

(2)여호수아의 2가지 불통사건. 하나님은 여호수아에게 사명을 주면서 형통의 비결을 약속했다. 그러나 여호수아는 2번의 불통을 경험했다. 첫째는 아이성의 패배고, 둘째는 기브온 족속과 사기계약이다. 아이성 전투의 패배가 하나님 말씀에 불순종한 결과라면, 기브온과 사기계약은 하나님께 기도하지 않고 계약을 맺은 결과였다. 여호수아는 여호와께 묻지 않고 사신들의 외모만 검증했다(수 9:14-15). 기도 없이 맺은 조약은 3일 후에 들통이 났다. "돌다리도 두들겨보고 건너가라!"는 속담이 있지만, 돌다리도 최소 3일은 기도하고 건너야 할 것이다. 베드로는 초대교회 과부들의 원망에 대한 해결책을 제시했다(행 6:4). "우

리는 오로지 기도하는 일과 말씀사역에 힘쓰리라!"(행 6:4) 우리도 평생표어를 만들자! "기도와 말씀보다 앞서지 말자!"

III. 실로의 회막(수 18-19장)

1. 실로의 회막

회막은 하나님중심, 성경중심, 교회중심을 상징한다. 이스라엘 백성은 실로의 회막을 삶의 중심지로 삼았다. 실로는 가나안 정착 후에 다윗이 예루살렘으로 법궤를 옮겨 솔로몬이 성전을 건축할 때까지 이스라엘의 신앙생활의 중심지였다(수 18:1). "규가 유다를 떠나지 아니하며 통치자의 지팡이가 그 발 사이에서 떠나지 아니하기를 실로가 오시기까지 이르리니 그에게 모든 백성이 복종하리로다"(창 49:10). "실로가 오시기까지"에서 실로란 예수님을 예표한다.

2. 다윗과 법궤

다윗은 왕이 되자 제일먼저 3만을 뽑아 소가 끄는 새 수레로 법궤를 예루살렘으로 옮겼다. 그러나 웃사가 죽는 참변을 겪고 오벧에돔의 집에 법궤를 3개월 두었다(삼하 6:1-11). 그 집이 복을 받자 모세의 율법대로 고라자손들이 법궤를 어깨에 메고 옮겼다(삼하 6:12-19). 다윗은 전리품을 모아 성전건축을 준비했고(삼하 8:6,14; 대상 29:10-14), 솔로몬이 성전을 건축하여 이동식 천막은 고정식 건물이 되었다(왕상 7:51; 8:27-30). 성전은 이스라엘의 중심이 되었다.

3. 종교개혁

개혁주의란 다섯 솔라(five sola)다. 오직 성경(sola Scriptura),

오직 은혜(sola Gratia), 오직 믿음(sola Fide), 오직 예수(solus Christus), 오직 하나님께 영광(soli Deo Gloria)이다.

IV. 약속의 땅의 분배(수 20-24장)

1. 도피성(수 20:7-9)

모세는 부지중에 살인한 자들을 살리라는 하나님의 명령대로 요단강을 중심으로 동쪽과 서쪽에 3개씩 6개의 도피성을 지정했다(민 35:9-15). 그는 신명기에서 요단강 동쪽 3개의 도피성을 확인했다(신 4:41-43). 마침내 여호수아는 6개의 도피성을 확정했다. 요단강 동쪽에서 르우벤지파의 평지광야 베셀, 갓지파의 길르앗 라못, 므낫세지파의 바산 골란을 택하고, 요단강 서쪽에서 납달리 산지 갈릴리의 게데스, 에브라임 산지 세겜, 유다 산지 기럇 아르바, 헤브론을 택했다. 교회도 수고하고 무거운 짐진 자에게 쉼을 주는 도피성이어야 한다(마 11:28-30).

2. 여호수아의 고별설교

(1)고별설교. 여호수아는 110세에 죽기 전에 세겜에서 고별설교를 한다(수 23-24장). 야곱과 요셉은 "나는 죽으나 하나님이 너희와 함께, 가나안으로 인도하시리라"(창 48:21; 50:24)고 하나님의 주권사상을 강조한다. 여호수아의 고별설교는 하나님이 아브라함, 이삭, 야곱을 인도하고, 애굽에 내려간 야곱가족 70명을 60만으로 성장시켰다고 한다. 하나님이 출애굽한 이스라엘을 광야 40년간 인도하고, 가나안 정착까지 도왔다고 강조한다. "너희의 하나님 여호와께서 너희를 위하여 이 모든 나라에 행하신 일을 너희가 다 보았거니와 너희의 하나님 여호와 그는 너희를 위하여 싸우신 이시니라"(수 23:3).

(2)결단축구. 과거에 여기까지 인도한 에벤에셀의 하나님(삼상 7:12), 현재도 함께하는 임마누엘의 하나님(사 7:14), 미래도 인도할 여호와이레의 하나님(창 22:14)만 신뢰하라고 권면한다. 여호수아는 고별설교의 결론으로 이스라엘 백성에게 섬길 자를 택하라고 결단을 촉구한다. 동시에 "오직 나와 내 집은 여호와를 섬기겠노라!"고 선포한다(수 24:14,15).

(3)요셉의 유언이행. 요셉은 110세에 애굽에서 죽으면서 출애굽을 확신했다(창 50:25). 모세는 요셉의 맹세대로 이스라엘이 출애굽하던 유월절 밤에 요셉의 유골을 가져왔고(출 13:19), 마침내 이스라엘 자손이 요셉의 뼈를 세겜에 장사하면서 요셉의 유언을 이행했다(수 24:32). 하나님의 말씀은 약속(promise)과 성취(fulfillment)의 구조를 갖는다. 예수님의 공생애도 모세의 율법과 선지자들의 약속을 성취하는 삶이었다(마 5:17-18). "다 이루었다!"(요 19:30)

7. 사사기(Judges)
패배의 시대

사사기는 여호수아가 죽은 후 역사를 기록한다. 사시기의 특징은 하나님 대신 각자 왕으로 살던 시대다. "그 때에는 이스라엘에 왕이 없었으므로 사람마다 자기소견에 옳은 대로 행하였더라"(삿 17:6; 삿 21:25). 그러나 하나님의 생각은 하늘이 땅보다 높음같이 사람의 생각보다 높다(사 55:6-9). 현대교회는 사사시대와 가장 흡사하다. 그리스도인이란 도마의 고백처럼 여호와를 "나의 주님, 나의 하나님"(My Lord, My God)으로 섬기며 살아야 한다(요 20:28).

I. 가나안 정복의 마무리(삿 1:1-2:5)

1. 혼합주의(Syncretism)

(1)혼합주의. 여호수아가 죽은 후에도 가나안정복은 미완성이었다(삿 1장). 먼저 이스라엘은 힘이 약해서 가나안족속을 쫓아내지 못했고, 나중에는 힘이 강해졌지만 그들을 쫓아내지 않았다. 그 결과 이스라엘은 하나님을 섬기면서 동시에 우상을 섬기는 혼합주의의 죄를 범했다.

(2)영적전쟁. 가나안정복 전쟁은 영적전쟁의 예표다. 영적전쟁의 대상은 사탄의 유혹이다. 하나님의 말씀으로 사탄의 미혹을 물리쳐야 한다. 우리의 믿음은 현재진행형이다. 지금은 은혜 받을 만한 때고, 지금은

구원의 날이다(고후 6:1-2; 살전 2:13). 지금이 바로 영적전쟁에서 사탄의 권세를 내쫓고, 그리스도인의 BC와 AD를 구별하는 전환점을 만들 때다.

(3)승리의 비결. 루터는 죄목을 기록한 마귀의 정죄에 놀랐지만, 십자가의 보혈로 물리쳤다.

첫째, 자신의 죄성을 인정해야 한다(요일 1:9-10). 바울은 선악이 공존한 자신을 보았다. "오호라 나는 곤고한 사람이로다 이 사망의 몸에서 누가 나를 건져내랴"(롬 7:24). 또한 자다가 깰 때가 벌써 지났음을 깨닫고, 어둠의 일을 벗고 빛의 갑옷을 입자고 선포한다(롬 13:11-14). 어거스틴(Augustine)도 그 말씀 앞에 회개하며 고백록(Confession)을 썼다(롬 13:11-14).

둘째, 십자가 보혈의 능력으로 해방을 선포해야 한다(히 9:14; 벧전 1:18-19; 요 8:32; 14:6). 바울은 해방선포로 정죄의 갈등에서 벗어나 영적자유를 찾아 승리했다. "그러므로 이제 그리스도 예수 안에 있는 자에게는 결코 정죄함이 없나니 이는 그리스도 예수 안에 있는 생명의 성령의 법이 죄와 사망의 법에서 너를 해방하였음이라"(롬 8:1-2).

2. 보김의 제사

여호와의 사자가 가나안정복을 완수치 못한 이스라엘의 불순종 책망했다. 그 때에 이스라엘은 보김에서 울며 제사를 드렸다(삿 2:1-5). 보김은 히브리어로 우는 자들이란 뜻이다. 이스라엘이 소리 높여 울었다. 보김의 울음은 하나님 앞에 진실한 회개가 아니라 형식적 회개, 즉 울보들의 습관적 회개였다. 하나님은 진실한 회개를 원한다. "여호와의 말씀에 너희는 이제라도 금식하고 울며 애통하고 마음을 다하여 내게로 돌아오라 하셨나니 너희는 옷을 찢지 말고 마음을 찢고 너희 하나님 여호와께로 돌아올지어다 그는 은혜로우시며 자비로우시며 노하기를 더디하시며 인애가 크시사 뜻을 돌이켜 재앙을 내리지 아니하시나니 주께서 혹시 마음과 뜻을 돌이키시고 그 뒤에 복을 내리사 너희 하나님 여호와께 소제와 전제를 드리게 하지 아니하실는지 누가 알겠느냐"(욜 2:12-14).

II. 사사들의 이야기(삿 2:6-16장)

1. 여호수아의 죽음

모세는 죽는 날까지 건강하게 사명을 감당했다(신 34:7). 그는 후계자 여호수아를 세워 가나안정복의 미래를 준비했다. 엘리야는 엘리사를 세웠고, 예수님은 12사도를 세웠고, 바울은 디모데를 세웠다. 이스라엘은 여호수아의 생존기간에 여호와를 섬겼지만, 여호수아는 후계자를 세우지 못했다. 여호수아가 죽은 후에 이스라엘에는 여호와를 모르는 세대가 등장했다(삿 2:6-10).

2. 하나님의 시험

하나님은 가나안정복에서 남겨 둔 이방민족을 통해 이스라엘의 순종을 시험했다(삿 3:1-6). 그들은 가나안의 이방민족들과 통혼하며 이방신들을 섬기며 고난프로그램으로 훈련을 받았다. 노아의 홍수는 하나님의 아들들, 즉 셋 계통의 믿음의 자녀들이 사람의 딸들, 즉 가인 계통의 불신자의 딸들과 결혼한 결과였다(창 6:1-2). 사사시대의 비극도 여호수아가 죽은 후에 이스라엘이 가나안의 이방민족들과 결혼으로 사돈을 맺은 결과였다(삿 3:1-6). 하나님 없이 자기소견에 옳은 대로 짝지

기한 결과는 비참했다(마 19:3-6). 디아스포라(diaspora)가 된 유대인의 교육은 어머니의 가정교육이었다. 아버지는 헬라인이지만, 외조모 로이스와 어머니 유니게는 디모데를 유대인으로 키웠다(행 16:1; 딤후 1:5). 모국어(母國語)란 엄마나라의 말이 아니라 어머니와 대화하는 언어, 즉 엄마 말(mother tongue)이다.

3. 사사기의 사이클

옷니엘의 시대를 보면 전편에 흐르는 사사기의 사이클을 볼 수 있다(삿 3:7-11).

(1)이스라엘의 악행. 이스라엘은 하나님을 잊어버리고, 바알들과 아세라들을 섬겼다.

(2)하나님의 징계. 하나님의 개입으로 강력한 메소보다미아 왕 구산리사다임이 8년간 이스라엘을 압제했다. 비극은 하나님이 죄를 짓도록 내버려두는 것이다(롬 1:24-32).

(3)부르짖음. 이스라엘이 8년 만에 압제의 고통으로 부르짖었다. 출애굽이 430년, 바벨론포로가 70년인 까닭은 이스라엘이 430년, 70년 만에 부르짖었기 때문이다(출 2:23-25).

(4)구원자. 이스라엘이 부르짖자 하나님은 즉각 응답하여 사사 옷니엘을 구원자로 세웠다. 고난을 당하면, 즉시 부르짖어야 고통의 시간을 단축시킨다(민 14:28; 렘 33:3).

(5)태평성대. 하나님의 은혜로 이스라엘은 40년간 태평성대를 누렸다. 그러나 비극은 또다시 악행을 저지르는 1단계로 돌아가서 사사시대의 사이클이 반복된 것이다.

4. 사사들의 특징

하나님의 선택의 기준과 목적이다. 약한 자가 강한 자를, 미련한 자가 지혜로운 자를, 천한 자가 귀한 자들을 부끄럽게 하여 하나님의 능력만 자랑하도록 했다(고전 1:26-31). 큰 자 사울이 작은 자 바울로 변화되어 하나님의 은혜를 고백했다(고전 15:8-10; 엡 3:7-9; 딤전 1:15).

(1)왼손잡이 에훗(삿 3:15). 오른쪽은 바른 쪽이다. 하나님보좌 우편에 계신 예수님은 양을 오른쪽에, 염소를 왼쪽에 세웠다(마 25:33). 하나님은 왼손잡이로 오른손잡이를 부끄럽게 했다.

(2)여자사사 드보라(삿 4:7-9). 모세의 인구조사와 오병이어의 기적에도 여자는 계수치 않았다. 그러나 하나님은 여자사사로 남자들을 부끄럽게 했다. 한국교회도 여전도회가 중요하다.

(3)기드온(삿 6:15). 기드온은 므낫세 중에 극히 약하고, 가장 작은 자였다. 하나님은 32,000명을 10,000명으로 줄이고, 마침내 가장 작은 자 300명으로 미디안을 물리쳤다.

5. 사사 삼손

(1)출생. 단지파 마노아의 아내는 불임이었고, 하나님의 사자가 삼손의 출생 전에 마노아 부부에게 나실인으로 태어날 아들의 잉태를 예고했다(삿 13장).

(2)삼손과 딤나의 여인. 삼손은 딤나에 내려가던 길에 사자를 찢어 죽였고, 올라올 때에 사자의 시체에서 꿀을 꺼내 부모에게 주었지만 출처를 알리지 않았다(삿 14:1-9).

(3)삼손과 들릴라. 나실인의 규례를 모두 어긴 삼손은 들릴라에게 삭발까지 당했다(삿 16:19).

(4)삼손의 부르짖음. 나실인의 규례를 어긴 삼손이라도 2번 부르짖자, 하나님은 2번 응답했다. 목말라 죽게 되어 하나님께 부르짖자, 엔학고레 샘물을 터뜨렸다(삿 15:14-20). 죽을 때에도 부르짖자 하나님이 큰 힘을 주고, 생전에 죽인 자보다 더 많은 사람을 죽였다(삿 16:28-31).

III. 사사시대의 무법천지(삿 17-21장)

1. 이스라엘의 타락상

하나님을 왕좌에서 내몰고, 자기소견대로 살았던 이스라엘의 타락상을 묘사한다. 미가 집의 가족제사장 이야기(삿 17장), 미가 집의 가족제사장이 단지파를 따라가 지파제사장이 된 이야기(삿 18장), 동성애를 추구한 베냐민지파의 기브아에서 발생한 레위인과 첩의 이야기에서 파생한 12토막 살인사건 등을 묘사한다(삿 19장).

2. 하나님의 심판

하나님은 12토막 살인사건을 계기로 시작된 베냐민지파와 12지파의 싸움에서 양자를 모두 심판한다(삿 20-21장). 먼저 베냐민지파가 12지파를 2차례 공격하여 승리한다. 세 번째 전투는 12지파의 공격으로 베냐민지파가 전멸하고 600명만 살아남는다. 마침내 맹세에 묶인 12지파는 베냐민지파를 살린다는 명분으로 실로의 포도원에서 춤추던 밤에 딸들을 붙들어가도록 비정상적 방법을 허용했다. 각자 자기소견에 옳은 대로 살던 사사시대는 하나님 앞에서 모든 사람이 죄인이었다(삿 21:25).

8 룻기(Ruth)
사랑과 충절

룻기의 배경은 사사들이 치리하던 사사시대다(삿 1:1). 룻기는 하나님이 나오미의 인생을 텅빔에서 충만으로 가득 채워주는 이야기다. 신앙의 4단계는 비움, 채움, 나눔, 드림이다.

(1)비움. 채우려면 먼저 비워야 한다. 신령한 것을 채우려면, 죄성과 악행을 회개해야 한다.

(2)채움. 하나님은 깨끗한 그릇에 사랑과 은혜, 성령의 열매, 은사를 채운다(딤후 2:20-22).

(3)나눔. "거저 받았으니 거저 주라!"(마 10:8) 받은 자의 사명은 주는 것이다. 주는 것이 받는 것보다 복이 있다(행 20:35). 구원과 은혜의 복을 받으면, 선교와 전도, 재능기부 등으로 흘려보내야 한다. 하나님은 아브라함을 복의 통로로 삼아 열방이 복을 받도록 했다(창 12:1-3).

(4)드림. 비움, 채움, 나눔을 통해 "오직 하나님께 영광!"(Soli Deo Gloria)을 돌려야 한다.

사사기는 모든 사람이 자기소견에 옳은 대로 살던 때에 엘리멜렉과 나오미의 가족이 하나님의 뜻을 따르는 이야기를 전개한다. 룻기는 사사기의 부록처럼 보이지만, 실상은 사사기의 결론이다. 족보의 마지막 인물 다윗을 주인공으로 마무리한다.

1. 가족이민(룻 1:1-5)

엘리멜렉은 "나의 하나님은 왕이다"(My God is King)란 뜻이다. 자기소견에 옳은 대로 살면서 하나님을 왕좌에서 몰아낸 사사시대에 고전적 이름이다. 그의 아내 나오미(희락)는 모압 이민을 통해 마라(괴로움)가 되어 돌아왔다(룻 1:19-22). 다음단계로 희락이 괴로움이 되었다.

(1)엘리멜렉의 죽음. 모압의 이민생활 10년 동안 나오미는 먼저 남편과 사별한다.

(2)두 아들의 결혼. 그 후에 두 아들 말론과 기룐이 장가들어 두 며느리 오르바와 룻을 맞이하여 잠시 사별의 슬픔을 극복한다.

(3)두 아들의 죽음. 설상가상으로 그녀의 두 아들이 세상을 떠나자 극도로 탈진한다.

2. 모압에서 베들레헴으로(룻 1:6-22)

(1)역이민. 10년 후 베들레헴의 흉년이 끝나자 나오미는 귀국을 결심한다. 그녀는 두 며느리에게 계대결혼(Levite Marriage)의 관습을 설명하고 각자 갈 길을 택하라 권면한다. 오르바는 고향으로 돌아갔지만, 룻은 그녀를 "붙좇았다"(히, 다바크, 룻 1:14).

(2)룻의 신앙고백. 룻이 나오미에게 고백했다. "어머니의 백성이 나의 백성이 되고 어머니의 하나님이 나의 하나님이 되시리니(Your people will be my people and your God my God.) 어머니께서 죽으시는 곳에서 나도 죽어 거기 묻힐 것이라 만일 내가 죽는 일 외에 어머니를 떠나면 여호와께서 내게 벌을 내리시고 더 내리시기를 원하나이다"(룻 1:16-17).

3. 룻과 보아스의 러브 스토리(룻 2-3장)

(1)하나님의 섭리. 하나님은 나오미를 붙좇아온 룻에게 보리추수 때를 맞추셨다. 하나님은 룻을 보아스의 밭으로 인도하여 보리이삭을 줍게 하고, 보아스를 만나도록 섭리한다(삿 2-4장). 보아스와 요셉은 구약에서 가장 멋진 젠틀맨이다. 하나님의 섭리로 17세에 애굽에 팔려간 요셉은 보디발을 만나고, 간수장을 만나고, 술 맡은 관원장과 떡 굽는 관원장을 만나고, 바로의 꿈을 해몽하여 애굽의 총리가 되었다. 하나님의 섭리로 룻도 보리밭에서 보아스를 만났다.

(2)기업 무를 권리자. 히브리어로 고엘인데, 우리의 고엘은 바로 예수님이다. 하나님이 아브라함에 약속한 기업은 땅과 자손이다(창 12:1-3). 예레미야는 기업 무를 자의 권리로 아나돗의 밭을 사달라는 숙부 살룸의 아들 하나멜의 요구를 받았다(렘 32:6-15). 만약 거절하면 기업 무를 자의 권리를 포기했다고 비난할 것이고, 수용하면 겉으로 바벨론포로를 예고하고 뒤에서 부동산투기를 한다고 비난할 것이다. 그러나 예레미야는 미래의 희망을 품고 그 밭을 샀다.

(3)계대결혼(Levite Marriage). 유다는 가나안여인 수아에게 엘, 오난, 셀라 세 아들을 낳았다. 장자 엘의 며느리로 다말을 맞이했다. 그러나 유다는 엘, 오난을 죽자 며느리 다말을 수절시키고 친정으로 보냈다. 결국 다말은 장성한 셀라를 주지 않은 시아버지 유다와 관계로 남편의 가문을 세웠다. 유다가 요셉의 채색옷에 염소피를 묻혀 "우리가 이것을 발견하였으니 아버지의 아들의 옷인가 보소서"(창 37:32)라고 외치듯이, 다말은 3개월 후에 화형장에 끌려가며 유다에게 외쳤다. "보소서 이 도장과 그 끈과 지팡이가 누구의 것이니이까?"(창 38:25) 그렇게 그녀는 베레스와 세라 쌍둥이를 낳았다(창 38:27-30; 룻 4:18). 즉

룻기는 유다가 다말에게서 베레스를 낳고, 살몬이 라합에게서 보아스를 낳고, 보아스가 룻에게서 오벳을 낳고, 오벳이 이새를 낳고, 이새가 마침내 예수님의 조상 다윗을 낳는 과정을 정리한 족보로 마친다.

4. 족보(룻 4장)
룻기의 결론은 다윗 왕이다. 다윗의 자손 예수 그리스도를 향한 구속사의 물결이 흘러간다.

(1)족보의 주인공. 족보란 긴 세월을 짧은 분량으로 기록한다. 조상과 자손의 대를 이어주는 연결고리(Bridge)가 된다. 족보의 결론은 마지막 인물이 주인공이다. 룻기의 족보도 주인공은 마지막 인물 다윗이다(삿 4:18-22). 마태복음의 족보의 주인공은 예수 그리스도다(마 1:1-17). 성경은 아브라함부터 다윗까지 천년, 다윗부터 예수님까지 천년, 이천년의 드라마를 족보로 기록한다.

(2)숨겨진 기쁨. 룻기는 나오미의 슬픔을 기쁨으로 채우는 이야기다. 그녀는 며느리 룻이 낳은 아들 오벳을 안고 기뻐한다(룻 4:13-17). 그런데 오벳의 친할머니는 여리고의 기생 라합이다. 그녀는 가장 멋진 젠틀맨 보아스를 낳아 키웠다. 살몬은 라합에게서 보아스를 낳았고, 보아스는 룻에게서 오벳을 낳았다(마 1:5). 나오미가 며느리의 아들을 안고 기뻐했다면, 친할머니 라합은 얼마나 기뻤겠는가? 라합은 여리고 정복을 전환점으로 이전(Before)과 이후(After)가 완전히 변화된 삶을 살았다. 그 후에 그녀는 보아스를 낳았고, 손자 오벳을 얻은 것이다.

9 사무엘상(first Samuel)
이스라엘의 왕정시대

　사무엘상하와 열왕기상하는 룻기의 남은 자, 주인공 다윗의 역사를 펼친다. 마지막 사사 사무엘의 사역, 초대 왕 사울의 통치 40년, 그 후에 하나님의 마음에 맞는 사람 다윗 왕의 통치 40년과 그 후손들의 역사를 기록한다. 사무엘상하는 사무엘, 사울, 다윗의 역사를 기록하고, 열왕기상하는 솔로몬과 남북왕조의 왕들의 역사를 기록한다. 북이스라엘은 느밧의 아들 여로보암부터 BC 722년 앗수르에 멸망한 호세아까지, 남유다는 솔로몬의 아들 르호보암부터 BC 586년 바벨론포로로 잡혀간 시드기야까지 역사를 기록한다. 히브리어성경은 역사서를 전기선지서, 선지서를 후기선지서라 부른다. 선지자 엘리야, 엘리사의 이야기가 선지서가 아닌 열왕기상하에 나온다. 역사서는 하나님의 주권사상을 강조한다. "역사의 주인은 하나님이시다!" 구속사와 세속사의 관점이 다르다. 구속사는 저자가 성령의 감동으로 하나님의 관점에서 기록한 신앙고백이다. 사마천의 사기가 객관적 기록이라도 결국 인간의 관점으로 기록한 역사다.

I. 사무엘과 대제사장 엘리(삼상 1-7장)

　사무엘상은 대제사장 엘리와 사무엘의 어린시절로 시작한다(삼상 1-7장). 사무엘은 형식의 종교를 말씀의 종교로 바꾸었다. "기도와 말씀보다 앞서지 말자!" 사무엘은 사울 왕을 폐위하며 순종이 제사보다 낫다고 가르쳤다(삼상 15:22-23). 모세와 여호수아는 법궤만 메고 가면 백전백승이었다. 그러나 여호수아도 2가지 불통사건을 경험했다. 여호수아는 아이성 전투에서 사람의 작전으로 패전했고, 기도 없이 기브온족속과 조약을 맺어 사기를 당했다. 엘리의 두 아들 홉니와 비느하스는 패색이 짙던 전쟁터에 법궤를 가져갔지만, 결국 빼앗기고 말았다.

1. 사무엘의 출생

엘가나는 두 아내 브닌나와 한나가 있었다. 한나는 여호와의 개입으로 임신하지 못했다(삼상 1:5-6). 한나는 하나님께 "돌보시고, 기억하시고, 잊지 아니하시고 주시면"(삼상 1:9-11), 즉 "나를 기억해주소서!"(히, 자카르, Remember Me)라고 서원기도를 했다. 하나님은 기도하는 아브라함을 생각하여 롯을 구출했고(창 19:29), 기도하는 라헬을 생각했다(창 30:1-3,22-24). 하나님이 한나를 생각하자 아들을 낳았고, 그 이름을 사무엘이라 했다(삼상 1:19-20). 사무엘은 샤마(히, 듣는다)와 엘(하나님)의 합성어다. 한나의 아들 사무엘처럼, 레아의 아들 시므온과 하갈의 아들 이스마엘도 하나님이 엄마의 기도를 듣고 허락한 "응답둥이"란 뜻이다.

2. 서원이행

한나는 젖을 뗀 후에 엘리를 찾아가 사무엘을 바쳐 서원을 이행했다(삼상 1:23-28). 한나는 하나님께 한 명을 바쳤지만, 하나님은 세 아들과 두 딸을 주어 보상했다(삼상 2:18-21).

(1)한나의 기도. 하나님의 주권(Sovereignty of God)을 체험한 간증이다. "여호와는 죽이기도 하시고 살리기도 하시며 스올에 내리게도

하시고 거기에서 올리기도 하시는도다 여호와는 가난하게도 하시고 부하게도 하시며 낮추기도 하시고 높이기도 하시는도다"(삼상 2:6-7). 그녀는 자신이 체험한 하나님의 전능하심을 고백했다(롬 11:36).

(2)에벤에셀. 사무엘은 미스바의 회개운동으로 블레셋과 전쟁에서 승리한 후 에벤에셀 기념비를 세웠다(삼상 7:3-14). 과거에 도우신 에벤에셀(히, 도움의 돌)의 하나님(삼상 7:12), 현재도 함께 하신 임마누엘(히, God with us)의 하나님(사 7:14), 미래에 도우실 여호와이레(히, 여호와께서 보심)의 하나님(창 22:14)을 동시에 믿어야 한다.

(3)사무엘의 권위. 하나님은 사무엘의 말이 땅에 떨어지지 않고 성취되도록 하여 사무엘의 권위를 세웠다(삼상 3:19-20). 믿음이란 현상이 아닌 약속의 말씀을 믿는 것이다. 구약은 아브라함 언약의 약속과 성취를 기록한다. "내가 반드시 너에게 복 주고 복 주며 너를 번성하게 하고 번성하게 하리라"(히 6:14). 신약은 아브라함의 믿음의 자녀들도 믿음의 조상 아브라함과 함께 복을 받는다고 약속한다(갈 3:8-9).

II. 사무엘과 사울(삼상 8-15장)

1. 킹메이커(Kingmaker)

사무엘은 사울과 다윗을 세운 킹메이커(Kingmaker)다. 이스라엘 모든 장로들은 사무엘이 늙었고, 그 자녀들이 불량하다는 이유로 왕을 요구했다(삼상 8:1-5). 사무엘이 실망하여 기도하자, 하나님이 더 기분이 상했다. "백성이 네게 한 말을 다 들으라 이는 그들이 너를 버림이 아니요 나를 버려 자기들의 왕이 되지 못하게 함이니라"(삼상 8:7). 사무엘이 엄한 왕의 제도를 강조했지만, 백성들은 거절했다(삼상 8:9-22).

2. 모세율법의 왕의 제도

모세는 장차 세울 왕의 제도를 가르쳤다(신 17:14-20). 형제 중에서 하나님이 택한 자를 왕으로 세웠다. 왕은 애굽의 병마보다 하나님을 의지하고, 아내를 많이 두어 미혹 받지 말고, 은금을 쌓지 말아야 했다. 왕은 평생 율법서를 읽고, 교만과 불순종을 멀리하여 자손의 왕위가 장구하도록 했다. 그러나 다윗 왕은 인구조사로 군대를 의지한 죄를 범했다(삼하 24:1-25). 솔로몬 왕은 천명의 처첩을 두고 미혹을 받아 산당을 짓고 우상에게 절을 했다(왕상 11:3-8).

3. 왕 같은 제사장의 삶

신약의 성도는 왕 같은 제사장이다(벧전 2:9-10). 성도는 재물에 자족하며 감사하는 청지기로 살아야 한다(빌 4:11-13; 살전 5:16-18). 만나의 법칙이란 많이 거두어도 남지 않고, 적게 거두어도 모자라지 않는다(출 16:17-18). 공수래공수거(空手來空手去) 즉 가지고 온 것도 없으니 가지고 갈 것도 없기에, 수의(壽衣)엔 주머니가 없다(딤전 6:6-8). 돈을 사랑함이 일만 악의 뿌리가 된다(딤전 6:10). 인생의 주의사항은 일확천금, 만사형통, 불로소득이란다. 하나님은 마침내 복을 주시고(신 8:16), 인생의 봄여름가을겨울이 합력하여 선을 이룬다(롬 8:28). 솔로몬의 전도서는 하나님 없는 부귀영화, 무신론자의 허무를 증언한다(전 1:2; 12:13-14).

4. 사울 왕을 세움(삼상 9-14장)

사무엘이 사울을 초대 왕으로 세워 이스라엘의 왕정제도를 확립했다. 하나님 없는 이방나라처럼 이스라엘도 왕의 나라가 되었다. 하나님이 초대 왕으로 세운 사울의 성품을 살펴보자.

(1)심부름. 하나님은 심부름을 잘한 사람들을 사용한다. 사울은 아버지 기스의 심부름으로 암나귀를 찾다가 사무엘을 만나 왕이 되었다(삼상 9:1-4; 10:1-4). 요셉도 17세에 아버지 야곱의 심부름으로 형들을 만나러 갔다가 애굽에 팔려가서 애굽의 총리가 되었다(창 37:12-14). 다윗도 아버지 이새의 심부름으로 전쟁터에 갔다가 골리앗을 죽였다(삼상 17:17-21,41-49).

(2)성령체험. 하나님은 성령의 사람을 사용한다. 사무엘의 예언이 성취되었다. 하나님이 새 마음과 하나님의 영을 주자 사울이 선지자들과 함께 예언했다(삼상 10:20-24). "기스의 아들에게 무슨 일이 일어났느냐? 사울도 선지자들 중에 있느냐?"(삼상 10:11)란 속담이 생겼다.

(3)겸손과 순종. 하나님은 겸손과 순종의 사람을 사용한다. 온유와 겸손은 예수님의 성품이다(빌 2:5; 히 5:8). 사울은 겸손과 순종의 성품으로 왕이 되었다. "왕이 스스로 작게 여길 그 때에 이스라엘 지파의 머리가 되지 아니하셨나이까? 왕이 여호와의 말씀을 버렸으므로 여호와께서도 왕을 버려 왕이 되지 못하게 하셨나이다"(삼상 15:17,23).

(4)사울의 선행. 사울 왕의 유일한 선행은 암몬을 물리치고 길르앗 야베스를 구원한 사건이다(삼상 11:1-11). 그 사건 후 사무엘이 길갈에서 사울에게 기름을 부어 대관식을 거행했다(삼상 11:12-14). 마침내 사울이 죽자 길르앗 야베스 사람들이 사울을 장사했다(삼상 31:8-13).

5. 사무엘의 교훈

사무엘은 마지막 사사로서 킹메이커(Kingmaker)의 사명을 감당한 하나님의 청지기였다. 그는 세 가지 영적 교훈을 남겼다.

(1)기도하기를 쉬는 죄. 사무엘은 한나의 서원기도로 태어났다. 그는 기도하는 집 성전에서 자랐고, 기도로 모든 사역을 감당했다. 그는 기도하기를 쉬는 것은 죄라 교훈했다(삼상 12:23).

(2)순종이 제사보다 낫다. 사무엘은 자신의 손으로 세운 사울을 폐위하며 슬퍼했다. 그 과정을 통해 "순종이 제사보다 낫고, 듣는 것이 숫양의 기름보다 낫다"고 교훈했다(삼상 15:22-23).

(3)여호와는 중심을 본다. 하나님은 하나님의 마음에 맞는 사람 다윗에게 기름을 부을 때에 사무엘에게 교훈했다. "사람은 외모를 보거니와 나 여호와는 중심을 보느니라"(삼상 16:7).

6. 블레셋과 전쟁(삼상 13-14장)

전쟁터에서 사울은 금식을 맹세했다. 왕의 금식명령을 모르던 요나단은 꿀을 먹고 힘을 얻어 승리했다(삼상 14:27-30). 그러나 요나단은 죽음의 위기에 몰렸다. 요나단이 금식명령을 어기고 꿀을 먹은 것이 작은 실수라면, 사울이 전쟁터에서 금식명령을 내린 것은 더 큰 실수였다. 결국 사울의 맹세로 죽음의 위기에 처한 요나단을 백성들이 중재로 살렸다(삼상 14:43-45).

7. 사울의 폐위(삼상 15장)

(1)아말렉 전멸작전. 사무엘은 사울에게 하나님의 명령, 즉 아말렉 전멸작전을 지시했다(삼상 15:1-3). 그것은 하나님의 성전(聖戰), 거룩한 영적전쟁이었다. 하나님은 아말렉이 출애굽 즉 하나님의 구원계획을 대적했기 때문에 전멸시키라 명령했다.

(2)에서의 자손. 아말렉 전쟁은 여자의 후손, 아브라함의 씨를 죽이

는 영적전쟁이다(창 3:15; 창 12:1-3). 아말렉의 정체는 리브가의 복중에서 야곱과 싸운 에서의 자손이다(창 36:12).

(3)모세의 작전. 영적전쟁은 총칼이 아닌 기도로 싸우는 전쟁이다. 주님도 기도로 싸웠고, 칼로 말고의 귀를 친 베드로를 책망했다(마 26:36-46,51-52). "모세가 손을 들면 이스라엘이 이기고, 손을 내리면 아말렉이 이기더니"(출 17:11). 모세는 여호수아를 전쟁터로 보내고, 아론과 훌과 함께 르비딤 산꼭대기로 올라갔다. 하나님은 그것을 여호수아의 귀에 외워 들려주라 했고, 아말렉과 대대로(from generation to generation) 싸울 것을 선포했다(출 17:14,16).

(4)사울과 다윗. 누구에게나 아말렉이 있다. 사울은 칼로 자결했지만(삼상 31:1-6), 결국 아말렉 소년이 고통 중에 죽어가던 사울을 죽였다(삼하 1:5-10). 다윗은 허위보고로 아기스의 신임을 받았다. 아기스는 다윗에게 이스라엘 침략전쟁에 참전하도록 요청했다. 아기스 부하들의 반대로 사흘 만에 돌아왔지만, 아말렉은 다윗의 거주지 시글락을 초토화시켰다(삼상 30장).

(5)에스더. "죽으면 죽으리이다"(에 4:16). 절정은 아말렉 왕 아각 자손 함므다다의 아들 하만이 모르드개와 에스더의 유다민족을 전멸시키려던 계획이다. 에스더는 일사각오로 부림절을 제정하여 유다민족을 살렸다. 아직도 마귀는 우는 사자같이 삼킬 자를 찾는다(벧전 5:8).

(6)승리의 비결. 사울의 불순종과 다윗의 거짓말로는 이길 수 없다. 모세와 에스더처럼 기도와 금식 외에 다른 것으로는 이런 종류를 이길 수 없다(마 17:19-21; 막 9:29). 주님은 온유와 겸손으로 십자가에 죽기까지 복종하여 영적전쟁에서 승리했다(빌 2:5-8; 요 19:30).

III. 사무엘과 다윗(삼상 16-31장)

"사람은 외모를 보거니와 나 여호와는 중심을 보느니라"(삼상 16:7). 사무엘은 사울을 폐위하고, 하나님의 마음에 맞는 사람 다윗에게 기름을 부어 왕으로 세웠다(행 13:21-23).

1. 다윗의 세 차례 기름부음(Anointing)
(1)이새의 아들 양치기 다윗은 일곱 형들을 제치고 첫 번째 기름부음을 받았다. 그날 이후로 다윗은 여호와의 영에 감동되었고, 사울은 여호와의 영이 떠나고 악령이 지배했다(삼상 16:13-14). 그 결과 다윗은 성령의 능력으로 골리앗을 죽였다(삼상 17:41-49).

(2)다윗은 유다지파의 왕으로 두 번째 기름부음을 받고, 7년 6개월 헤브론에서 유다지파의 왕으로 다스렸다(삼하 2:1-4).

(3)다윗은 헤브론에서 12지파의 왕으로 세 번째 기름부음을 받고, 33년 동안 예루살렘에서 온 이스라엘과 유다를 다스렸다(삼하 5:1-5).

2. 성령의 기름부음(Anointing)
(1)능력사역. 성령의 기름부음은 능력사역의 출발이다. 다윗이 골리앗을 죽인 것은 성령의 기름부음으로 하나님의 능력이 임했다는 반증이다. 마찬가지로 솔로몬의 재판은 일천번제 후에 하나님이 솔로몬에게 지혜를 주셨다는 반증이다. 베드로는 오순절에 3천명을 회개시키는 말씀사역과 앉은뱅이를 일으키는 치유사역의 능력을 받았다. 그러나 잠자리는 감옥으로 바뀌었다.

(2)능력사역의 이중성. 첫째, 하나님의 능력과 지혜를 통해 기적과 치유가 나타난다. 둘째, 세상이 주는 고난, 고통, 감옥살이를 이길 힘

을 준다. "사울이 죽인 자는 천천이요 다윗은 만만이로다"(삼상 18:7). 이스라엘은 다윗을 칭송했지만, 사울은 불쾌했다(삼상 18:8). 그 결과 골리앗을 죽인 다윗은 도피했지만, 하나님은 피할 길을 주셨다(삼상 17:41-49; 시 23:1-6). 그는 도피생활 가운데 70여 시편을 쓰고 영적으로 더 강해졌다(시 16:8; 18:1-2; 23:1; 57:7-8).

3. 하나님의 도우심
(1)하나님은 요나단의 우정으로 다윗을 보호했다(삼상 19-20장).
(2)놉 제사장 아히멜렉이 다윗을 도왔고, 에돔 사람 도엑이 밀고했다(삼상 21:7-9; 22:9-10). 그 결과 사울은 무고한 제사장 85명을 죽였다(삼상 22:18).
(3)아기스에게 피함(삼상 21:10-15). 다윗은 영적순발력으로 기도하여 하나님의 지혜를 받아 침을 흘리며 미친 척하여 죽음의 위기에서 벗어났다(시 34:1-6; 약 1:5). 가드는 골리앗의 고향인데, 하나님은 가드 왕 아기스의 눈을 어둡게 했다.
(4)다윗이 사울을 살려줌(삼상 24:1-15; 26:1-25). 사울이 다윗을 죽이지 못하고, 다윗이 사울을 죽이지 않은 까닭은 하나님의 기름부음 때문이다. 사울은 다윗을 추격해도 다윗은 항상 하나님을 바라본다(시 18:1; 23:1; 16:8). 다윗은 하나님의 마음에 맞는 사람이었다(행 13:21-23).
(5)사무엘의 죽음(삼상 25:1). "사무엘이 죽으매 온 이스라엘 무리가 모여 그를 두고 슬피 울며 라마 그의 집에서 그를 장사한지라 다윗이 일어나 바란 광야로 내려가니라"(삼상 25:1). 마침내 형식의 종교를 말씀의 종교로 바꾸고, 사울과 다윗을 이스라엘의 왕으로 세운 킹메이커,

그 시대의 거목 사무엘이 쓰러졌다.

(6)다윗과 아비가일(삼상 25:32-42). 미녀와 야수처럼, 아비가일과 나발은 성경에서 가장 지혜로운 아내와 가장 어리석은 남편이다. 양털 깎는 날에 나발은 다윗의 도움을 무시했고, 아비가일은 다윗이 피를 흘리지 않도록 지혜롭게 대접했다. 나발은 소식을 듣고 몸이 돌같이 되어 열흘 후에 죽었고, 다윗은 아비가일을 아내로 삼았다.

(7)다윗과 아말렉. 다윗이 가드 왕 아기스에게 도피하자 사울이 추격을 멈췄다(삼상 27:1-4). 다윗은 시글락에 거주하며 허위보고로 아기스의 신임을 얻고, 아기스는 이스라엘과 전쟁에 참전을 요구한다. 진퇴양난에 처한 다윗은 3일 후 돌아왔지만, 아말렉은 시글락을 초토화시켰다(삼상 30:1-6). 다윗은 정예부대로 아말렉을 치고, 인질과 전리품을 찾아왔다(삼상 30장).

(8)사울과 요나단의 죽음(삼상 31장). 전쟁은 한쪽이 죽어야 끝난다. 애굽 왕 바로가 출애굽한 모세와 이스라엘을 추격하자 하나님은 그들을 홍해에 수장시켰다. 사울과 다윗의 전쟁도 사울의 죽음으로 끝나고, 사무엘상이 마친다. 그러나 여자의 후손과 뱀의 영적전쟁은 야곱과 에서, 다윗과 사울, 예수님과 헤롯을 거쳐 아직도 현재진행형이다. 결국 사탄이 불과 유황의 못에 던져져야 끝날 것이다. "또 그들을 미혹하는 마귀가 불과 유황 못에 던져지니 거기는 그 짐승과 거짓 선지자도 있어 세세토록 밤낮 괴로움을 받으리라"(계 20:10).

10 사무엘하(second Samuel)
다윗의 통일왕국

　인생은 속도가 아니고 방향이다. "사울의 집과 다윗의 집 사이에 전쟁이 오래매 다윗은 점점 강하여 가고 사울의 집은 점점 약하여 가니라"(삼하 3:1). 이것이 사무엘상하의 경계선이고, 사울과 다윗의 경계선이고, 그리스도인의 BC와 AD의 경계선이다. 사울은 평생 다윗을 죽이려 교만과 불순종으로 폐위되었다. 다윗은 하나님을 바라보며 입의 말과 마음의 묵상이 주께 열납되길 원했다(시 19:13-14). 소프트웨어가 하드웨어를 작동하듯이 사람도 마음과 생각이 중요하다. 생각이 바뀌면 말이 바뀌고, 행동이 바뀌고, 습관이 바뀌고, 인생이 바뀐다. 사울과 다윗의 집은 점점(.net .com) 달라졌다. 하나님도 천천히 마침내 복과 은혜를 준다(신 8:16).

I. 다윗의 통일왕국(삼하 1-10장)

　다윗은 사울의 죽음(삼상 31장)을 보고한 아말렉 소년을 죽였다(삼하 1:1-16). 사울은 하나님의 기름부음을 받은 자였기 때문이다. 하나님은 선지자, 제사장, 왕을 기름부음으로 세웠다. 예수 그리스도는 그 선지자(신 18:15,18), 대제사장(히 4:14), 만왕의 왕(계 19:16)으로 삼중직의 기름부음을 받은 자다. 다윗은 애가로 사울과 요나단의 죽음을 애도했다(삼하 1:17-27).

1. 두 번째 기름부음(삼하 2:1-4)

다윗은 유다지파 왕으로 두 번째 기름부음을 받고, 사울의 잔당을 정리했다. 사울의 아들 이스보셋은 사울의 군대장관 아브넬의 도움으로 정권을 세웠다(삼하 2:8-11). 요압과 아브넬의 전쟁에서 아브넬의 창에 요압의 동생 아비새가 죽었다(삼하 2:12-23). 이스보셋과 아브넬 사이에 갈등과 분열이 일어났다(삼하 3:6-11). 요압은 이스보셋을 배반하고 다윗과 화친한 후에 돌아가는 아브넬을 죽였다(삼하 2:12-32; 3:22-30). 다윗은 아브넬의 죽음을 애도했다(삼하 3:22-39). 마침내 이스보셋마저 피살되어 사울의 잔당이 정리되었다(삼하 4:1-12).

2. 세 번째 기름부음(삼하 5:1-3)

다윗은 12지파의 왕으로 세 번째 기름부음을 받고, 법궤를 예루살렘으로 옮겼다. 먼저 소가 끄는 새 수레로 법궤를 옮겼는데, 넘어지던 법궤를 붙들던 웃사가 죽었다. 다윗은 오벧에돔의 집에 3개월간 법궤를 두었다(삼하 6:1-11). 하나님이 그 집에 복을 주자, 다윗은 레위자손에게 법궤를 어깨에 메고 옮기도록 했다(삼하 6:12-15; 대상 15:1-15). 다윗이 기쁨으로 춤을 추었고, 그 모습을 비웃던 사울의 딸 미갈은 평생 자식이 없는 벌을 받았다(삼하 6:16-23).

3. 성전건축과 다윗의 언약

다윗은 법궤를 옮긴 후에도 백향목 왕궁의 상아침대에 잠을 자면서 몹시 불편했다. 선지자 나단을 불러 성전건축의 소원을 말했고, 하나님은 나단에게 다윗왕조를 세워주겠다고 약속했다.

(1)다윗의 언약(삼하 7:8-16). 핵심은 "여호와가 너를 위하여 집을 짓

고"(11절)이다. 사우디 왕이 미국 골프선수를 초청하여 한 달을 보냈다. 왕은 선물을 주겠다고 하자 그는 클럽(Club)을 요구했다. 한 달 후에 왕은 선수가 요구한 골프채(Club) 대신에 골프장권리증서(Club)를 편지로 보냈다. 왕과 골프선수의 스케일처럼, 하나님과 다윗의 스케일은 너무 달랐다(사 55:8-9). 다윗은 성전(Temple) 건축을 소원했는데, 하나님은 다윗의 집 즉 왕조(Dynasty)를 짓겠다고 약속했다. 사영리의 첫 번째 원리다. "하나님은 당신을 사랑하고, 당신을 위한 놀라운 계획을 갖고 계십니다." 하나님의 자녀는 하나님 아버지의 사랑과 더불어 놀라운 계획을 믿어야 한다.

(2)언약의 본질. 성경은 언약의 책이다. 하나님의 언약은 베리트(히, covenant, promise)다. 구약에서 모세가 돌비에, 예레미야가 심비(마음)에 새긴 언약의 본질이다. "나는 그들의 하나님이 되고 그들은 나의 백성이 되리라"(렘 31:31-33). 하나님은 다윗의 아들 솔로몬에게 "나는 그에게 아버지가 되고 그는 내게 아들이 되리니"(삼하 7:14)라고 언약했다.

(3)언약의 점진적 발전. 바울은 구약의 하나님의 백성이 신약의 하나님의 자녀가 되는 언약의 본질을 종합하여 정리했다(고후 6:14-18). 구약의 언약의 본질이다. "나는 그들의 하나님이 되고 그들은 나의 백성이 되리라"(I will be their God, they will be my people. 고후 6:16). 신약의 언약의 본질이다. "나는 너희에게 아버지가 되고 너희는 내게 자녀가 되리라"(I will be your Father, you will be my sons and daughters. 고후 6:17-18). 그는 언약의 점진적 발전과정을 밝혔다. 마침내 신약에서 주님은 영접하는 자 곧 그 이름을 믿는 자들에게 하나님의 자녀가 되는 권세를 주셨다(요 1:12,13). 주기도문은 하늘에

계신 우리 아버지(Our Father in heaven)께 기도하고, 사도신경은 하나님 아버지(God the Father)를 믿는 것이다.

(4)언약의 성취. "그 후에 다윗이 어디로 가든지 여호와께서 이기게 하시니라"(삼하 8:6,14). 다윗은 입술의 말과 마음의 묵상이 주님께 열납되길 원했고(시 19:13-14), 하나님은 다윗의 말이 귀에 들린 대로 행했다(민 14:28). 즉 다윗의 언약을 맺은 후에 하나님은 다윗에게 백전백승의 은혜를 주셨고, 다윗은 금은보화의 전리품으로 성전건축을 준비했다(대상 29:10-14). 다윗은 성전건축 후에 복을 받은 것이 아니고, 마음의 소원을 드린 후에 복을 받았다.

(5)다윗과 므비보셋(삼하 9장). 다윗은 요나단과 우정을 생각해서 그 자손을 돌보려고 했다. 다윗은 요나단의 아들 절뚝발이 므비보셋을 찾았고, 사울의 집은 점점 약해져가고 있었다. 다윗은 요나단의 아들 므비보셋을 왕의 식탁에 앉혀서 은혜를 베풀었다.

II. 다윗의 결점과 실패(삼하 11-21장)

"그 해가 돌아와 왕들이 출전할 때가 되매 다윗이 요압과 그에게 있는 그의 부하들과 온 이스라엘 군대를 보내니 그들이 암몬 자손을 멸하고 랍바를 에워쌌고 다윗은 예루살렘에 그대로 있더라"(삼하 11:1). 거룩함은 위치를 지키는 것이다(레 19:1-2). 다윗의 비극은 위치이탈에 있었다. 그는 왕이 있어야 할 전쟁터에 있지 않고, 왕궁 침상에서 저녁 때에 기상했다.

1. 다윗과 밧세바(삼하 11-12장)

전쟁터 대신에 왕궁에 있던 다윗은 저녁 때에 침상에서 일어나 왕궁

옥상을 거닐다가 목욕하는 여인을 보고 음욕을 품었다(삼하 11:2). 홍수 전 600년 동안 믿음을 지킨 노아가 홍수 후에 스스로 넘어진 것처럼, 왕이 된 다윗은 스스로 넘어졌다. 다윗은 밧세바와 은밀하게 간통했고, 최전선에 밧세바의 남편 충신 우리아를 세우는 위장전술로 죽였다. 하나님은 다 보고 계셨다.

2. 자녀들의 비극(삼하 13-18장)

(1)인과응보. "그 후에 이 일이 있으니라!"(삼하 13:1) 밧세바 사건과 다윗의 자녀들의 비극은 밀접한 관계를 맺고 있다. 장자 암논은 부친 다윗을 속여 꾀병을 부렸고, 부친의 부탁으로 간호하러 온 이복누이 다말을 성폭행했다. 압살롬은 부친 다윗을 속여 양털 깎는 날에 잔치를 베풀었고, 부친이 허락한 왕자들의 모임에서 이복형 암논을 죽여 누이의 수치를 갚았다. 그 후 압살롬은 그술 왕 암미홀의 아들 달매에게 피신했다(삼하 14:25-27).

(2)사죄의식. 요압은 드고아 여인의 연극으로 다윗과 압살롬을 중재했다. 압살롬은 예루살렘으로 돌아왔고, 마침내 헤브론에서 반란을 일으켰다(삼하 15장). 다윗은 왕궁을 떠나 피난길에 올랐지만, 요압이 압살롬을 죽이고 반란군을 진압하여 환궁했다. 그러나 다윗은 압살롬의 죽음에 사죄의식으로 통곡했다. "왕의 마음이 심히 아파 문 위층으로 올라가서 우니라 그가 올라갈 때에 말하기를 내 아들 압살롬아 내 아들 내 아들 압살롬아 차라리 내가 너를 대신하여 죽었더면, 압살롬 내 아들아 내 아들아 하였더라"(삼하 18:33).

3. 다윗과 므비보셋의 종 시바

피난하던 다윗은 판단력을 상실했다. 시바가 피난길에서 다윗에게 므비보셋을 모함하여 전 재산을 취득했다(삼하 16:1-4). 나중에 사실을 알았지만 완전히 바로잡지 않았다. 다윗이 환궁할 때에 므비보셋이 사건의 진실을 밝혔지만, 시바와 밭을 나누도록 조치했다(삼하 19:24-30).

4. 남북전쟁(삼하 19:40-43)

유다지파의 호위로 다윗이 환궁했지만, 이스라엘지파들의 시비로 다툼이 났다. 유다지파가 강력해지자 사울지파 베냐민사람 비그리의 아들 세바가 반란이 일으켰다. 이스라엘지파들은 세바를 따랐지만, 요압은 지혜로운 여인의 도움으로 세바의 반란을 진압했다(삼하 20:1-22).

5. 다윗과 기브온(삼하 21장)

다윗의 시대에 3년 기근이 있었는데, 사울이 기브온족속을 죽인 결과였다(삼하 21:1-6). 기브온은 여호수아와 사기조약으로 살아났고(수 9:3-15), 온 회중을 위하여 나무를 패고 물을 긷는 자가 되었다(수 9:16-21). 하나님 앞에 맺은 언약은 사기조약이라도 지켜야 한다(시 15:4). 결국 다윗이 사울의 자녀들을 죽이도록 허락하자 기근이 멈추었다(삼하 21:7-9). 암몬사람 나하스의 공격에서 사울의 도움을 받은 길르앗 야베스 사람들이 사울, 요나단, 그 자녀들의 뼈를 장사하여 은혜를 갚았다. 다윗이 소식을 듣고 축복했다(삼상 11:1-11; 삼하 2:4-7; 21:10-14).

III. 다윗의 말년(삼하 22-24장)

1. 다윗의 승전가(삼하 22장)

여호와께서 다윗을 모든 원수의 손과 사울의 손에서 구원하신 그 날에 다윗이 노래했다.

"여호와는 나의 반석이시요 나의 요새시요 나를 위하여 나를 건지시는 자시요 내가 피할 나의 반석의 하나님이시요 나의 방패시요 나의 구원의 뿔이시요 나의 높은 망대시요 그에게 피할 나의 피난처시요 나의 구원자시라 나를 폭력에서 구원하셨도다 … 이러므로 여호와여 내가 모든 민족 중에서 주께 감사하며 주의 이름을 찬양하리이다 여호와께서 그의 왕에게 큰 구원을 주시며 기름 부음 받은 자에게 인자를 베푸심이여 영원하도록 다윗과 그 후손에게로다"(삼하 22:2-3,50-51).

2. 다윗의 마지막 말(삼하 23:1-7)

다윗이 성령의 감동으로 기름부음을 받아 남긴 마지막 말이다.

"사람을 공의로 다스리는 자, 하나님을 경외함으로 다스리는 자여 그는 돋는 해의 아침 빛 같고 구름 없는 아침 같고 비 내린 후의 광선으로 땅에서 움이 돋는 새 풀 같으니라 하시도다 내 집이 하나님 앞에 이같지 아니하냐 하나님이 나와 더불어 영원한 언약을 세우사 만사에 구비하고 견고하게 하셨으니 나의 모든 구원과 나의 모든 소원을 어찌 이루지 아니하시랴 그러나 사악한 자는 다 내버려질 가시나무 같으니 이는 손으로 잡을 수 없음이로다 그것들을 만지는 자는 철과 창자루를 가져야 하리니 그것들이 당장에 불살리리로다 하니라"(삼하 23:3-7).

3. 다윗의 인구조사(삼하 24장)

다윗은 "전쟁은 여호와께 속한 것"이라 외치며 골리앗을 죽였다(삼상 17:47). 그러나 말년에 다윗은 하나님보다 군대를 의지하여 군인의 숫자를 계수했다(대상 21장). 하나님은 선지자 갓을 보내 7년 기근(3년 기근, 대상 21:12), 3달 도피생활, 3일 전염병이란 3가지 선택지를 주었다(삼하 24:12-13). 다윗은 하나님의 손에 빠지길 원했고, 전염병으로 칠만 명이 죽었다. 그 결과 선지자 갓의 안내로 다윗이 여부스 사람 아라우나의 타작마당에 단을 쌓아 재앙이 그쳤다. 그곳이 바로 솔로몬이 건축한 성전부지가 되었다(대하 3:1).

북이스라엘과 남유다 왕들의 계보

* 열왕기상하, 역대상하를 연구하기 전에 남북왕조의 계보를 암기하면 유익하다.

(1)통일왕국 - 솔로몬 시대 BC 970-930(왕상 1:1-12:24)

(2)북이스라엘	(3)남유다
여로보암 - 시므리(왕상 12:25-16:20)	**르호보암 - 아마샤(왕상 14:21-왕하 14:22)**
1. 여로보암 I (930-909년, 왕상 12:25-14:20)	1. 르호보암 (930-913년, 왕상 14:21-31)
2. 나답(909-908년, 왕상 15:25-32)	2. 아비얌(913-910년, 왕상15:1-8)
3. 바아사(908-886년, 왕상 15:33-16:7)	3. 아사(910-869년, 왕상15:9-24)
4. 엘라(886-885년, 왕상 16:8-14)	4. 여호사밧(872-848년, 왕상 22:41-50)
5. 시므리(885년〈7일〉, 왕상 16:15-20)	5. 여호람(요람, 853-841년, 왕하 8:16-24)
6. (디브니)(885년-880년, 왕상 16:21)	6. 아하시야(841년, 왕하 8:25-29)
오므리 - 스가랴(왕상 16:21-왕하 15:12)	7. (아달랴)(841-835년, 왕하 11:1-20)
7. 오므리(885-874년, 왕상 16:22-28)	8. 요아스(835-796년, 왕하 11:21-12:21)
8. 아합(874-853년, 왕상 16:29-22:40)	9. 아마샤(796-767년, 왕하 14:1-22)
9. 아하시야(853-852년, 왕상 22:51-왕하 1:18)	**웃시야 - 아몬(왕하 15:1-21:26)**
10. 여호람(요람, 852-841년, 왕하 3:1-8:15)	10. 웃시야(아사랴, 792-740년, 왕하 15:1-7)
11. 예후(841-814년, 왕하 9-10장)	11. 요담(750-732년, 왕하 15:32-38)
12. 여호아하스(814-798년, 왕하 13:1-9)	12. 아하스(735-715년, 왕하 16:1-20)
13. 요아스(798-782년, 왕하 13:10-25)	13. 히스기야(715-686년, 왕하 18-20장)
14. 여로보암 II (793-753년, 왕하 14:23-29)	14. 므낫세(697-642년, 왕하 21:1-18)
15. 스가랴(753년〈6개월〉, 왕하 15:8-12)	15. 아몬(642-640년, 왕하 21:19-26)
살룸 - 앗수르 포로(왕하 15:13-17:41)	**요시야 - 바벨론 포로(왕하 22:1-25:30)**
16. 살룸(752년〈1개월〉, 왕하 15:13-16)	16. 요시야(640-609년, 왕하 22:1-23:30)
17. 므나헴(752-742년, 왕하 15:17-22)	17. 여호아하스(609년〈3개월〉, 왕하 23:31-35)
18. 브가히야(742-740년, 왕하 15:23-26)	18. 여호야김(609-598년, 왕하 23:36-24:7)
19. 베가(740-732년, 왕하 15:27-31)	19. 여호야긴(598-597년〈3개월〉, 왕하 24:8-17)
20. 호세아(732-722년, 왕하 17:1-41)	20. 시드기야(597-586년, 왕하 24:18-25:30)

11 열왕기상(first Kings)
솔로몬과 북이스라엘 왕국

I. 통일왕국(왕상 1-11장)

1. 솔로몬의 즉위(왕상 1장)

솔로몬은 아도니야의 반역을 진압한 후에 즉위식을 한다(왕상 1장). 다윗의 말년에 학깃의 아들 아도니야가 군대장관 요압과 제사장 아비아달과 모반했다. 제사장 사독과 군대장관 브나야와 선지자 나단이 솔로몬 편에 섰다. 나단은 밧세바를 수넴 여자 아비삭의 시중을 받던 다윗 왕에게 보내서 솔로몬의 즉위식을 허락받고, 상황을 반전시켜 아도니야의 반역을 진압했다.

2. 다윗의 유언(왕상 2:1-3)

다윗은 솔로몬에게 유언했다. 그것은 결단력 부족으로 생전에 처리하지 못한 3가지 사건이다.

(1)다윗과 요압(삼하 18:14-15, 31-33; 왕상 2:5-6). 다윗의 군대장관 요압은 다윗의 누이 아들로 외삼촌과 조카 사이다. 요압은 다윗에게 필요악(必要惡)이다. 다윗정권의 일등공신이지만, 평화시대에 사울의 군대장관 아브넬과 유다의 군대장관 아마샤를 죽인 최악의 신하다(삼하 3:27-30; 삼하 20:9-10). 부왕의 유언대로 솔로몬은 아도니야의 반역을 평정하면서 제사장 아비아달을 아나돗으로 추방하고, 브나야를 보내 아도니야와 요압을 죽였다(왕상 2:13-35).

(2)다윗과 바르실래(삼하 19:31-39; 왕상 2:7). 다윗은 피난시절에 자신을 공궤하던 바르실래의 아들 김함을 예루살렘으로 데려왔고, 솔로몬에게 바르실래의 은혜를 아들들에게 갚도록 했다.

(3)다윗과 시므이(삼하 16:5-14; 19:16-23; 왕상 2:8-9,36-46). 사울의 족속 시므이는 피난 가던 다윗을 저주했는데, 야비하게 다윗이 환궁하던 날 제일 먼저 환영했다. 다윗은 시므이를 죽이려던 부하들을 만류했지만, 솔로몬에게 뒤처리를 유언했다. 솔로몬은 시므이의 거주지를 예루살렘으로 제한했는데, 솔로몬에게 도망친 종을 찾으러 나간 사실이 발각되어 죽임을 당했다.

3. 솔로몬의 통치(왕상 3-11장)

(1)솔로몬의 지혜(왕상 3-4장). 솔로몬은 왕이 되자 기브온 산당에서 일천번제를 드렸다. 하나님이 소원을 묻자, 그는 "듣는 마음"(히, 레브 쉬마, Listening Heart)을 구했다. 지혜란 듣고서 참과 거짓을 분별하는 능력이다. 솔로몬은 하나님의 지혜로 생모를 찾았다(왕상 3:16-28).

(2)솔로몬의 성전건축(왕상 5-9장). 솔로몬은 40년 통치기간에 7년 동안 성전을 건축했고, 13년 동안 왕궁을 건축했고, 그 후 20년 동안 수많은 재건축, 재개발 사업을 시행했다. 무역항 에시온게벨을 건설했다. 그는 하나님 없는 노력의 헛됨을 고백했다(시 127:1-2). 전도서는 허무를 극복하는 인생의 본분을 하나님을 경외하는 지혜로운 삶이라 결론짓는다(전 12:13).

(3)솔로몬의 황금기(왕상 10장). 스바 여왕의 간증은 솔로몬의 부귀영화를 반증한다. "내가 내 나라에서 당신의 행위와 당신의 지혜에 대하여 들은 소문이 사실이로다 ... 내게 말한 것은 절반도 못되니 당신의

지혜와 복이 내가 들은 소문보다 더하도다 … 여호와께서 당신을 기뻐하사 이스라엘 왕위에 올리셨고 여호와께서 영원히 이스라엘을 사랑하시므로 당신을 세워 왕으로 삼아 정의와 공의를 행하게 하셨도다"(왕상 10:6-9). 스바 여왕은 하나님께 영광을 돌렸다.

(4)솔로몬의 말년(왕상 11장). 부귀영화를 누린 솔로몬은 말년에 우상숭배로 타락했다. 그의 타락은 남북왕조의 분열에 결정적 원인을 제공했다(왕상 11:9-13). 그것은 부귀영화보다 고난이 유익이란 역설적 사실을 반증한다(시 119:67,71). 결국 그는 지혜로운 말만 많이 한 왕이 되었다.

II. 분열왕국(왕상 12-22장)

솔로몬이 죽은 후에 통일왕국은 솔로몬의 아들 르호보암의 남유다와 느밧의 아들 여로보암의 북이스라엘로 분열된다. 북이스라엘이 BC 722년에 앗수르에 멸망하고, 남유다가 BC 586년에 바벨론포로로 잡혀가면서 열왕기상하의 모든 역사가 끝난다.

1. 분열과정(왕상 12:1-20)

예수님의 제자도(discipleship)란 섬김의 도다(마 20:26-28). 르호보암은 다윗과 솔로몬을 섬기던 노인들의 교훈, 즉 섬김의 도(servantship)를 버리고, 동년배들의 조언을 따라 강압정책을 발표했다. 그 결과 느밧의 아들 여로보암은 10지파로 북이스라엘을 세웠다(왕상 12:6-11).

2. 여로보암의 잘못된 정강정책(政綱政策)

북이스라엘을 세운 초대 왕 여로보암은 잘못된 3가지 정강정책을 만들었다(왕상 12:25-33).

(1)금송아지. 벧엘과 단에 두 마리 금송아지우상을 세웠다. 그는 백성들이 가까운 금송아지를 찾도록 실용주의를 조장하여 예루살렘성전에 가는 길을 막아 성전중심의 신앙을 타락시켰다.

(2)보통제사장. 아론의 자손이 아닌 보통백성을 제사장으로 세워 하나님의 언약을 배반했다(왕상 12:31; 13:33-34; 대하 11:14-15). 북이스라엘은 제사장들의 무지로 멸망했다(호 4:6-10).

(3)남유다와 비슷하게 8월 15일로 절기를 변경했다. 계시종교란 의미는 하나님을 섬기는 중보자, 방법, 시간을 하나님이 결정한다는 것이다. 누구도 하나님이 정한 절기를 바꿀 수 없다.

3. 벧엘의 제단(왕상 13장)

하나님이 남유다에서 보낸 하나님의 사람이 여로보암에게 말씀을 전했다. 장차 다윗의 자손 요시야가 벧엘의 단을 헐 것을 예언했다(왕상 13:2). 그러나 하나님의 사람은 말씀만 전하고 오라던 하나님의 명을 어기고 늙은 선지자에게 속아 대접을 받은 후 사자에게 물려 죽었다(왕상 13:11-32). 요시야는 예언대로 벧엘의 단을 빻아 가루를 만들고 불살랐다(왕하 23:4-14).

4. 아합과 이세벨(왕상 16:29-34)

북이스라엘의 아합과 이세벨은 역사상 가장 악한 왕과 왕비였다. 이세벨은 시돈의 공주였고, 바알과 아세라 우상을 섬겼다. 엘리야는 갈멜산에서 이세벨이 양육한 바알선지자 450명, 아세라 선지자 400명과 더불어 850:1의 영적대결을 했다. 그 시대에 여호수아의 경고를 무시하고 벧엘 사람 히엘이 여리고를 건축했다. 그는 여리고를 재건하던 중 장자 아비람과 막내 스굽을 잃었다(왕상 16:34). 그 사건은 여호수아의 경고와 성취를 증명했다(수 6:26; 마 5:17-18).

5. 엘리야와 엘리사(왕상 17장-왕하 8장)

(1)그릿과 사르밧 훈련. 하나님은 아합과 아세벨을 상대로 영적전쟁을 펼칠 엘리야를 훈련시켰다. 엘리야는 3년 6개월 가뭄에 그릿시냇가와 사르밧 과부 집에서 훈련받았다(왕상 17장). 그릿은 "단절"이고, 사르밧은 "도가니"란 뜻이다. 하나님은 갈멜산 영적전투에 참전하도록 단절과 도가니 훈련으로 오직 하나님만 믿고 의지하도록 엘리야를 훈련시켰다.

(2)갈멜산 영적전쟁. 엘리야는 850:1 영적전쟁의 의미를 선포했다. "아브라함과 이삭과 이스라엘의 하나님 여호와여 주께서 이스라엘 중에서 하나님이신 것과 내가 주의 종인 것과 내가 주의 말씀대로 이 모든 일을 행하는 것을 오늘 알게 하옵소서"(왕상 18:36). 마침내 하늘의 불이 제단을 태우자 백성들이 외쳤다. "여호와 그는(히, 강조형, 그분만이) 하나님이시로다! 여호와 그는 하나님이시로다!"(왕상 18:36) 야고보는 엘리야의 기도를 설명한다. "엘리야는 우리와 성정이 같은 사람이로되 그가 비가 오지 않기를 간절히 기도한즉 삼 년 육 개월 동안 땅에 비가 오지 아니하고 다시 기도하니 하늘이 비를 주고 땅이 열매를 맺었느니라"(약 5:17-18).

(3)탈진과 사명회복. 엘리야는 갈멜산의 큰 승리 후 로뎀나무 아래서

죽기를 구하는 큰 탈진에 빠졌다. "여호와여 넉넉하오니 지금 내 생명을 거두시옵소서 나는 내 조상들보다 낫지 못하니이다"(왕상 19:4). 엘리야는 사명이 남았기에 하나님의 천사가 구운 떡과 물을 가져왔다. 그는 일어나 먹고 마시고 40주야 달려서 하나님의 산 호렙에 도착했다. 하나님은 강한 바람, 지진, 불이 아니라 세미한 음성으로 찾아왔다(왕상 19:9-14). 하나님은 선지자의 사명의 본질을 말씀사역이라 가르쳤고, 7천명 남은 자를 약속했다. 그는 하사엘을 아람 왕으로, 예후를 이스라엘 왕으로, 엘리사를 후계자로 세우라는 3가지 기름부음의 사명을 받고 회복했다(왕상 19:15-18).

6. 나봇의 포도원과 아합과 이세벨의 죽음(왕상 21-22장).

(1)나봇의 포도원. 아합과 이세벨은 나봇의 포도원을 탐냈고, 나봇은 조상의 기업을 팔 수 없다고 거절했다. 그 후에 아합이 병석에 눕자 이세벨은 거짓증인을 세워 나봇을 돌로 쳐 죽이고 빼앗았다. 엘리야는 나봇의 기업을 빼앗은 그들에게 비참한 죽음을 예고했다(왕상 21:17-26). 하나님의 기업은 땅과 자녀다(창 12:1-3; 시 127:3). 에서는 장자권을 소홀히 여겨 야곱에게 빼앗겼지만, 그 후에 눈물로 후회해도 소용없었다(창 25:31-34; 히 12:16-17).

(2)아합과 이세벨의 죽음. 아합은 여호사밧과 함께 길르앗 라못 전투에서 아람과 싸웠다. 시드기야가 철퇴를 휘두르고, 400명 거짓선지자들이 승리를 예언했다. 아합은 여호사밧의 요구로 선지자 미가야의 예언도 들었다. 아람과 전투에서 아합은 변복했고, 여호사밧에게 왕복을 입혔다. 그러나 한 사람이 무심코 쏜 화살이 아합의 갑옷솔기를 뚫었다. 엘리야의 예언처럼 나봇을 죽인 아합은 맹렬한 전쟁터에서 전사했

다(왕상 22:34-35). 이세벨 역시 예후가 창밖에 던져 시체를 밟은 후 개들이 먹고 남은 두골과 발과 손만 찾아 장사했다(왕하 9:30-37).

12 열왕기하(second Kings)
남북왕조의 쇠퇴와 멸망

　전반부(왕하 1-17장)는 북이스라엘이 BC 722년에 앗수르에 멸망하기까지 역사를 기록하고, 후반부(왕하 18-25장)는 남유다가 BC 586년에 바벨론포로로 잡혀가기까지 역사를 기록한다.

I. 북이스라엘 멸망까지(왕하 1-17장)

1. 엘리야와 엘리사의 사역(왕하 1:1-8:15)

　(1)아하시야의 죽음(왕하 1장). 열왕기하는 아합이 죽은 후 모압이 이스라엘을 배반하는 이야기로 시작한다(왕하 1:1). 아합의 아들 아하시야가 난간에 떨어져 병들자 에그론의 신 바알세붑에게 물으러 보낸다. 그는 하나님의 선지자 엘리야의 예고대로 죽음을 맞는다.

　(2)엘리야의 승천(왕하 2장). 엘리야는 길갈, 벧엘, 여리고를 거쳐 요단에서 승천한다. 엘리사는 엘리야에게 성령의 능력의 갑절을 구한다(왕하 2:8-10). 엘리사는 약속대로 엘리야의 승천을 목도한 후 성령의 능력을 받고, 엘리야의 겉옷을 주워 요단강을 가른다(왕하 2:12-14).

　(3)엘리사의 기적(왕하 2:19-8장). 엘리사는 엘리야의 성령의 능력의 갑절을 받아 기적을 일으킨다. 엘리야가 사르밧 과부의 아들을 살린 것처럼(왕상 17:17-24), 엘리사 기적의 최고봉은 수넴 여인의 아들을 살린 사건이다(왕하 4:8-37; 8:1-6). 그 밖에 선지자의 생도의 아내의 빈 그릇에 기름을 채워 빚을 갚게 한다(왕하 4:1-7). 아람의 군대장관 나

아만의 나병을 고친다(왕하 5:1-14). 기도로 사환 게하시의 눈을 뜨게 하고, 아람군대의 눈을 멀게도 한다(왕하 6:14-19).

2. 예후부터 이스라엘 멸망까지(왕하 8:16-17:41)

남유다의 여호사밧과 북이스라엘의 아합은 남북왕조의 공조시대를 열었다. 아합의 아내 이세벨은 시돈의 공주로 바알과 아세라를 섬겼다. 여호사밧은 아합과 이세벨의 딸 아달랴를 며느리로 맞아 아합과 사돈을 맺었다. 즉 아달랴가 여호람의 왕비가 되어 다윗왕조의 안방 여주인이 되었다. 마침내 아달랴는 다윗의 자손들을 모조리 죽이고, 7년간 남유다의 여왕노릇을 했다. 이세벨은 바알과 아세라 우상을 시돈에서 북이스라엘로 가져왔고, 아달랴는 우상들을 남유다로 가져왔다. 그 결과 BC 722년에 북이스라엘은 앗수르에 멸망하고(왕하 17:1-6), BC 586년에 남유다는 바벨론포로로 잡혀갔다(왕하 25:1-21).

II. 남유다의 멸망까지(왕하 18-25장)

1. 기적의 시대

기적은 모세와 여호수아의 시대, 엘리야와 엘리사의 시대, 예수님과 사도들의 시대에 집중한다. 예수님의 제자훈련은 4단계다. 첫째, 내가 할 테니 잘 봐라!(I do, you watch) 둘째, 내가 할 테니 도와주라!(I do, you help) 셋째, 네가 해라 내가 도와주겠다!(You do, I help) 넷째, 네가 해라 내가 잘 보겠다!(You do, I watch) 서당 개 삼년이면 풍월을 읊듯이, 주님은 3년간 성령의 능력사역으로 제자훈련을 시켰다. 스승의 능력사역을 보고, 제자들이 체험훈련을 받았다. 그 결과 모세와 여호수아, 엘리야와 엘리사, 예수님과 사도들의 시대에 기적이 집중한다.

2. 히스기야의 시대

(1)놋뱀과 십자가. 히스기야는 모세의 놋뱀을 부숴 느후스단 즉 놋 조각이라 했다(민 21:4-9; 왕하 18:1-4). 예수님은 놋뱀과 십자가를 비교하여 믿음으로 구원받는 원리를 설명했다. "모세가 광야에서 뱀을 든 것 같이 인자도 들려야 하리니 이는 그를 믿는 자마다 영생을 얻게 하려 하심이니라 하나님이 세상을 이처럼 사랑하사 독생자를 주셨으니 이는 그를 믿는 자마다 멸망하지 않고 영생을 얻게 하려 하심이라"(요 3:14-16). 믿음으로 바라보는 자만 구원받는다.

(2)히스기야의 기도(왕하 20:1-11). 오직기도로 앗수르 왕 산헤립의 군대 185,000명을 물리쳤다(왕하 18-19장). 죽을 병이 들자 면벽기도로 하나님을 찾고, 이사야가 무화과반죽을 상처에 발라 15년 생명을 연장했다(왕하 20:1-7). 증거로 해시계가 한 시간 물러갔다(왕하 20:8-11).

(3)히스기야의 교만(왕하 20:12-21). 히스기야의 치유소식은 바벨론까지 퍼져 사신들이 찾아왔다. 히스기야는 간증하는 대신에 성전과 왕궁의 금은보화만 자랑했다(왕하 20:12-15). 이사야는 히스기야의 후손들이 바벨론포로로 잡혀가 환관이 될 것을 예고했다. 결국 BC 605년 1차 포로로 잡혀간 다니엘과 세 친구는 느부갓네살의 환관이 되었다(단 1장). 하나님의 치유를 간증하지 않고, 금은보화를 자랑한 히스기야는 바벨론포로의 일등공신이 되었다. 15년 더 살았지만, 그 결과는 참담했다. 12세에 즉위한 히스기야의 아들 므낫세는 55년간 통치기간에 우상숭배를 복구했고, 손자 아몬은 2년 통치 후에 살해됐다(왕하

21장). 만약 히스기야가 병든 채 죽었거나 하나님의 능력을 간증했다면, 이스라엘 역사상 전무후무한 무흠 왕이 됐을 것이다.

3. 요시야의 시대

(1)유다의 마지막 별 요시야. 요시야는 남유다의 마지막 별과 같은 왕이다. 하나님의 사람이 느밧의 아들 여로보암에게 예언한 것처럼, 그는 벧엘의 금송아지 제단을 헐어 예언을 성취했다(왕상 13:2; 왕하 23:15). 전국의 우상을 제거했고(왕하 23:1-20), 전무후무한 유월절을 지켰고(왕하 23:21-23), 성전에서 발견한 율법책을 전심으로 지켰다(왕하 23:24-25). 훌다는 요시야가 바벨론포로의 비극을 보지 않고 평안히 조상들의 묘실에 들어가리라고 예언했다(왕하 22:20). 요시야가 바로느고와 므깃도 전투에서 전사하여 예언이 성취되었다(왕하 23:28-30).

(2)요시야 죽은 후 남유다. 요시야의 왕위는 차자 여호아하스, 장자 여호야김(엘리야김), 손자 여호야긴(엘리야긴)을 거쳐 막내 시드기야가 계승한다. 요시야가 죽은 후 여호아하스가 3개월, 여호야김이 11년, 여호야긴이 3개월, 시드기야가 11년 통치한 후 BC 586년에 남유다가 멸망하고, 예루살렘이 훼파되고, 성전이 소실되었다. 느부갓네살은 도피하던 시드기야 왕을 붙잡고, 시드기야의 목전에 왕자들을 살해했다. 그 후에 그의 눈을 뽑아 놋쇠사슬로 묶어 바벨론으로 끌고갔다(왕하 25:1-17). BC 605년 1차 포로로 다니엘과 세 친구, 사드락과 메삭과 아벳느고가 잡혀갔고, BC 597년 2차 포로로 여호야긴과 에스겔이 잡혀갔고, BC 586년 3차 포로로 시드기야와 대다수 백성이 잡혀간 후 남유다는 바벨론포로 70년의 비극을 체험했다(왕하 25:18-21).

13 역대상(first Chronicles)
다윗 왕을 회고함

첫째, 역대기는 다윗왕조의 정통성을 지닌 남유다 이야기다. 사무엘상하, 열왕기상하는 남북왕조의 역사를 교차적으로 기록하지만, 역대상하는 새로운 관점에서 남유다의 역사를 기록한다. 역대기는 성전과 제사제도의 확립을 강조한다. 궁극적으로 역대기는 아브라함과 다윗의 자손, 즉 예수 그리스도란 종착역을 향한 구속사의 물줄기가 흐른다.

둘째, 역대기는 히브리어성경의 마지막 책이다. 예수님은 창세기 아벨의 피부터 역대기 사가랴의 피까지 억울한 죽음을 말했다(마 23:35; 눅 11:51). 사가랴의 피란 대제사장 여호야다 반정으로 7세에 왕이 된 요아스가 여호야다의 아들 스가랴를 죽인 배은망덕 사건이다(대하 24:20-22).

셋째, 역대기는 구약전체를 연결하여 총정리한다. 마태의 족보는 신구약성경을 연결하는 구약의 결론과 신약의 서론이다. "아브라함과 다윗의 자손 예수 그리스도의 계보라"(마 1:1). 역대기는 아담, 셋, 에노스(대상 1:1)의 족보부터 고레스칙령(대하 36:22-23; 스 1:1-4)까지 구약전체를 연결하여 총정리한다.

I. 족보(대상 1-9장)

1. 역대기의 새로운 관점
(1)역대기는 남유다의 정통성을 기록한 역사다. 북이스라엘을 배제하

고, 다윗의 정통성을 이어받는 남유다의 역사를 기록한다. 마지막 부분에서 바벨론포로의 귀환을 명령하여 남유다의 회복을 보장한 고레스칙령으로 마무리한다.

(2)역대기의 구조는 다윗의 언약이다. 하나님은 다윗의 언약에 따라 다윗왕조를 세우고, 마침내 다윗의 자손 한 사람이 영원한 왕국을 통치할 것을 약속한다. 마침내 약속과 성취란 언약의 구조대로 통치자가 반드시 올 것이다(마 5:17-18).

(3)역대기는 겸손하게 회개하면, 용서와 회복을 약속한다. "내 이름으로 일컫는 내 백성이 그들의 악한 길에서 떠나 스스로 낮추고 기도하여 내 얼굴을 찾으면 내가 하늘에서 듣고 그들의 죄를 사하고 그들의 땅을 고칠지라"(대하 7:14). 하나님의 백성이 범죄하면 민족적 재난이 임하지만, 회개하고 돌아오면 하나님이 자기백성을 돌보신다고 교훈한다.

(4)역대기의 고난프로그램은 교만과 불순종 때문이다. "사울이 죽은 것은 여호와께 범죄하였기 때문이라 그가 여호와의 말씀을 지키지 아니하고 … 여호와께 묻지 아니하였으므로 여호와께서 그를 죽이시고 그 나라를 이새의 아들 다윗에게 넘겨 주셨더라"(대상 10:13-14). 역대기는 시드기야가 바벨론포로 잡혀간 원인도 교만과 불순종이란 사실을 교훈한다(대하 36:11-21).

(5)역대기는 고레스칙령으로 마무리한다. 고레스칙령은 바벨론포로의 비극을 끝내고, 성전재건으로 미래와 희망을 주리란 예레미야예언의 성취다(렘 29:10-14). 즉 고레스칙령은 하나님과 관계회복으로 과거의 재앙을 끝내고, 미래의 평안과 희망을 약속한다(대하 36:22-23).

2. 역대기 족보

믿음의 족장들(대상 1:1-54), 이스라엘의 아들들(대상 2:1-4:23), 시므온지파(대상 4:24-43), 요단강 동쪽의 르우벤, 갓, 므낫세반지파(대상 5:1-26), 레위지파(대상 6:1-81), 나머지 6지파(대상 7:1-8:40), 예루살렘 거주자들(대상 9:1-34), 많은 자손들(대상 9:35-44)을 기록한다.

(1)족보의 특징.

첫째, 긴 세월의 역사를 짧게 기록한다. 예수님의 족보(마 1:1-17)는 아브라함부터 다윗까지 천년, 다윗부터 예수님까지 천년, 이천년의 역사를 한 페이지에 기록한다.

둘째, 연결고리(Bridge) 역할을 한다. 족보는 조상과 후손을 대대로 연결한다. 죽음의 족보(창 5장)는 아담부터 노아까지 10대를 연결한다. 역대기 족보(대상 1-9장)는 아담부터 다윗까지 연결한다. 마태의 족보는 구약과 신약을 연결한다.

셋째, 족보의 주인공은 마지막 인물이다. 룻기와 역대기 족보의 주인공은 다윗이고, 성경전체의 주인공은 아브라함과 다윗의 자손 예수 그리스도다.

(2)역대기의 주인공.

첫째, 역대기의 주인공은 족보의 마지막 인물, 남은 자는 다윗이다. 성경의 세 주인공은 아브라함, 다윗, 예수 그리스도다. 최후의 주인공, 남은 자는 예수님이다(마 1:1). 역대기는 족보를 마무리하고, 10장부터 사울의 죽음과 다윗의 이야기로 본론을 시작한다. 역대기는 주인공 다윗의 자손, 남유다 왕들의 이야기다.

둘째, 성경의 남은 자는 가지치기와 접붙이기를 거친다. 아브라함의 아들 중 이삭, 이삭의 아들 중 야곱이 남는다. 또한 신약의 이방인들이 예수님께 접붙임을 받아 하나님의 자녀가 된다. 온 이스라엘이 가지치기와 접붙이기, 즉 유기와 선택으로 구원을 받는다. "이 신비는 이방인의 충만한 수가 들어오기까지 이스라엘의 더러는 우둔하게 된 것이라 그리하여 온 이스라엘이 구원을 받으리라"(롬 11:25-26).

(3)야베스의 기도(대상 4:9-10). 역대기는 족보를 기록하면서 야베스에게 2절을 할애한다. "야베스는 그의 형제보다 귀중한 자(VIP, MVP)라 그의 어머니가 이름하여 이르되 야베스(pain, 고통이)라 하였으니 이는 내가 수고로이(in pain) 낳았다 함이었더라 야베스가 이스라엘 하나님께 아뢰어 이르되 주께서 내게 복을 주시려거든, (a)나의 지역을 넓히시고, (b)주의 손으로 나를 도우사, (c)나로 환난을 벗어나 내게 근심이 없게 하옵소서, 하였더니 하나님이 그가 구하는 것을 허락하셨더라"(대상 4:9-10). 야베스 기도의 교훈은 셋이다.

첫째, 사람을 찾지 말고 하나님을 찾아야 한다. 기도란 인맥이 아니라 하나님을 찾는 것이다.

둘째, 야베스는 하나님께 복에 복을 구했다. 기도제목은 하나님께 복을 구하는 것이다(히 6:14; 갈 3:6-9; 약 1:16-17). 사람은 지계표를 옮길 수 없기에 하나님께 옮겨달라고 간구했다(신 19:14; 27:17; 호 5:10). 하나님의 도움으로 환난과 근심에서 벗어나길 간구했다. 야베스는 제사장의 축복기도시스템을 믿었고, 약속대로 하나님이 주신 복, 은혜, 평강을 누리는 VIP가 되었다(민 6:22-27).

셋째, 야베스는 실제로 기도했다. "하였더니 ... 허락하셨더라." 기도란 무릎으로 실천해야 한다. 이론신학보다 실천신학이 중요하다. 마음에 원이로되 육신이 약하면 안 된다(마 26:41). 기도란 실천하여 하나님의 응답을 받는 믿음의 행위다(고전 6:19-20). 행복이란 기도순서다.

II. 사울의 통치(대상 10장)

사울은 원한을 품고 다윗을 추격했고, 다윗은 사망의 음침한 골짜기에서도 하나님을 찾았다. 그 결과 하늘과 땅 차이였다(사 55:6-9). "사울의 집과 다윗의 집 사이에 전쟁이 오래매 다윗은 점점 강하여 가고 사울의 집은 점점 약하여 가니라"(삼하 3:1).

첫째, 역대기는 사울과 다윗의 운명이 교차하는 역사를 기록한다. 역대기는 사울의 죽음과 다윗의 등장을 오버랩한다(대상 10-11장).

둘째, 역대기는 사울의 죽음과 그 원인을 밝혀 교훈한다. 역대기가 밝힌 죽음의 원인이다. "사울이 죽은 것은 여호와께 범죄하였기 때문이라 그가 여호와의 말씀을 지키지 아니하고 또 신접한 자에게 가르치기를 청하고 여호와께 묻지 아니하였으므로 여호와께서 그를 죽이시고 그 나라를 이새의 아들 다윗에게 넘겨 주셨더라"(대상 10:13-14). 사울은 말씀과 기도를 제쳐놓고, 교만과 불순종의 범죄로 죽었다. 말씀보다 접신녀의 가르침을 청하고, 기브온에게 사기를 당한 여호수아처럼 여호와께 묻지 않았다(수 9:14-15). 그 결과 사울은 왕조를 빼앗겼다.

III. 다윗의 통치(대상 11-29장).

1. 다윗의 즉위(대상 11장)

(1)다윗과 그의 용사들. 헤브론에서 12지파 장로가 여호와 앞에서 다윗과 언약을 맺고, 다윗에게 두 번째 기름을 부어 사무엘의 말씀을 성취했다(대상 11:3). "만군의 여호와께서 함께 계시니 다윗이 점점 강

성하여 가니라"(because the Lord Almighty was with him. 대상 11:9).

(2)임마누엘(God with us). 다윗 왕은 임마누엘의 복을 받았다(대하 18:6,13; 시 23:4). 여호수아는 모세가 죽은 후에 형통의 비결로 임마누엘을 약속했다(수 1:1-9). 형통의 복은 하나님의 주권적 은혜와 인간의 자유의지적 결단이 합력하여 선을 이룬 결과다(시 127:1-2).

(3)임마누엘의 예표. 임마누엘의 예표는 예수 그리스도의 동정녀탄생으로 성취했다(사 7:14). 다윗의 자손 예수님은 세상 끝 날까지 임마누엘을 약속했다(마 28:20). 예수님은 보혜사인데, 승천 후에 다른 보혜사(파라클레토스; Helper, Comforter, Counselor, Advocate) 성령을 보내서 임마누엘의 약속을 성취했다(요 16:7).

2. 법궤를 옮김(대상 13-16장)

(1)1차 법궤운반. 다윗은 소가 끄는 새 수레를 준비하여 법궤를 옮겼는데, 웃사가 넘어진 법궤를 붙들다가 죽었다. 다윗은 법궤를 오벧에돔(히, 에돔의 종)의 집에 두었는데, 3개월 동안 그 집이 많은 복을 받았다. 그 결과 오벧에돔의 자손 62명은 능력 있는 자들이지만, 모두 다 성전문지기가 되었다(대상 26:4-8). 1차 법궤운반에서 웃사가 죽고, 오벧에돔이 복을 받았다.

(2)2차 법궤운반. 하나님의 은혜로 다윗은 왕궁을 짓고, 자손이 번성하고, 기도의 응답으로 블레셋을 물리쳤다(대상 14장). 다윗은 기도와 말씀의 사람이고, 하나님의 마음에 맞는 사람이었다(행 13:21-23). 두 번째로 다윗은 율법대로 법궤를 레위자손의 어깨에 메고 예루살렘으로 옮겼다(대상 15장). 다윗은 백성들에게 축제를 열고(대상 16:1-6),

감사찬양의 시편을 남겼다(대상 16:7-43). 2차 법궤운반에서 사울의 딸 미갈은 평생불임의 벌을 받았다(대상 15:29).

3. 다윗의 언약(대상 17장; 삼하 7장).

이것이 언약의 본질이다. "나는 그들의 하나님이 되고, 그들은 내 백성이 되리라"(렘 31:33).

(1)다윗의 성전건축. 다윗은 나단을 불러 성전건축을 소원했고, 하나님은 나단을 통해 다윗과 언약을 맺었다. 다윗은 하나님의 집의 건축을 원했지만(대상 17:4; 삼하 17:5), 하나님은 왕조를 언약했다. "여호와가 너를 위하여 한 왕조(dynasty)를 세울지라"(대상 17:10; 삼하 7:11).

(2)솔로몬의 성전건축. 솔로몬이 하나님의 집을 건축할 것과 하나님이 솔로몬의 아버지가 될 것을 약속했다. "그는 나를 위하여 집을 건축할 것이요 나는 그의 왕위를 영원히 견고하게 하리라"(대상 17:12; 삼하 7:13). 솔로몬은 부자(父子)의 언약을 받았다. "나는 그의 아버지가 되고, 그는 나의 아들이 되니(대상 7:14; 삼하 17:13; 마 6:9; 요 1:12-13; 고후 6:14-18).

(3)예수 그리스도의 성전건축. 다윗은 성전건축을 소원했고, 하나님은 다윗을 통해 자신의 뜻을 다 이루길 원했다(행 13:22-23). 솔로몬은 만왕의 왕, 만주의 주(King of kings, Lord of lords)로서 하나님의 언약을 다 이루신 예수님의 예표다. 솔로몬과 예수님은 혈통적으로 다윗의 자손이지만, 다윗의 언약 안에서 하나님의 아들이다(대상 7:14; 마 22:41-46). 하나님의 아들 솔로몬이 성전을 건축한 것처럼, 하나님의 아들 예수님이 십자가의 죽음과 부활로 성전건축을 완성했다(요 2:19-22). 즉 다윗의 자손, 하나님의 아들, 예수 그리스도께서 십자가

의 죽음과 부활로 하나님의 뜻을 다 이루시고, 마침내 성전건축을 완성한 것이다(요 19:30).

4. 다윗의 언약, 그 이후(대상 18-20장)

(1) 전쟁과 평화. 하나님은 다윗과 언약을 맺은 후에 그 언약을 성취하도록 백전백승의 은혜를 주셨다. "다윗이 어디로 가든지 여호와께서 이기게 하시니라"(대상 18:6,13). 그 결과 다윗은 블레셋, 모압, 소바, 다메섹, 하맛, 에돔, 암몬, 아람을 정복하여 주변국과 평화를 누리고, 왕권을 안정시켰다.

(2)성전건축 준비. 다윗은 백전백승으로 재물의 복을 받았고, 모든 전리품을 모아 성전건축을 준비했다(대상 29:10-14). 역대기는 암몬에 대한 승리를 기록하지만(대상 20:1-3), 밧세바의 사건을 생략한다(삼하 11-12장). 반면에 다윗의 부하들이 블레셋을 이긴 무용담을 기록한다.

5. 인구조사의 죄(대상 21장)

역대기는 다윗의 2가지 범죄사건 중에 밧세바 스캔들을 생략하고, 인구조사 사건만 기록한다.

(1)모세의 인구조사. 하나님의 위대하심을 증명한다. 출애굽세대는 야곱의 70명 가족이 430년 만에 603,550명의 거대민족으로 성장케 한 하나님의 은혜를 증명한다. 출애굽세대의 사망에도 불구하고 가나안에 들어갈 신세대 601,730명은 또 다시 하나님의 능력을 증명한다.

(2)다윗의 인구조사. 사탄이 이스라엘을 대적하고 다윗을 충동질했다(대상 21:1). 다윗이 하나님보다 군대를 의지했기 때문이다. 예수님은

제자들을 끝까지 사랑했지만, 사탄은 가룟 유다의 마음에 예수 팔려는 생각을 넣었다(요 13:1-2). "이와 같이" 즉 아담처럼 모든 사람이 죄를 짓는다(롬 5:12). "욕심이 잉태한즉 죄를 낳고 죄가 장성한즉 사망을 낳느니라"(약 1:15).

(3)하나님의 해법. 하나님은 밧세바사건 때에 나단을 보낸 것처럼, 선견자 갓을 보내서 변절한 다윗을 질책했다. 선지자 갓은 3가지 선택지, 3년 기근, 3개월 도피생활, 3일 온역을 제시했다. 다윗은 하나님의 손에 징계받기를 원했고, 3일 온역을 선택했다. 다윗은 오르난의 타작마당을 금 600세겔로 사서 제단을 쌓았고, 결국 그 땅은 솔로몬의 성전부지가 되었다(대하 3:1).

6. 다윗의 말년(대상 22-29장)

(1)성전건축 준비(대상 22장). 다윗은 금은동철의 전리품을 모아 성전건축의 하드웨어를 준비했고, 설계도면을 그려서 소프트웨어를 준비했다.

(2)레위인의 조직(대상 23-26장). 레위인의 자손 즉 고핫, 게르손, 므라리 가족(대상 23장), 제사장(대상 24장), 찬양대(대상 25장), 성전 문지기(대상 26장)의 직무를 모두 다 24반차로 나누어 성전건축 이후의 성전제사와 성전봉사 및 운영관리를 준비했다.

(3)행정조직(대상 27장). 모든 가문의 우두머리들과 관원들, 각 지파를 관할하는 자들, 왕의 재산을 맡은 자들, 다윗을 섬기는 사람들을 정리했다.

(4)다윗의 마지막 부탁(대상 28-29장). 다윗은 이스라엘 모든 고관들을 예루살렘으로 모아 성전건축을 부탁했다. 그는 전쟁의 피를 많이

흘렸기에 스스로 성전건축의 부적격자라 고백했다(대상 28:3). 그는 솔로몬에게 성전건축을 부탁하고, 성전건축을 위하여 먼저 재물을 바쳤다.

(5)다윗의 감사기도. 다윗은 부귀영화를 주신 하나님의 주권을 인정하고, 특별히 즐거운 마음으로 드릴 힘을 주신 하나님께 감사기도를 드렸다(대상 29:10-19).

(6)다윗의 물질관. 성경은 청빈사상(淸貧思想)이 아니라 청부사상(淸富思想)이다. 아브라함의 자손 다윗은 하나님의 복을 받아 성전건축을 위해 마음껏 바쳤다(창 12:1-3; 히 6:14). 유대인은 13세 성인식의 선물로 시계와 돈을 주는데, 자녀들에게 시간과 재물의 중요성을 가르친다. 모세는 하나님이 주신 재물 얻을 능력을 강조했고(신 8:17-18), 다윗은 하나님께 재물을 드릴 힘을 강조했다(대상 29:14). "거저 받았으니 거저 주라!"(마 10:8) 예수님은 두 가지 능력의 균형과 조화를 강조했다. 그리스도인은 청지기로서 재물의 두 가지 능력을 키워야 한다.

14 역대하(second Chronicles)
남유다 왕들의 영적 자산

I. 솔로몬의 통치(대하 1-9장)

1. 솔로몬의 이름

다윗의 통치 40년이 마치고, BC 970년에 즉위한 솔로몬이 40년간 통일왕국을 통치한다. 역대기는 솔로몬의 출생과정을 생략한다. 다윗은 밧세바가 두 번째 낳은 아들을 솔로몬이라 불렀고, 하나님은 나단을 보내 "여디디야" 즉 여호와께서 사랑하시는 자라 불렀다(삼하 12:24-25).

2. 솔로몬의 일천번제(대하 1장)

솔로몬 왕은 기브온 산당에서 일천번제를 드렸다. 솔로몬의 일천번제는 왕이 되게 해달라고 드린 것이 아니라 왕이 된 후에 드렸기에 하나님을 감동시켰다. 하나님은 "내가 네게 무엇을 주랴 너는 구하라"(대하 1:7)했고, 솔로몬이 지혜 즉 듣는 마음을 구하여 또 다시 하나님을 감동시켰다(대하 1:10; 왕상 3:9). 하나님을 감동시킨 솔로몬은 지혜와 더불어 전무후무한 부귀영화를 덤으로 받았다. 솔로몬의 재판은 하나님이 그에게 지혜를 준 증거였다(왕상 3:16-28).

3. 솔로몬의 성전건축(대하 2-7장)

다윗은 모세가 지명한 훌의 손자, 우리의 아들 브사렐이 만든 여호와의 법궤를 모실 성전건축을 소원했다(출 31:2; 35:30). 솔로몬은 다윗의 분부대로 성전을 시작했다. "솔로몬이 예루살렘 모리아산에 여호와의 전 건축하기를 시작하니 그 곳은 전에 여호와께서 그의 아버지 다윗에게 나타나신 곳이요 여부스 사람 오르난의 타작 마당에 다윗이 정한 곳이라"(대하 3:1).

(1)하나님의 은혜(시 127:1-2). 다윗은 하나님 앞에 죄를 범했지만, 하나님은 합력하여 선을 이루셨다(롬 8:28). 다윗이 밧세바 사건을 회개한 후에 밧세바가 두 번째로 낳은 아들 솔로몬이 성전을 건축했다. 다윗이 인구조사의 죄를 회개한 후에 제사를 드린 오르난의 타작마당을 성전부지로 결정했다. 그 곳은 천년 전에 아브라함이 이삭번제를 드린 모리아산이고(창 22:1-3), 천년 후에 예수님이 십자가에서 구원사역을 완성한 예루살렘이다(요 2:19-21).

(2)여호와의 영광(대하 5:11-14). 성전건축을 마치고 봉헌하면서 120명의 제사장들이 함께 서 있을 때에 찬양했다. "선하시도다 그의 자비하심이 영원히 있도다!" 그 때에 여호와의 영광의 구름(히, 쉐키나)이 나타나고 모두 쓰러졌다. "제사장들이 그 구름으로 말미암아 능히 서서 섬기지 못하였으니 이는 여호와의 영광이 하나님의 전에 가득함이었더라"(대하 5:14). 이것은 베드로와 120명이 불처럼 바람처럼 강력한 성령을 받았던 오순절의 예표적 사건이다(행 2:1-4).

(3)솔로몬의 봉헌기도(대하 6:18-21; 왕상 8:27-30). 그의 신관은 무소부재 하나님이고, 성전은 "만민이 기도하는 집"이다(사 56:7; 막 11:17). "하나님이 참으로 사람과 함께 땅에 계시리이까 보소서 하늘과 하늘들의 하늘이라도 주를 용납하지 못하겠거든 하물며 내가 건축한 이 성전이오리이까? 주의 종과 주의 백성 이스라엘이 이 곳을 향하여

기도할 때에 주는 그 간구함을 들으시되 주께서 계신 곳 하늘에서 들으시고 들으시사 사하여 주옵소서"(대하 6:18,21).

(3)성전의 본체. 예수님은 자신의 몸을 성전이라 했고, 죽음과 부활로 성전건축을 완성했다(요 2:19-22). 바울은 우리의 몸을 성전이라 했다(고전 3:16-17; 6:19-20; 고후 6:16). 요한이 천국에서 본 성전은 건물이 아니라 성전의 본체 즉 하나님과 어린양이었다(계 21:22-23).

(4)신앙의 중심. 성전중심이란 곧 하나님중심, 성경중심, 교회중심이다. 하나님과 어린양이 성전의 본체이고, 지성소 법궤 안에는 돌비 즉 성경이 있고, 그리스도의 몸이 성전이고, 교회가 그리스도의 몸이기 때문이다. 성경전체를 관통하는 중심주제는 모세의 성막건축, 다윗과 솔로몬의 성전건축, 고레스칙령에 따라 바벨론포로에서 귀환한 스룹바벨의 성전건축, 예수님이 십자가의 죽음과 부활로 완성한 성전건축, 신천신지의 성전 본체 하나님과 어린양의 이야기다.

(5)성전건축의 의미. 성전건축이란 하나님과 관계회복을 상징한다. 성전중심의 삶은 정기적 예배를 통한 찬송과 기도, 말씀, 봉헌 및 교제와 양육, 봉사와 섬김을 통해서 하나님께 영광을 돌리는 것이다. 사무엘은 형식의 종교를 말씀의 종교로 바꾸고, 순종이 제사보다 낫다고 가르쳤다(삼상 15:22-23). 이사야와 말라기는 형식적 신앙을 경고했다(사 1:12; 말 1:10). 예수님도 바리새인의 외식을 통해서 형식적 신앙생활을 경고했다(마 6:1; 23:13-36).

4. 솔로몬 왕국의 부귀영화(대하 8-9장)

솔로몬은 20년 동안 여호와의 성전과 자신의 왕궁을 건축했다. 솔로몬의 부귀영화는 스바 여왕의 방문으로 증명되었다. "내가 내 나라에서 당신의 행위와 당신의 지혜에 대하여 들은 소문이 진실하도다 내가 그 말들을 믿지 아니하였더니 이제 와서 본즉 당신의 지혜가 크다 한 말이 그 절반도 못 되니 당신은 내가 들은 소문보다 더하도다 복되도다 당신의 사람들이여, 복되도다 당신의 이 신하들이여, 항상 당신 앞에 서서 당신의 지혜를 들음이로다"(대하 9:5-7). 그녀는 모든 영광을 하나님께 돌렸다. "당신의 하나님 여호와를 송축할지로다 하나님이 당신을 기뻐하시고 그 자리에 올리사 당신의 하나님 여호와를 위하여 왕이 되게 하셨도다 당신의 하나님이 이스라엘을 사랑하사 영원히 견고하게 하시려고 당신을 세워 그들의 왕으로 삼아 정의와 공의를 행하게 하셨도다"(대하 9:8). 솔로몬의 지혜를 갈망한 남방 여왕이 예수님의 지혜를 거절한 이 세대를 정죄할 것이라 경고했다. "심판 때에 남방 여왕이 일어나 이 세대 사람을 정죄하리니 이는 그가 솔로몬의 지혜로운 말을 들으려고 땅 끝에서 왔음이거니와 솔로몬보다 더 큰 이가 여기 있느니라"(마 12:42; 눅 11:31).

II. 유다 왕국(대하 10-36장)

1. 남유다 왕들의 이야기

솔로몬 사후에 통일왕국은 남유다와 북이스라엘로 분열되었다. 느밧의 아들 여로보암이 10지파를 중심으로 북이스라엘을 세웠고, 솔로몬의 아들 르호보암은 유다와 베냐민지파를 중심으로 남유다를 통치했다(대하 10장; 왕상 12장).

(1)르호보암(대하 10-12장). 모친 나아마는 암몬여인이고, 41세에 왕이 되어 17년간 통치했다. 조부 다윗과 부친 솔로몬이 물려준 통일왕국을 남북왕조로 분열시켰다. 그는 솔로몬이 전도서에서 염려했던 어리

석은 왕이었다(전 2:18-20). 그는 여호와를 구하는 마음이 굳세지 않았고, 악행을 했다(대하 12:13-14).

(2)아비야(대하 13장). 모친은 기브아사람 우리엘의 딸 미가야다. 그는 3년간 통치했는데, 하나님이 함께 했다. 하나님의 치심으로 느밧의 아들 여로보암이 죽었고, 남유다는 점점 강성했다.

(3)아사(대하 14-16장). 아사는 41년 통치했고, 모친 마아가가 아세라 목상을 만들자 태후의 자리를 폐했다. 구스사람 세라의 100만 대군을 무찔렀고, 선지자 오뎃의 예언을 듣고 전심으로 하나님을 섬겼다. 그때부터 하나님 앞에 온전하여 35년까지 전쟁이 없었다. 36년에 북이스라엘 바아사가 공격하자 아람 왕 벤하닷에게 도움을 청했다. 선견자 하나니가 책망하자 옥에 가두고 학대했다. 39년에 발이 병들었고, 의원들만 찾다가 41년에 죽었다(대하 16:11-14).

(4)여호사밧(대하 17-20장). 35세에 왕이 되어 25년간 통치했고, 모친은 실히의 딸 아수바였다. 전심으로 하나님을 구하고 우상을 타파하여 점점 강대하고 부귀영화를 누렸다. 남북공조시대를 열어 아합과 사돈을 맺었다. 그 결과 아합과 함께 길르앗 라못 전투에서 참전하여 죽음의 위기를 겪었고, 선견자 예후가 책망을 받았다. 아합의 아들 아하시야와 교제했지만, 형통하지 못했다(잠 16:4,5,19).

(5)여호람(대하 21장). 32세에 왕이 되어 8년간 통치했다. 그의 아내는 아합과 이세벨의 딸 아달랴였다. 결국 그는 아내의 미혹을 받아 부왕의 길을 떠나 우상숭배에 몰입한 이스라엘 왕들의 길로 행했고, 중병에 걸려 2년 만에 창자가 빠져 죽었다. 에돔이 배반했고, 블레셋과 구스에 가까운 아라비아인들의 공격으로 막내 아하시야 외에 왕궁의 재물들과 아내들을 빼앗겼다.

(6) 아하시야(대하 22장). 22세에 왕이 되어 1년간 치리했다. 그는 모친 오므리의 손녀 아달랴의 미혹으로 악행에 빠졌다. 북이스라엘 왕 외삼촌 요람과 함께 아람 왕 하사엘과 싸우러 길르앗 라못 전투에 참전했고, 상처를 치료하던 요람을 문병하다가 예후의 칼에 맞아 죽었다.

(7) 아달랴(대하 22:10-23장). 그녀는 아들 아하시야가 죽자 다윗왕조의 씨를 전멸시켰다. 여호람의 딸, 아하시야의 누이, 대제사장 여호야다의 아내 여호사브앗이 아하시야의 아들 요아스를 유모와 함께 침실에 숨겼다. 제7년에 대제사장 여호야다가 마문에서 아달랴를 죽였다.

(8) 요아스(대하 24장). 7세에 왕이 되고, 42년간 통치했다. 모친은 브엘세바 사람 시비아였다. 요아스는 6년간 지내던 성전을 수리하여 항상 번제를 드렸다. 그러나 여호야다가 130세에 죽자 그는 여호와의 성전을 버리고, 아세라 목상과 우상을 섬겼다. 여호야다의 아들 스가랴가 책망하자 여호야다의 은혜를 잊고 스가랴를 죽였다. 스가랴는 "여호와는 감찰하시고 신원하여 주옵소서"(대하 24:22)라고 간구하며 죽었다. 예수님도 그 억울함을 지적했다(마 23:35; 눅 11:51). 하나님의 징계로 소수의 아람군대가 유다의 대군을 이겼고, 큰 부상을 입은 요아스를 버리고 떠났다. 그 후에 신하들이 반역하여 여호야다의 아들 스가랴를 죽인 요아스를 침상에서 죽였다.

(9) 아마샤(대하 25장). 25세에 왕이 되어 29년간 통치했다. 모친은 예루살렘 사람 여호앗단이다. 부왕을 죽인 반역자들을 죽였지만, 자녀들은 살렸다(대하 25:3-4; 신 24:16; 겔 18:19-20). 그는 하나님의 도움으로 에돔과 전쟁에서 승전했지만, 세일자손의 우상을 가져와 섬겼다. 그 결과 북이스라엘 왕 요아스가 침공하여 아마샤를 사로잡아 금은보화를 빼앗고 백성을 볼모를 잡아 사마리아로 돌아갔다. 요아스 사후

에 아마샤는 15년 더 생존했다. 아마샤가 여호와를 버리자 무리가 반역했고, 라기스로 도망치자 자객을 보내 죽여서 유다 성읍에 장사했다.

(10)웃시야(대하 26장). 16세에 왕이 되어 52년간 통치했다. 모친은 예루살렘 사람 여골리아였다. 여호와 보시기에 정직했고, 스가랴 선지자의 지도로 하나님을 찾아 형통했다. 하나님의 기이한 도우심으로 강성하자 악행을 했다. 제사장들이 향단에 분향하려던 웃시야를 가로막았고, 그가 화를 낼 때에 이마에 나병이 생겼다. 죽는 날까지 별궁에 갇혔고, 아들 요담이 통치했다.

(11)요담(대하 27장). 25세에 왕이 되어 16년간 통치했다. 모친은 사독의 딸 여루사였다. 여호와 보시기에 정직했지만, 성전에 들어가지 않았다. "요담이 그의 하나님 여호와 앞에서 바른 길을 걸었으므로 점점 강하여졌더라"(대하 27:6). 암몬자손을 정복하여 3년간 조공을 받았다.

(12)아하스(대하 28장). 20세에 왕이 되어 16년간 통치했다. 그는 다윗의 길을 버리고 우상숭배에 몰두했다. 아람 왕 르신과 이스라엘 왕 베가의 연합군이 아하스를 침공했다. 르신이 많은 무리를 다메섹으로 잡아갔고, 베가가 왕자와 궁내대신, 총리대신, 용사 12만명을 죽였다. 아하스는 앗스르 왕 디글랏빌레셀에게 도움을 청했으나 도리어 아하스를 공격했고 유익이 없었다. 그는 곤고할수록 다메섹의 신들에게 제사했고, 오히려 여호와를 진노하게 만들었다.

(13)히스기야(대하 29-32장). 25세에 왕이 되어 29년 통치했다. 모친은 스가랴의 딸 아비야였다. 그는 다윗처럼 여호와 보시기에 정직했다. 성전을 수리와 청결에 시간이 걸려서 1월 14일에 유월절을 지키지 못하고, 한 달 후 둘째 달에 유월절을 지켰다. 모든 절기와 제사를 회복

했고, 십일조를 드렸고 범사에 형통했다(대하 31:20-21). 이사야와 함께 부르짖어 기도하여 앗스르 왕 산헤립의 군대 185,000명을 무찔렀고, 귀국한 산헤립을 자식들이 칼로 죽였다. 히스기야는 죽게 되자 면벽기도로 15년 생명을 연장했지만, 바벨론 사신들에게 간증하지 않음으로 바벨론포로의 원인을 제공했다. 그냥 죽었거나 간증했다면, 전무후무하게 무흠한 왕이 됐을 것이다.

(14)므낫세(대하 33:1-20). 12세에 왕이 되어 55년간 통치했고, 모친은 헵시바였다. 여호와 보시기에 악행을 했고, 앗수르의 침공으로 사로잡혔다가 회개하고 돌아왔다. "므낫세가 그제서야 여호와께서 하나님이신 줄을 알았더라"(대하 33:13). 히스기야가 15년 더 살지 않았다면, 므낫세와 아몬 같은 자손이 태어나지 않고, 히스기야의 개혁을 수포로 만들지 않았을 것이다.

(15)아몬(대하 33:21-25). 20세에 왕이 되어 2년간 통치했는데, 모친은 욧바 하루스의 딸 므술레멧이다. 악행을 하면서도 부왕처럼 겸손하지도 않음으로 반역한 신하가 궁중에서 죽였다. 백성들이 아몬을 죽인 반역자들을 처단하고, 그의 아들 요시야를 왕으로 세웠다.

(16)요시야(대하 34-35장). 그는 여호와 보시기에 정직하게 행한 남유다의 마지막 찬란한 별이었다. 8세에 왕이 되어 31년간 통치했다. 모친은 보스갓 아다야의 딸 여디다였다. 하나님은 느밧의 아들 여로보암에게 장차 요시야가 벧엘의 금송아지 제단을 훼파할 것을 예고했다(왕상 13:1-2). 요시야는 8년차 16세에 여호와를 찾았고, 12년차 20세에 전국의 우상을 제거했다. 성전을 수리하던 중에 제사장 힐기야가 모세의 율법책을 발견했고, 여선자 훌다를 찾아 조언을 구했다. 하나님은 불순종한 대로 저주할 것이지만, 훌다는 요시야가 바벨론포로의 비

극을 직접 보지 않을 것이라고 예언했다. "내가 이 곳과 그 주민을 가리켜 말한 것을 네가 듣고 마음이 연약하여 하나님 앞 곧 내 앞에서 겸손하여 옷을 찢고 통곡하였으므로 나도 네 말을 들었노라. 그러므로 내가 네게 너의 조상들에게 돌아가서 평안히 묘실로 들어가게 하리니 내가 이 곳과 그 주민에게 내리는 모든 재앙을 네가 눈으로 보지 못하리라"(대하 34:27-28). 그는 18년차 26세에 전무후무하게 성대한 유월절을 지켰다(대하 35:17-19). 그는 39세에 므깃도 전투에서 바로 느고에게 패전하여 죽었고, 훌다의 예언대로 포로의 비극을 목도하지 않았다.

(17)요시야의 자손들(대하 36장). 요시야의 왕위는 차자, 장자, 손자, 막내에게 계승되었다. 차자 여호아하스가 23세에 왕위를 계승했지만, 애굽 왕 바로 느고가 3개월 후에 폐위시켰다. 바로 느고는 장자 엘리야김을 25세에 여호야김으로 개명하여 왕으로 세워 11년간 통치했다. 느부갓네살이 여호야김을 쇠사슬로 묶어 바벨로포로로 잡아갔고, 손자 여호야긴이 8세에 왕이 되어 3개월 통치했다. 느부갓네살은 여호야긴도 바렐론포로로 잡아갔고, 막내 시드기야를 21세에 왕좌에 앉혀 11년간 통치했다. 요시야의 자손들은 하나같이 여호와 보시기에 악을 행했고, 요시야가 죽고 22년 6개월이 지난 BC 586년에 남유다는 하나님의 진노로 멸망했다. 느부갓네살은 예루살렘을 훼파하고, 성전을 불태웠다. 그는 도망친 시드기야를 붙잡아 왕자들을 죽인 후에 시드기야의 눈을 뽑아 놋쇠사슬로 묶어 바벨론으로 끌어갔다. "이에 토지가 황폐하여 땅이 안식년을 누림 같이 안식하여 칠십 년을 지냈으니 여호와께서 예레미야의 입으로 하신 말씀이 이루어졌더라"(대하 36:21).

2. 고레스칙령

바벨론포로 70년이란 하나님과 관계단절이고, 포로 후 성전재건의 의미는 관계회복이다.

(1)바벨론포로. 바벨론 왕 느부갓네살은 3차에 걸쳐 포로로 잡아갔다. BC 605년에 1차 포로 때에 다니엘, 사드락, 메삭, 아벳느고가 잡혀갔고, 597년 2차 포로 때에 여호야긴과 에스겔이 잡혀갔고, 586년 3차 포로 때에 성전파괴와 예루살렘 함락으로 남유다를 멸망시켰다.

(2)고레스칙령. 역대기는 BC 538년에 바사 왕 고레스가 바벨론을 멸망시키고, 예루살렘에 성전을 재건하라고 내린 고레스칙령으로 막을 내린다. "바사의 고레스 왕 원년에 여호와께서 예레미야의 입으로 하신 말씀을 이루시려고 여호와께서 바사의 고레스 왕의 마음을 감동시키시매 그가 온 나라에 공포도 하고 조서도 내려 이르되 바사 왕 고레스가 이같이 말하노니 하늘의 신 여호와께서 세상 만국을 내게 주셨고 나에게 명령하여 유다 예루살렘에 성전을 건축하라 하셨나니 너희 중에 그의 백성된 자는 다 올라갈지어다 너희 하나님 여호와께서 함께 하시기를 원하노라 하였더라"(대하 36:22-23).

(3)바벨론포로 70년의 의미. "여호와의 말씀이니라 너희를 향한 나의 생각을 내가 아나니 평안이요 재앙이 아니니라 너희에게 미래와 희망을 주는 것이니라"(렘 29:11). 538년에 고레스칙령에 따라 총독 스룹바벨과 대제사장 여호수아의 지도 아래 유다백성들은 예루살렘으로 귀환한다. 그들은 536년에 성전의 기초공사를 하지만, 사마리아인들의 조직적 방해로 16년간 공사가 중단된다(스 3장). 520년에 하나님이 보낸 두 선지자 학개와 스가랴의 메시지에 감동을 받아 성전재건에 몰두한다. 마침내 4년 후 516년에 성전이 재건되었다. 바벨론포로 70년

이란 성전부재시대, 즉 하나님과 관계가 단절되어 예배, 찬양, 기도, 봉헌이 사라진 BC 586년부터 516년까지다. BC 586년 성전파괴에서 BC 516년 성전완공까지 정확히 70년이다(렘 29:10-14). 하나님이 형식적 제사를 거부하고 참 회개로 영적제사를 회복시켜 줄 때까지 걸린 기간이다(욜 2:12-14). 북이스라엘이 BC 722년에 역사에서 사라진 교훈을 깨닫지 못하고, 남유다는 BC 586년에 바벨론포로로 잡혀갔다. 고레스 칙령에 따라 예루살렘으로 귀환한 유다백성들은 성전재건과 제사회복의 기회를 얻었다. 예배의 대상은 오직 성삼위 하나님이고, 찬양과 기도와 말씀과 봉헌의 목적은 오직 하나님을 기쁘게 하는 것임을 깨닫게 했다(막 12:28-31; 갈 1:10).

15 에스라(Ezra)
예루살렘 성전 재건

에스라 전반부(스 1-7장)는 BC 536년에 고레스칙령으로 시작한 성전기초공사, 16년간 성전건축공사의 중단, BC 520-516년에 선포한 학개와 스가랴의 메시지, 다리오 왕의 공사재개명령으로 성전건축을 마무리한 성전건축과정을 기록한다. 에스라 후반부(스 8-10장)는 에스라의 가르침에 자극을 받고 하나님께 돌아와서 이방혼인관계를 정리한 공동체의 새로운 모습을 기록한다.

I. 에스라 전반부(스 1-7장)

1. 고레스칙령(대하 36:22-23; 스 1:1-4)

(1)고레스칙령. 이사야는 바벨론포로에서 귀환시킬 통치자가 고레스라고 예언한다(사 45:1,13). 히브리어성경의 마지막 책 역대기는 고레스칙령으로 마치는데, 에스라는 고레스칙령으로 시작한다. 즉 에스라는 바벨론포로 70년 후에 귀환한 유다민족의 성전건축 이야기를 기록한다.

(2)성전재건. 유다민족은 고레스칙령에 따라 BC 538년에 귀환하여 BC 536년에 성전기초공사를 시작했다(스 3:8-13). 솔로몬의 황금성전을 보았던 노인들은 대성통곡했고, 성전건축을 첫 경험한 신세대는 기쁨으로 노래했다(스 3:8-13). 그 후 BC 520년까지 16년간 사마리아인

들의 조직적 반대로 공사를 중단했다. 하나님은 선지자 학개와 스가랴를 보내 성전재건을 촉구했고(스 5:1-5), 다리오 왕이 조서를 내려 고레스칙령 원본을 발견하여 신속한 성전건축을 다시 명령했다(스 6:1-12). 그 결과 4년이 지난 BC 516년 아달월 3일에 성전재건을 마무리했다(스 6:13-15).

2. 제사장 겸 학사 에스라(스 7:1-10)

(1)하나님의 선한 손의 도우심. "첫째 달 초하루에 바벨론에서 길을 떠났고 하나님의 선한 손의 도우심을 입어 다섯째 달 초하루에 예루살렘에 이르니라"(스 7:9). 대제사장 아론의 16대손, 학사 에스라는 새해 첫날에 바벨론에서 출발하여 다섯째 달 첫날에 예루살렘에 도착했다. 그것은 하나님의 선한 손의 도우심이었다. "사람이 마음으로 자기의 길을 계획할지라도 그의 걸음을 인도하시는 이는 여호와시니라"(잠 16:9; 시 23:2-3).

(2)구약의 멘토 에스라. 에스라는 성도들이 본받아야 할 구약의 멘토 중 한 사람이다. "에스라가 여호와의 율법을 연구하여 준행하며 율례와 규례를 이스라엘에게 가르치기로 결심하였었더라"(스 7:10). 에스라의 귀국의 목적을 3단계로 설명한다. 첫째, 여호와의 율법을 연구했다. 둘째, 준행했다. 셋째, 율례와 규례를 이스라엘에게 가르치기로 결심했다.

(3)예수님의 삶. 가르침보다 행함이 먼저다. 누가복음은 "예수께서 행하시며 가르치시기"를 시작함부터 사도들에게 성령으로 명하고 승천한 날까지 일을 기록했다(행 1:1-2). 예수님은 먼저 새벽기도를 했고, 나중에 제자들의 요청에 주기도를 가르쳤다(눅 11:1-4). 예수님의 새벽기도는 4개의 문을 여는 기도다(막 1:35). 첫째, 방문을 열어야 한다. 먼저

방에서 일어나 거실로 나가야 한다. 일찍 자고 일찍 일어나기를 방해하는 모든 것들을 물리쳐야 한다. 둘째, 현관문을 열어야 한다. 거실에서 현관문을 열고 밖으로 나가야 한다. 셋째, 성전 문을 열어야 한다. 한적한 곳을 찾은 주님처럼 성전 문을 열고 지성소로 들어가야 한다. 성전은 만민이 기도하는 집이다(사 56:7; 막 11:17). 넷째, 천국 문을 열어야 한다. 천국열쇠로 하늘 문을 열어야 한다.

II. 에스라 후반부(스 8-10장)

1. 바벨론포로의 두 가지 의미

(1)성전부재시대. BC 586년 성전파괴부터 516년 성전재건까지 정확히 70년은 성전부재시대를 가리킨다. 즉 하나님과 영적관계가 단절된 시대였다. 율례와 법도에 불순종한 유다민족이 바벨론 왕 느부갓네살의 노예가 되어 하나님과 영적관계가 단절된 시대다.

(2)관계회복. 고레스칙령은 먼저 성전건축을 완공하고, 그 후에 하나님과 영적관계를 회복하라는 명령이다. 총독 스룹바벨은 성전건축에 집중했고, 대제사장 여호수아는 영적관계의 회복에 집중했다. 하나님의 성전에서 찬양, 기도, 말씀, 봉헌을 통해 거룩한 산제사를 회복해야 한다. 하나님의 뜻은 범사에 감사하며 자족하는 신앙생활의 회복이다(살전 5:16-18; 빌 4:11-13).

2. 에스라의 개혁(스 9-10장)

에스라는 귀국 프로젝트에 따라서 영적 소프트웨어의 회복에 집중했다. 먼저 여호와의 율법을 연구했고, 스스로 준행했고, 그 후에 율례와 규례를 이스라엘에게 가르쳤다(스 7:10).

(1)에스라는 계명에 불순종한 죄를 회개했다. 바벨론포로 귀환 후에 성전재건을 마무리했지만, 하나님 앞에서 삶을 회복하지 못한 것을 회개했다. "우리가 비록 노예가 되었사오나 우리 하나님이 우리를 그 종살이하는 중에 버려 두지 아니하시고 바사 왕들 앞에서 우리가 불쌍히 여김을 입고 소생하여 우리 하나님의 성전을 세우게 하시며 그 무너진 것을 수리하게 하시며 유다와 예루살렘에서 우리에게 울타리를 주셨나이다 우리 하나님이여 이렇게 하신 후에도 우리가 주의 계명을 저버렸사오니 이제 무슨 말씀을 하오리이까?"(스 9:9-10)

(2)에스라는 이방혼인을 회개했다. "우리가 어찌 다시 주의 계명을 거역하고 이 가증한 백성들과 통혼하오리이까? 그리하면 주께서 어찌 우리를 멸하시고 남아 피할 자가 없도록 진노하시지 아니하시리이까?"(스 9:14) 바벨론포로 후에도 범죄한 것을 회개했다. "주 앞에 한 사람도 감히 서지 못하겠나이다"(스 9:15). 민족 전체가 이방혼인의 범죄 집단에 빠진 것을 자복했다.

(3)에스라는 이방혼인을 정리했다. 에스라가 성전 앞에 자복할 때에 많은 백성이 통곡했고, 엘람자손 중 여히엘의 아들 스가냐가 이방혼인을 정리하겠다고 회개했다(스 10:1-4). 에스라는 금식했고, 3일 만에 모인 무리와 이방혼인을 정리하기로 맹세했다. "이제 너희 조상들의 하나님 앞에서 죄를 자복하고 그의 뜻대로 행하여 그 지방 사람들과 이방 여인을 끊어 버리라 하니 모든 회중이 큰 소리로 대답하여 이르되 당신의 말씀대로 우리가 마땅히 행할 것이니이다"(스 10:11-12). 아사헬의 아들 요나단과 디과의 아들 야스야가 반대하고, 므술람과 레위 사람 삽브대가 동조했지만(스 10:15), 에스라는 실사를 마쳤다(스 10:16-17). 아내로 맞이한 이방여인을 내보기로 맹세한 제사장, 임멜자손, 하

림자손, 바스훌자손, 레위사람, 찬양대를 비롯한 이스라엘의 명단을 마무리했다(스 10:18-44).

16 느헤미야(Nehemiah)
예루살렘 성벽 재건

느헤미야는 고레스칙령을 시행한다.

첫째, 에스라는 예루살렘 성전건축을 기록한다. 총독 스룹바벨은 하드웨어 즉 성전을 재건했다. 대제사장 여호수아는 소프트웨어 즉 제사회복, 성전제도 회복, 영적회복을 주도했다.

둘째, 느헤미야는 예루살렘 성벽건축을 기록한다. 총독 느헤미야는 하드웨어 즉 예루살렘의 성곽, 성벽건축을 완공했다. 대제사장 겸 학사 에스라는 소프트웨어 즉 말씀과 기도의 회개운동으로 민족의 신앙생활을 회복했다.

I. 포로귀환 후 예루살렘의 삶(느 1-6장)

1. 예루살렘의 형편

느헤미야 전반부는 바벨론포로 귀환한 후 예루살렘에 살던 유대인의 이야기다. 약 80년이 지났지만, 예루살렘은 성문들이 무너지고, 성벽에 구멍이 뚫려 황폐했다. 총독 느헤미야는 예루살렘 소식을 듣고 총독으로 부임하여 예루살렘 성벽을 52일 만에 재건한다. 느헤미야는 뛰어난 지도력으로 성벽재건임무를 구간별로 부여했고, 백성들이 동참하여 임무를 완수한다.

2. 기도의 사람

"기도와 말씀보다 앞서지 말자!"(행 6:4) 느헤미야는 하가랴의 아들이고, 아닥사스다 왕의 술관원이다. 그는 예루살렘이 허물어지고 성문들이 불탔다는 소식을 듣고 금식기도했다(느 1:4). 아닥사스다 왕이 수심이 가득한 까닭을 묻자 하늘의 하나님께 묵도하고 대답했다(느 2:4).

3. 뛰어난 지도자

그는 모세와 여호수아, 베드로와 바울처럼 말씀과 기도로 하나님을 의지한 영적 지도자다. 총독 스룹바벨이 성전을 재건했다면, 총독 느헤미야는 예루살렘 성곽을 재건했다. 느헤미야는 뛰어난 리더십(Leadership)으로 총독으로 부임한지 52일 만에 예루살렘 성곽재건을 완공했다.

II. 느헤미야의 개혁(느 7-12장)

1. 총독 느헤미야의 두 번째 부임

총독 느헤미야는 잠시 수산궁에 머물다가 재차 예루살렘으로 귀환한다. 두 번째 부임한 느헤미야는 에스라와 함께 부흥운동을 주도하여 하나님과 율법에 헌신한다. 그는 개혁을 포기하고 옛 생활로 돌아간 유대백성들의 모든 상황을 바로잡았다. 백성들은 일상의 죄악을 회개하고, 안식일 준수를 다짐하고, 성전을 수축하고, 이방인 아내들과 혼인관계를 정리하도록 한다.

2. 학사 에스라의 부흥운동(느 8-9장)

에스라는 영적 부흥운동을 주도한다. 에스라는 새벽부터 정오까지 6시간(6:00-12:00) 집회를 인도했는데, 3시간 동안 말씀을 읽고, 3시간 동안 회개운동을 했다. 귀국목적에 따라 최선을 다했다(스 7:10). 에스라는 여호와의 율법을 연구했고, 스스로 준행했고, 그 후에 율례와 규례를 이스라엘에게 가르쳐 삶의 변화를 주도했다.

3. 에스라의 두 가지 덕목

제사장 겸 학사 에스라의 두 가지 덕목은 자기관리능력과 영성이다.

(1)지도자의 덕목 중 으뜸은 자기관리능력이다. 즉 성령의 마지막 열매 절제(Self-control)다. 모세처럼 가나안을 상실하지 않도록 자기와의 싸움에서 승리해야 한다. 상처와 쓴 뿌리, 즉 과거에 대한 분노와 미래에 대한 두려움이란 상한 감정을 통해 마귀가 틈타지 못하도록 자기 마음을 다스려야 한다(엡 4:26-27; 히 12:15).

(2)지도자의 두 번째 덕목은 영성이다. 온유하고 겸손한 그리스도 예수의 마음이다. 기독교적 영성은 학문과 경건, 말씀과 기도의 균형과 조화가 필수다. 에스라는 3시간 말씀을 읽고, 3시간 회개기도로 집회를 진행했다. 말씀을 연구하여 순종하고, 하나님 앞에 겸손하게 무릎을 꿇었다. 지도자는 말씀의 검과 기도의 영성을 겸비해야 한다. 공의와 사랑의 십자가 앞에서 예수님의 마음을 품고 죄를 자복하고, 하나님의 사랑에 감격해야 한다(마 11:28-30; 빌 2:5-8).

17 에스더(Esther)
하나님의 섭리와 보호

"제비는 사람이 뽑으나 모든 일을 작정하기는 여호와께 있느니라"(잠 16:33). 에스더는 역사의 주인인 하나님의 주권과 섭리를 보여준다. 하나님의 개입으로 에스더와 모르드개가 유다민족을 전멸의 위기에서 살려낸 부림절(푸르, 제비뽑기)의 기원을 밝혀준다. 성경을 보면 대속죄일에 아사셀의 염소를 제비로 뽑고(레 16:8-10), 12지파가 가나안 땅을 분배할 때에 제비뽑기를 했고(민 26:52-56; 33:54; 34:13-15), 아간과 요나의 실상을 제비뽑기로 밝혔고(수 7:16-18; 욘 1:7), 베드로는 제비뽑기로 가룟 유다 대신에 맛디아를 사도로 선택했다(행 1:26).

1. 에스더의 배경(에 1-3장)

에스더는 와스디의 이혼(에 1장), 왕후가 된 에스더(에 2장), 유다인들에 대한 하만의 계략(에 3장)이 하나님의 선한 손의 도우심으로 반전의 반전을 일으킨다. 배후에서 역사하는 하나님을 찾도록 한다. 하나님 앞에 교만을 버리고, 항상 겸손해야 한다(잠 16:18; 약 4:6; 벧전 5:5-6).

2. 에스더의 결단(에 4장)

여리고의 기생 라합의 고백(수 2:11-12), 모압여인 룻의 고백(룻 1:16-17)과 더불어 운명을 바꾼 에스더의 결단이다. "당신은 가서 수산에 있는 유다인을 다 모으고 나를 위하여 금식하되 밤낮 삼 일을 먹지도 말고 마시지도 마소서 나도 나의 시녀와 더불어 이렇게 금식한 후에 규례를 어기고 왕에게 나아가리니 죽으면 죽으리이다(if I perish, I perish.) 하니라"(에 4:16).

3. 에스더의 지혜(에 5-7장)

에스더는 첫 번째 연회에서 아하수에로 왕의 환심을 사고, 두 번째 연회를 준비한다(에 5장). 왕이 하만에게 왕복, 왕관, 왕의 말을 준비하여 모르드개를 존귀하게 하라고 명한다. 하만이 모르드개에게 굴욕을 당하자 그의 아내와 친구들은 그의 운명이 기울고 있음을 예고한다(에 6장). 에스더의 두 번째 연회에서 하만은 모르드개를 죽이려고 자신이 세운 장대에 매달려 죽음을 당한다(에 7장).

4. 대항조서와 부림절(에 8-10장)

(1)대항조서. 바벨론과 페르시아 법은 왕의 어인을 찍어 반포한 법을 왕 자신도 변경할 수 없었다(에 8:8; 단 6:12). 다니엘은 "조서에 어인을 찍힌 것을 알고도" 즉 사자굴에 들어간다는 사실이 불변이란 법을 알고도 기도했다(단 6:10). 결국 아하수에로 왕은 하만이 유다인을 죽이기로 정한 아달월 12째달 13일의 조서에 대항할 새로운 조서를 내리도록 했다(에 3:12-15).

(2)부림절 제정. 유다인은 모르드개의 대항조서로 12월 13일에 생존권을 방어했다. 유다인은 14일과 15일에도 잔치를 베풀어 즐겁게 예물을 주고받았다. 그 결과 12월 14일과 15일을 부림절로 지키도록 제정했다(에 9:20-32).

(3)해피엔딩. "역사의 주인은 하나님이시다!" 에스더는 역사의 주인

하나님의 개입으로 반전의 반전을 거듭하여 해피엔딩으로 마친다. 개인의 생사화복과 나라의 흥망성쇠가 하나님의 주권에 달렸다(시 127:1-2). 역사는 새 하늘과 새 땅에서 해피엔딩으로 마칠 것이다(계 21-22장).

5. 아각자손 하만

(1)하만의 정체. 성경은 하와를 유혹한 뱀의 후손과 여자의 후손의 대결을 예고한다(창 3:15). 그 싸움은 리브가의 복중에서 일어난 야곱과 에서의 싸움이다. 하만은 아각자손인데, 아각은 아말렉의 왕이고, 아말렉은 에서의 자손이다(창 36:12).

(2)아말렉과 영적전쟁의 승전비결. 아말렉과 영적전쟁은 모세의 기도 손과 에스더의 사생결단으로 싸워야 대대로 백전백승할 수 있다. 그러나 사울의 불순종과 다윗의 허위보고로 싸우면 백전백패할 수밖에 없다.

첫째, 기도해야 한다. 전쟁은 여호수아의 칼끝이 아닌 모세의 기도 손에 달렸다(출 17:12).

둘째, 순종해야 한다. 사울은 아말렉을 전멸하지 않고, 불순종하여 폐위되었다(삼상 15:1-3). 사무엘은 "순종이 제사보다 낫다"(삼상 15:22-23)고 교훈했다. 사울은 자결했지만, 아말렉 소년의 최종 확인사살로 죽었다(삼상 36장; 삼하 1장).

셋째, 진실해야 한다. 다윗은 블레셋 왕 아기스에게 허위보고를 하여 블레셋과 전쟁에 참전하다가 3일만에 회군했는데, 아말렉이 다윗의 거주지 시글락이 초토화시켰다.

넷째, 에스더처럼 결단해야 한다. 아말렉과 전쟁은 한쪽이 죽어야 끝나는 전쟁이다. 사탄은 예수님의 출생부터 십자가까지 발뒤꿈치를 물어 뜯었다. 영적전쟁은 사탄이 짐승과 거짓 선지자가 들어간 불과 유황의 못에 던져져야 끝나는 전쟁이다(계 20:2,7-10).

(3)아말렉을 이길 승리의 말씀. 아말렉과 전쟁은 모세, 사울, 다윗, 에스더와 모르드개처럼 믿음의 조상들과 우리세대, 미래세대까지 모든 세대에 계속된다(출 17:12). 예수님은 40일 금식기도 후에 기록된 약속의 말씀으로 마귀의 유혹을 물리쳤다.

첫째, 모든 것이 합력하여 선을 이룰 것을 믿어야 한다. "우리가 알거니와 하나님을 사랑하는 자 곧 그의 뜻대로 부르심을 입은 자들에게는 모든 것이 합력하여 선을 이루느니라"(롬 8:28).

둘째, 감당할 힘과 피할 길을 믿어야 한다. "사람이 감당할 시험 밖에는 너희가 당한 것이 없나니 오직 하나님은 미쁘사 너희가 감당하지 못할 시험 당함을 허락하지 아니하시고 시험 당할 즈음에 또한 피할 길을 내사 너희로 능히 감당하게 하시느니라"(고전 10:13).

셋째, 우리를 사랑하는 예수님의 이름으로 넉넉히 이길 것을 믿어야 한다. "그러나 이 모든 일에 우리를 사랑하시는 이로 말미암아 우리가 넉넉히 이기느니라"(롬 8:37).

시가서

(the Books of Poetry)

1. 욥기

욥기의 주제는 인간이 당하는 고난의 문제가 아니라 하나님의 주권 사상이다. 욥기는 인류가 겪는 고난의 문제를 제기하지만, 결코 그 답을 제시하지 못한다. 욥은 고난 중에 하나님과 사람 사이에 중보자를 갈망한다(욥 9:32-33; 16:19-22; 19:25-27). 욥은 "왜 의인이 고난을 당하는가?"라는 문제를 제기한다. 그 해답은 중보자 즉 예수님의 십자가에서 찾을 수 있다.

2. 시편

이스라엘 찬양집이지만, 시편은 찬양 그 이상이다. 150편 시편들은 하나님의 사람들이 세상을 살며 겪은 스트레스와 불확실성 가운데 하나님을 의지하는 체험적 신앙고백이다. 때로 시인이 하나님 앞에 나아가서 믿음으로 토설하는 탄식과 절규이고(시 42:1-5), 때로 시인이 기쁨과 감사의 절기에 찬송과 영광을 돌리는 사랑의 고백이다(시 18:1-2; 시 23:1). 시편은 첫 단어와 마지막 단어로 한 문장을 만들 수 있다. "복 있는 사람은 … 할렐루야!"(시 1:1; 150:6)

3. 잠언

잠언은 지혜서이다. 여호와를 경외하는 것이 지식과 지혜의 근본이다(잠 1:7; 9:10). 솔로몬이 하나님께 지혜 즉 "듣는 마음"(히, 레브 쉐마, Listening Heart)을 구했다. 솔로몬의 지혜란 삶의 현장에서 참과 거짓을 듣고 분별하는 능력이다(왕상 3:9). 잠언은 수많은 지혜의 동의어를 사용하여 인생의 길잡이를 제시한다. 잠언의 결론, 즉 질문과 답이다. "누가 현숙한 여인을 찾아 얻겠느냐? 고운 것도 거짓되고 아름다운 것도 헛되나 오직 여호와를 경외하는 여자는 칭찬을 받을 것이라"(잠 31:10,30). 잠언의 현숙한 여인은 여호와를 경외하는 지혜로운 여자다.

4. 전도서

솔로몬은 삼천 잠언을 말했다(왕상 4:32). 전도서는 허무주의 (nihilism)로 시작하여 삶의 의미를 탐구한다. "다윗의 아들 예루살렘 왕 전도자의 말씀이라 전도자가 이르되 헛되고 헛되며 헛되고 헛되니 모든 것이 헛되도다"(전 1:1-2). 솔로몬은 하나님 없는 인생의 허무를 깨닫고, 마침내 하나님을 경외하는 지혜로운 삶을 인생의 본분으로 제시한다. "일의 결국을 다 들었으니 하나님을 경외하고 그의 명령들을 지킬지어다 이것이 모든 사람의 본분이니라 하나님은 모든 행위와 모든 은밀한 일을 선악 간에 심판하시리라"(전 12:13-14). 전도서의 결론은 하나님을 경외하는 지혜로운 삶으로 하나님 없는 인생의 허무를 극복하라는 것이다(시 127:1-2).

5. 아가서

아가서는 "노래 중에 노래" 즉 솔로몬과 술람미 여인의 역사적인 러브스토리다. 아가서의 솔로몬과 술람미 여인의 러브스토리는 하나님과 이스라엘 백성, 예수 그리스도와 교회의 사랑을 예표한다. 아가서는 하나님의 형상으로 창조한 남자와 여자, 남편과 아내가 연합하여 한 몸을 이루는 부부의 사랑을 통해 하나님의 사랑을 깨닫게 한다(창 2:24-25). 바울도 아내와 남편의 순종과 사랑으로 교회와 그리스도의 관계를 가르쳤다(엡 5:22-33). 만찬석에서 주님이 제자들에게 고백한 사랑이다. "그 날에는 내가 아버지 안에, 너희가 내 안에, 내가 너희 안에 있는 것을 너희가 알리라"(요 14:20). 믿음이란 하나님이 나를 사랑하심을 깨닫는 것이다(요 3:16).

18 욥기(Job)
고난의 문제

I. 욥기의 중심사상

1. 하나님의 주권사상(Sovereignty of God)

(1)하나님의 주권과 인간의 자유의지. 신학의 딜레마는 하나님의 주권과 인간의 자유의지(Free Will)의 관계다. 하나님은 사람 지었음을 한탄했고(창 6:6), 하나님은 인생이 아니시니 후회가 없다고 했다(민 23:19). 욥기의 주제는 하나님의 주권사상(Authority of God)이다. 개인의 생사화복(生死禍福)과 나라의 흥망성쇠(興亡盛衰)는 하나님의 손에 있다(잠 16:9; 시 127:1-2).

(2)죄의 책임. 하나님의 주권과 인간의 자유의지, 양자의 관계는 50:50이 아니다. 하나님의 주권도 100%이고, 인간의 자유의지도 100%이다. 만약 인간의 자유의지가 99%이고, 하나님의 주권이 1%라도 인간은 마음대로 결정할 수 없다. 결국 인간은 100% 자유의지로 죄를 지었고, 그 결과도 인간이 책임져야 한다. "오직 각 사람이 시험을 받는 것은 자기 욕심에 끌려 미혹됨이니 욕심이 잉태한즉 죄를 낳고 죄가 장성한즉 사망을 낳느니라"(약 1:14-15).

2. 욥기의 주제

(1)고난의 문제. 욥기는 고난의 문제를 다루지만, 답을 제시하지 못한다. 불교는 인생을 고해(苦海)라 한다. 하나님은 남자와 여자를 창조

하여 에덴동산에서 살도록 했다. 아담과 하와는 뱀의 유혹에 욕심으로 반응하여 죄를 짓고, 가시와 엉겅퀴가 있는 세상으로 쫓겨났다. 그 결과 인생은 고통의 바다에 떨어졌다. 욥기는 "왜 의인 욥이 고난을 당하는가?"를 탐구하지만, 답을 찾지 못한다. 욥은 억울함을 호소하고, 세 친구 엘리바스, 빌닷, 소발과 제4의 인물 엘리후는 인간의 고난은 죄의 결과란 논리로 자백을 강요한다. 마지막에 등장한 하나님은 2치례 시험으로 욥의 침묵을 유도할 뿐 고난의 원인을 밝혀주지 않는다(욥 40:1-5; 42:1-6).

(2)고난의 원인. 원인은 아담의 범죄다. "그러므로 한 사람으로 말미암아 죄가 세상에 들어오고 죄로 말미암아 사망이 들어왔나니 이와 같이 모든 사람이 죄를 지었으므로 사망이 모든 사람에게 이르렀느니라"(롬 5:12). 사탄의 유혹에 욕심으로 반응한 결과였다. "오직 각 사람이 시험을 받는 것은 자기 욕심에 끌려 미혹됨이니 욕심이 잉태한즉 죄를 낳고 죄가 장성한즉 사망을 낳느니라"(약 1:14-15). 그러나 가장 좋은 은사와 선물은 하나님이 주신다(약 1:16-17).

3. 중보자 사상
(1)욥의 중보자사상. 욥은 자신의 억울함을 풀어줄 중보자를 3차례 갈망한다.

첫째, "하나님은 나처럼 사람이 아니신즉 내가 그에게 대답할 수 없으며 함께 들어가 재판을 할 수도 없고 우리 사이에 손을 얹을 판결자도 없구나"(욥 9:32-33).

둘째, "지금 나의 증인이 하늘에 계시고 나의 중보자가 높은 데 계시니라 나의 친구는 나를 조롱하고 내 눈은 하나님을 향하여 눈물을 흘리니 사람과 하나님 사이에와 인자와 그 이웃 사이에 중재하시기를 원하노니 수년이 지나면 나는 돌아오지 못할 길로 갈 것임이니라"(욥 16:19-22).

셋째, "내가 알기에는 나의 대속자가 살아계시니 마침내 그가 땅 위에 서실 것이라(성육신) 내 가죽이 벗김을 당한 뒤에도 내가 육체 밖에서 하나님을 보리라 내가 그를 보리니 내 눈으로 그를 보기를 낯선 사람처럼 하지 않을 것이라 내 마음이 초조하구나"(욥 19:25-27).

(2)예수님의 삼중직. 욥은 자신의 고난에 대한 답을 찾으면서 하나님과 사람 사이에 중보자를 구했다. 하나님이 기름부음으로 세운 중보자는 선지자, 제사장, 왕이다. 중보자의 삼중직을 수행하는 예수님은 모세의 그 선지자이고(신 18:15,18), 큰 대제사장이고(히 4:14-16), 만왕의 왕 만주의 주다(계 19:16). 우리는 주님 안에서 부분적으로 삼중직을 누린다(출 19:4-6; 벧전 2:9-10).

(3)고난의 해답 십자가. 욥기가 고난에 대한 질문(Question?)이라면, 해답(Answer!)은 죄 없는 예수님의 십자가다(요 1:29; 3:16; 히 4:15). 예수님이 오시기 700년 전에 이사야가 대답했다. 우리는 죄를 지었고, 주님은 우리 죄를 짊어졌다. "그는 실로 우리의 질고를 지고 우리의 슬픔을 당하였거늘 우리는 생각하기를 그는 징벌을 받아 하나님께 맞으며 고난을 당한다 하였노라 그가 찔림은 우리의 허물 때문이요 그가 상함은 우리의 죄악 때문이라 그가 징계를 받으므로 우리는 평화를 누리고 그가 채찍에 맞으므로 우리는 나음을 받았도다 우리는 다 양 같아서 그릇 행하여 각기 제 길로 갔거늘 여호와께서는 우리 모두의 죄악을 그에게 담당시키셨도다"(사 53:4-6).

(4)십자가의 삶. 바울은 그리스도와 함께 죽고 함께 사는 십자가 삶

을 고백했다. "내가 그리스도와 함께 십자가에 못 박혔나니 그런즉 이제는 내가 사는 것이 아니요 오직 내 안에 그리스도께서 사시는 것이라 이제 내가 육체 가운데 사는 것은 나를 사랑하사 나를 위하여 자기 자신을 버리신 하나님의 아들을 믿는 믿음 안에서 사는 것이라"(갈 2:20).

4. 보혜사

(1)보혜사(헬, 파라클레토스). 보혜사란 바로 옆에서 돕는 자(Helper), 위로자(Comforter). 상담자(Counselor), 대언자(Advocator)가 되는 분이다. 지금도 두 보혜사가 우리를 위해 간구한다. 보혜사 예수님은 하나님 보좌 우편에서 지금도 우리를 위해 간구한다(롬 8:34). 보혜사 성령은 마땅히 기도할 바를 모르는 우리를 위해 말할 수 없는 탄식으로 간구한다(롬 8:26-27).

(2)보혜사 예수님. 예수님은 우리의 보혜사 즉 대언자(헬, 파라클레토스)다(요일 2:1). 세상은 무전유죄(無錢有罪), 유전무죄(有錢無罪)를 외치고, 전관예우로 유무죄를 뒤집기도 한다. 그러나 하나님의 심판의 보좌에서 우리를 대언할 변호사는 보혜사 예수 그리스도뿐이다.

(3)보혜사 성령. 승천하신 주님은 다른(헬, 알로스, 같으면서 다른) 보혜사 성령을 보내셨다(요 16:7). 다르다의 헬라어 "헤테로스"는 동성을 뜻하는 "호모"의 반대로 질적으로 전혀 다른 이성을 뜻한다. 반면에 "알로스"는 같으면서 다르다는 뜻이다. 보혜사 예수님과 보혜사 성령은 같으면서 다른 분이다. 즉 성자 하나님과 성령 하나님은 같은 보혜사이면서 구별되는 분이다.

(4)정죄와 해방. 바울은 자신을 정죄했다. "오호라 나는 곤곤한 사람

이로다"(롬 7:24). 그러나 그리스도 안에서 해방을 선포하여 정죄에서 벗어났다. "그러므로 이제 그리스도 예수 안에 있는 자에게는 결코 정죄함이 없나니 이는 그리스도 예수 안에 있는 생명의 성령의 법이 죄와 사망의 법에서 너를 해방하였음이라"(롬 8:1-2). 그것이 죽음에서 살리는 생명의 성령이다.

II. 사탄이 욥을 시험함(욥 1-2장)

1. 4가지 시험의 통로

사탄이 욥을 4가지 통로, 즉 물질, 자식, 질병, 인간관계로 공격했다.

(1)재물은 첫 번째 시험의 통로다. 재물의 문제에서 자유하려면, 재물 얻는 능력(신 8:17-18)과 하나님께 드릴 힘(대상 29:10-14)을 길러야 한다. 야곱처럼 하나님이 모든 것(10/10)을 주셨음을 인정하고, 반드시 십분의 일(1/10)을 감사함으로 하나님께 드려야 한다(창 28:22).

(2)자식은 두 번째 시험의 통로다. 생일잔치에서 욥의 아들 7명과 딸 3명이 죽었다. 자식은 여호와의 기업이요 태의 열매는 그의 상급이다(시 127:3). 누구도 자식을 이기는 부모는 없다. 자녀란 내 자녀이기 전에 하나님의 자녀임을 인정하고 맡겨야 한다(고후 6:14-18).

(3)질병은 세 번째 시험의 통로다. 모세처럼 마지막 날까지 건강하려면, 소식과 운동, 숙면과 심령의 평강이다. 소식은 태초음식, 즉 과일, 채소, 현미를 1인분만 먹는 것이다(창 1:29-30). 육식을 해도 피를 빼고 1인분만 먹어야 한다(창 9:3-4). 주기적 운동으로 평생 자기 몸을 움직여야 한다. 몸이 약하면 마음도 약해진다. 병은 마음의 병이다. 무엇보다 강하고 담대하게 마음의 건강을 유지해야 한다(요삼 1:2). 범사에 평정심으로 자족을 배워야 한다(빌 4:11-13).

(4)관계는 네 번째 시험의 통로다. 사탄은 사람과 수평관계와 하나님과 수직관계로 욥을 공격했다. 사탄은 욥과 가장 가까운 아내, 지혜로운 세 친구 엘리바스와 빌닷과 소발, 제4의 인물 엘리후를 통해 공격했다. 결국 욥이 하나님께 회개하고(욥 42:6), 세 친구와 함께 화해하고(욥 42:7-9), 기도할 때에 하나님이 갑절의 복을 주셨다(욥 42:10).

2. 욥의 주장

(1)욥의 주장. "내가 모태에서 알몸으로 나왔사온즉 또한 알몸이 그리로 돌아가올지라 주신 이도 여호와시요 거두신 이도 여호와시오니 여호와의 이름이 찬송을 받으실지니이다"(욥 1:21). 욥은 하나님의 주권사상을 근거로 주장했다(욥 1:20-22; 2:7-10). 욥은 재산과 재물을 잃었어도 하나님의 주권을 인정했다. 머리부터 발끝까지 악창이 났어도 하나님의 주권을 인정했다.

(2)아내의 주장. "당신이 그래도 자기의 온전함을 굳게 지키느냐 하나님을 욕하고 죽으라, 그대의 말이 한 어리석은 여자의 말 같도다 우리가 하나님께 복을 받았은즉 화도 받지 아니하겠느냐"(욥 2:9-10). 부부란 돕는 배필 즉 동등한 돕는 자(the corresponding Helper)다. 성경을 보면 아담의 아내 하와부터 도움이 안 되는 배필이 너무 많다. 부부의 대화를 보면, 욥의 아내가 남편을 공격하지만, 욥이 모든 일에 입술로 범죄하지 않았다. 성경적 부부란 보아스(gentleman)와 룻(lady)처럼 서로 돕는 배필이 되어 하나님의 뜻을 이루며 살아야 한다.

III. 욥과 세 친구의 변론(욥 3-31장)

욥이 생일을 저주하며 시작한 변론은 1차 변론(욥 4-14장), 2차 변론(욥 15-21장), 3차 변론(욥 22-31장)까지 계속된다. 욥과 세 친구 데만 사람 엘리바스, 수아 사람 빌닷, 나아마 사람 소발이 주거니 받거니 1:3으로 변론한다. 엘리바스는 경험론 입장(욥 4:7-9), 빌닷은 전통주의 입장(욥 8:3-4), 소발은 교리주의 입장(욥 11:6; 20:9)에서 인과응보의 논리를 펼친다. 욥은 자신의 고난은 죄의 결과가 아니라 인과응보로 설명할 수 없는 고난이라 주장한다.

1. 잘못된 적용

"네 시작은 미약하였으나 네 나중은 심히 창대하리라"(욥 8:7). 이 구절은 하나님의 말씀이 아니라 수아 사람 빌닷의 말이다. 일리는 있지만, 진리는 아니다. 즉 맞기는 맞는 말인데, 욥의 경우에 맞지 않는 말이다. 예수님과 제자들이 선천적 맹인을 만났을 때 대화했다. "랍비여 이 사람이 맹인으로 난 것이 누구의 죄로 인함이니이까? 자기니이까? 그의 부모니이까? 이 사람이나 그 부모의 죄로 인한 것이 아니라 그에게서 하나님이 하시는 일을 나타내고자 하심이라"(요 9:2-3). 그리스도인은 항상 예수님의 관점에서 보고, 듣고, 말하고, 적용해야 한다.

2. 갈등사회

구성원이 미성숙할 때 나타난 사회현상이다. 코로나 팬데믹으로 재난지원금을 배분할 때에 보편복지와 선별복지로 논쟁하는 것과 같다. 신자는 초대교회처럼 서로 통용하되 각 사람의 필요를 따라 나눠주면 된다(행 2:44-45). 탕자의 비유에서 아버지처럼 사랑하는 마음을 품으면 통합사회가 되고, 형처럼 비판하는 마음을 품으면 갈등사회가 된다. 아버지의 마음을 지닌 성숙한 구성원이 많아야 가정, 교회, 국가가 행복하다.

중국인의 술자리는 대인배(大人輩)와 소인배(小人輩)의 모임이 있다고 한다. 서로 배려하며 각자 형편대로 마시도록 배려하면 대인배의 모임이 되지만, 획일적으로 평등을 강조하며 "원샷!"(one shot)을 외치면 소인배의 모임이다. 예수님의 말씀대로 실천해야 한다. "거저 받았으니 거저 주라"(마 10:6). "주는 것이 받는 것보다 복이 있다"(행 20:35).

3. 인생의 해석

보통사람은 오감, 즉 시각, 청각, 후각, 미각, 촉각으로 산다. 민감한 사람은 육감이 발달한다. 물론 잘못된 육감은 생사람을 잡기도 한다. 그리스도인은 칠감, 즉 영감(spiritual sense)으로 살아야 한다. 그런데 칠감을 뛰어넘는 팔감이 해석이란다. "꿈보다 해몽이다." 개꿈도 해석을 잘하면 용꿈이 되고, 용꿈도 해석을 잘못하면 개꿈이 된다.

모세가 죽기 전에 가나안에 들어갈 12지파를 축복한 해석이다. "이스라엘아 너는 행복한 사람이로다!"(신 33:29) 사망의 음침한 골짜기를 다니던 다윗의 해석이다. "여호와는 나의 목자시니 내게 부족함이 없으리로다"(시 23:1). 시편은 고난당한 것이 내게 유익이라 해석한다(시 119:67,71). 사람의 생각보다 하나님의 생각으로 각자 인생을 해석하면 하늘 문이 열린다(창 1:12-3; 히 6:16; 사 55:6-9; 렘 29:11).

IV. 엘리후의 변론(욥 32-37장)

엘리후는 욥과 세 친구를 모두 책망하며 끝까지 인내하지 못하고 변론을 시작한다. 그러나 그의 변론도 모든 질병의 원인은 죄라는 관점에서 욥에게 자기 의보다 자기 죄를 인정하라고 강조한다. 그러나 엘리후도 "왜 의인이 고난을 당하는가?"에 대한 답변을 제시하지 못한다.

V. 하나님의 변론(욥 38-42장)

1. 하나님의 시험문제와 욥의 백지답안지

하나님은 욥의 고난의 문제에 대한 해답을 주는 대신에 두 차례 시험문제를 출제한다. 욥이 대답할 수 없는 더 어려운 문제들을 출제한다. 하나님은 고난도의 시험문제를 통해 욥이 입을 다물게 만든다. 욥은 하나님의 1차 시험(욥 38:1-40:2)에 백지답안지를 제출한다(욥 40:3-5). 그 후에 하나님의 2차 시험(욥 40:6-41:34)에도 백지답안지를 제출한다(욥 42:1-6).

2. 욥의 회복

욥의 회복은 관계회복에 달려있다. 먼저 욥이 수직적으로 하나님 앞에 자신의 무지를 회개하고(욥 42:1-6; 마 4:17), 다음에 수평적으로 욥이 세 친구를 용서한다(욥 42:7-9). 그 후에 욥이 세 친구와 함께 기도할 때에 하나님이 욥에게 갑절의 복을 주었다(욥 42:10). 정확하게 양 칠천 마리가 만 사천, 낙타 삼천 마리가 육천, 소 오백 겨리가 천 겨리, 암나귀 오백 마리가 천 마리가 되었다(욥 1:3; 42:12). 욥기는 고난의 원인을 밝히지 않고, 마침내 욥의 회개와 용서로 마무리한다.

(1)회개와 용서. 욥은 회개와 용서로 갑절의 복을 받았다. 천국의 조건은 회개뿐이다(마 4:17). 하나님은 천년을 하루같이 모든 사람이 회개하기에 이르길 원하신다(벧후 3:8-9). 주님은 주기도문에서 용서를 가르쳤고(마 6:12), 3단계로 찾아가는 용서를 가르쳤다(마 18:15-17). 회개와 용서로 하나님과 수직적 관계와 사람과 수평적 관계를 회복해

야 한다.

(2)예수님의 비유. 예수님은 베드로에게 백 데나리온 빚진 자와 만 달란트 빚진 자의 비유로 일곱 번을 일흔 번이라도 용서하라고 가르쳤다. 즉 용서의 상한선을 폐지했다(마 18:21-35). 한 데나리온이 숙련공의 하루 품삯인데, 300데나리온을 계산하면 1년 연봉이다. 한 달란트는 6천 데나리온 즉 20년 연봉이다. 은화 만 달란트는 20만년 연봉인데, 금화 만 달란트는 15배가 많은 300만년 연봉이다. 결국 우리는 100일 품삯으로 싸우지만, 하나님은 300만년 연봉만큼 탕감해주셨다.

(3)야고보의 해석. 신약의 지혜서 야고보는 흩어진 12지파에게 고난 중에 안내와 지혜를 강조한다(약 1:1-8). 야고보는 농부의 인내, 선지자의 인내를 언급하고, 욥의 인내로 결론짓는다. "보라 인내하는 자를 우리가 복되다 하나니 너희가 욥의 인내를 들었고 주께서 주신 결말을 보았거니와 주는 가장 자비하시고 긍휼히 여기시는 이시니라"(약 5:11). 성도의 삶이란 욥처럼 결말을 볼 때까지 인내를 온전히 이루어야 한다(약 1:2-4; 눅 21:19).

19 시편(Psalms)
찬양의 책

시편은 한 문장으로 요약하면, "복 있는 사람은 ... 할렐루야!"(시 1:1; 150:6)다. 할렐루야는 할렐루(2인칭, 복수, 명령형)와 야(야웨 하나님)의 합성어로 "너희들은 여호와를 찬양하라"는 뜻이다. 이사야, 예레미야, 스가랴, 오바댜 등의 이름에도 야웨 하나님이 들어 있다.

1. 시편의 의인과 악인

로마서는 절대적 의미에서 의인은 없고(롬 3:10), 모든 사람이 죄인이라 한다(롬 3:9-18). 그러나 성경은 노아, 다니엘, 욥을 의인이라 한다(겔 14:14,20; 창 6:9; 욥 1:1). 그러나 의인보다 은혜가 먼저다. 하나님이 의인 노아에게 은혜를 주신 것이 아니다. 노아는 여호와의 은혜를 입어 의인이 되었다(창 6:8-9). 의(히, 체데카)란 하나님과 관계를 맺는 삶, 즉 세상과 구별되게 사는 거룩함을 뜻한다. 의인이란 하나님과 관계를 맺고 사는 사람이고, 악인은 이방인처럼 하나님 없이 사는 사람이다(시 10:4; 14:1; 마 6:25-33).

2. 시편의 찬양

시편의 찬양은 기도와 간구로 하나님께 나아가는 예배자의 신앙고백이다. 시편은 찬송가 1-50장의 찬양처럼 직접찬양이다. 직접찬양이란 하나님께 찬양하고, 하나님을 찬양하고, 하나님만 찬양하는 것이다. 간접찬양이란 오늘날의 찬송가나 복음성가(Gospel Song)처럼, 개인이 신앙체험을 통해 하나님을 찾아가는 스토리텔링을 가사로 삼는다.

3. 시편의 관점

다윗은 하나님께 초점을 맞추고(시 16:8; 18:1-2; 23:1), 사울은 다윗에게 초점을 맞췄다(삼상 18:6-9). "사울의 집과 다윗의 집 사이에 전쟁이 오래매 다윗은 점점 강하여 가고 사울의 집은 점점 약하여 가니라"(삼하 3:1). 하나님의 생각과 사람의 생각은 하늘과 땅처럼 다르다(사 55:6-9). 인간은 각자 관점으로 인류역사와 삼라만상을 바라본다. 어떤 관점으로 사느냐에 따라 결과가 달라진다. 그것이 역사관, 세계관, 가치관이다. 자유주의는 성경이 하나님의 말씀을 포함한다고 주장한다. 그러나 개혁주의는 성경이 하나님의 말씀이라 믿는다. 사소한 관점의 차이가 서로 다른 교리와 교단을 만들어낸다. 히브리서는 오직 예수님을 깊이 생각하고, 예수님만 바라보자고 한다(히 3:1; 12:1-3).

4. 리듬과 평행법

(1)리듬. 리듬이란 고정된 발성관계의 조화로운 반복이다. 악센트 체계가 조화로운 반복을 만든다. 강음들 사이에 강세 없는 음절들이 짧은 음절과 긴 음절의 규칙들을 만든다. 그 결과 소리의 높낮이로 간단하고 재미있게 활기찬 영혼, 고요한 확신, 흥분, 애통, 그 밖에 다양한 리듬으로 감정의 변화를 표현할 수 있다.

(2)평행법(parallelism). 히브리시의 중요한 특성이다. 평행법은 사상의 반복, 변화, 대조를 강화한다. 시편에 3가지 평행법, 즉 동의

적평행법(Synonymous Parallelism), 반의적 평행법(Antithetic Parallelism), 종합적 평행법(Synthetic Parallelism)이 나온다.

(3)셀라. 셀라(Selah)란 음절의 끝을 올려서, 울려서, 부르라는 음악적 지시사항이다. 아마도 늘임표(Pause), 점점 세게(Crescendo), 간주곡(Musical Interlude)을 뜻한다고 추정한다.

5. 시편의 가치

(1)하나님의 구속사. 즉 이스라엘 민족의 역사 속에 생동하던 살아있는 믿음의 증거다.

(2)구원사역의 배경. 예수님은 구약성경 가운데 시편을 가장 많이 인용한다(눅 24:44).

(3)예배의 통로. 시편은 하나님의 백성에게 경건한 삶을 위한 신앙과 예배의 통로다.

(4)찬송가. 시편은 모든 시대에 하나님께 영광과 존귀를 돌리는 찬송가이다.

6. 시편의 분류

시편은 전체 5권으로 구성되어 있고, 각권은 송영으로 마무리한다.

(1)제 1권(시 1-41편). "이스라엘의 하나님 여호와를 영원부터 영원까지 송축할지로다 아멘 아멘"(시 41:13).

(2)제 2권(시 42-72편). "그 영화로운 이름을 영원히 찬송할지어다 온 땅에 그의 영광이 충만할지어다 아멘 아멘 이새의 아들 다윗의 기도가 끝나니라"(시 72:19-20).

(3)제 3권(시 73-89편). "여호와를 영원히 찬송할지어다 아멘 아

멘"(시 89:52).

(4)제 4권(시 90-106편). "여호와 이스라엘의 하나님을 영원부터 영원까지 찬양할지어다 모든 백성들아 아멘 할지어다 할렐루야"(시 106:48).

(5)제 5권(시 107-150편). "할렐루야! … 호흡이 있는 자마다 여호와를 찬양할지어다 할렐루야!"(시 150:1-6). 시편 150편은 제 5권의 결론이고, 시편 150편 전체의 결론이다. 특별히 할렐루야로 시작하여 할렐루야로 마치는 할렐루야 시편이다. 모든 악기를 총동원하여 최대최선(最大最善)을 다해야 한다. 특별히 우리 몸은 가장 비싼 악기다. "그런즉 너희 몸으로 하나님께 영광을 돌리라"(고전 6:19-20).

7. 시편의 주제별 분류

"성전에 올라가는 노래"(시편 120-134편)는 하나님의 백성들이 성전에 올라가면서 부르던 노래다. "할렐루야 시편"(시편 146-150편)은 할렐루야로 시작해서 할렐루야로 마치는 시편이다. 시편을 6가지 주제로 나누면 다음과 같이 분류할 수 있다.

(1)하나님의 말씀(시편 1, 19, 119편).
(2)제왕시(Royal Psalm), 하나님의 통치(시편 2, 72, 93, 95-100, 117, 146편).
(3)절망에서 벗어남(시편 3, 13, 88, 130편).
(4)하나님의 은혜를 의지함(시편 32, 51, 73편).
(5)마음을 하나님께 집중함(시편 18, 23, 27, 33, 62, 77, 145편).
(6)순수한 찬양시(시편 117편, 기타 일반적 찬양시들).

8. 시편 119편의 통일성

(1)구조적 통일성. 시편 119편은 한 단락이 8절, 전체 22단락, 총 176절이다. 히브리어 알파벳 22자를 첫 음으로 시작하여 한 단락이 8절씩 전체 22단락을 이룬다. 첫째 알렙으로 시작하는 절이 8절, 둘째 베트로 시작하는 절이 8절, 마지막 22번째 타우로 시작하는 절이 8절로 구조적 통일성을 이룬다.

(2)주제적 통일성. 시편 119편을 구성하는 176절에 각각 "하나님의 말씀"을 뜻하는 단어를 포함하여 주제적 통일성을 이룬다.

(3)교훈. 절마다 하나님의 말씀을 통하여 수많은 하나님의 뜻을 교훈한다.

첫째, 고난의 의미를 교훈한다. "고난당하기 전에는 내가 그릇 행하였더니 이제는 주의 말씀을 지키나이다, 고난당한 것이 내게 유익이라 이로 말미암아 내가 주의 율례들을 배우게 되었나이다"(시 119:67,71).

둘째, 말씀 통독의 중요성을 교훈한다. "내가 주의 증거들을 늘 읊조리므로 나의 명철함이 나의 모든 스승보다 나으며 주의 법도들을 지키므로 나의 명철함이 노인보다 나으니이다"(시 119:99-100).

셋째, 말씀의 길잡이 역할을 교훈한다. "주의 말씀은 내 발에 등이요 내 길에 빛이니이다"(시 119:105).

넷째, 결론은 하나님의 말씀을 읽는 자, 듣는 자, 지키는 자가 복이 있다(계 1:1-3).

9. 다윗의 시편

다윗이 쓴 70편이 넘는 시편은 신앙고백이고, 자신을 향한 믿음의 선포다.

(1)코람데오(Coram Deo). "내가 여호와를 항상 내 앞에 모심이여 그가 나의 오른쪽에 계시므로 내가 흔들리지 아니하리로다"(시 16:8). 즉 하나님 앞에서(Before God) 신앙을 고백한다. 모래 위 발자국을 보면, 평소 두 사람 발자국인데 가장 힘들 때 한 사람 발자국이란다. 그 때마다 하나님은 떠난 것이 아니라 업어주었단다. 광야40년 하나님은 걷게 하지 않고, 독수리 날개로 업어주었다(출 19:1-6). 그 결과 의복이 해어지지 않고 발이 부르트지 않았다(신 8:1-4).

   (2)사랑고백. 다윗은 하나님께 사랑을 고백한다. 모든 원수들과 사울의 손에서 건져주신 하나님께 사랑을 고백한다. "나의 힘이신 여호와여 내가 주를 사랑하나이다. 여호와는 나의 반석이시오, 나의 요새시오, 나를 건지시는 이시오, 나의 하나님이시오, 내가 그 안에 피할 나의 바위시오, 나의 방패시오, 나의 구원의 뿔이시오, 나의 산성이시로다"(시 18:1-2).

   (3)자족선포. 시편은 하나님과 나, 원수가 등장한다(시 23:1-6). 다윗은 원수를 하나님께 맡기고, 자족을 선포한다(롬 12:14-21). "여호와는 나의 목자시니 내게 부족함이 없으리로다"(시 23:1-6). 무혈지주인 공은 복수의 칼을 품는다. 반면에 그리스도인은 회개와 용서로 원수를 하나님께 맡기고(롬 12:14-21), 범사에 영육의 강건함으로 무척 행복하다(요삼 1:2).

   (4)마음의 결단. 다윗은 사울을 피하여 동굴에서 결단한다. "하나님이여 내 마음이 확정되었고 내 마음이 확정되었사오니 내가 노래하고 내가 찬송하리이다 내 영광아 깰지어다 비파야, 수금아, 깰지어다 내가 새벽을 깨우리로다"(시 57:7-8). 고난은 위장된 축복이다(벧전 4:12-19).

(5)죄의 자백. 다윗은 나단의 지적에 하나님 앞에서 밧세바 사건을 참회한다. "하나님이여 내 속에 정한 마음을 창조하시고 내 안에 정직한 영을 새롭게 하소서 나를 주 앞에서 쫓아내지 마시며 주의 성령을 내게서 거두지 마소서 주의 구원의 즐거움을 내게 회복시켜 주시고 자원하는 심령을 주사 나를 붙드소서"(시 51:10-12).

(6)십자가의 예표. 율법과 선지자, 시편은 예수님에 관한 기록이다(눅 24:44). 가상칠언 4번째다. "내 하나님이여 내 하나님이여 어찌 나를 버리셨나이까? 어찌 나를 멀리 하여 돕지 아니하시오며 내 신음 소리를 듣지 아니하시나이까?"(시 22:1) 주님은 십자가까지 정오부터 오후 3시까지 다윗의 시편으로 절규했다. "엘리 엘리 라마 '사박다니'(히, 아자브)"(마 27:46). 아자브는 "버리다, 포기하다"(forsake, desert, give up)란 뜻이다. 왜 하나님은 아들을 버리셨는가? 성도는 십자가에서 하나님의 사랑을 깨닫고, 십자가에서 내 죄를 깨닫고 자복해야 한다.

(7)하나님의 은혜. 첫째, 은혜란 회개의 기회다. 하나님은 나단과 갓을 보내 다윗에게 회개의 기회를 주셨다(겔 18:32). 다윗처럼 바울도 하나님의 은혜를 깨닫고, 생명의 성령의 법으로 죄와 사망의 법에서 해방을 선포했다(롬 8:1-2). 둘째, 은혜란 종말론적 마지막 기회다(벧후 3:9; 딤전 2:4). "보라 지금은 은혜 받을 만한 때요 보라 지금은 구원의 날이로다"(고후 6:2).

20 잠언(Proverbs)
지혜의 말씀들

지혜(wisdom), 교훈(instruction), 이해(understanding), 공의(justice), 공평(equity), 지식(knowledge), 분별(discretion), 학문(learning), 논의(counsel) 등은 지혜의 동의어다.

I. 선(Good)과 악(Evil)의 대조(잠 1-9장)

1. 잠언의 지혜

(1)역경지수(AQ, Adversity Quotient). 삶의 지혜란 지능지수(IQ)나 감성지수(EQ)보다 역경지수에 가깝다. 삶에 필요한 5가지 능력 즉 지력(智力), 심력(心力), 체력(體力), 관계능력(關係能力), 자기관리능력(自己管理能力)이 균형과 조화를 이뤄야 한다. 지혜란 삶과 죽음에 직면한 예수님이 겟세마네동산의 기도에서 하나님의 뜻을 분별한 것과 같은 능력이다(마 26:39,42).

(2)인내와 지혜. 야고보는 신약의 지혜서다. 야고보는 흩어진 12지파(Diaspora)에게 환난을 만나면 기쁨으로 인내하고(약 1:2-4), 하나님께 지혜를 구하라 한다(약 1:5-8). 솔로몬은 하나님께 듣는 마음(히, 레브 쉐마)을 구했고, 두 여인을 재판하여 생모를 찾아냈다(왕상 3:16-28). 지혜란 솔로몬처럼 참(true)과 거짓(false)을 구별하는 능력이다. 사탄의 유혹(temptation)에 자기욕심으로 반응하면 죽음이다(약

1:14; 롬 5:12; 요일 2:15-17). "욕심이 잉태한즉 죄를 낳고 죄가 장성한 즉 사망을 낳느니라"(약 1:15). 야고보는 마귀유혹에 속지 말고 하나님이 좋은 것을 주실 때까지 인내하라고 강조한다(약 1:16-17; 4:1-3).

2. 지혜의 근본

"여호와를 경외하는 것"이 지식의 근본이고, 지혜의 근본이다(잠 1:7; 9:10).

(1)경외함. 경외하다(히, 야레)란 여호와를 두려워한다는 뜻이고, 지식(knowledge)과 지혜(wisdom)는 동의어다. 예수님도 몸과 영혼을 지옥에 멸하는 하나님만 두려워하라 했다(마 10:28).

(2)사람을 두려워하지 말라. 하나님이 우리에게 주신 것은 두려워하는 마음이 아니고, 오직 능력과 사랑과 절제하는 마음이다(딤후 1:7). 두려움의 반대는 믿음이다(막 5:36). 믿음의 사람은 죽음을 두려워하지 않기 때문에, 세상이 그들을 감당치 못한다(히 11:38).

3. 잠언의 오복(잠 3:1-10)

잠언의 오복을 받는 문장의 구조다. "지혜로운 사람이 되라! '그리하면' 복을 주리라!" 오복이란 장수와 평강, 은총과 귀중히 여김, 길을 지도함, 건강의 복, 재물의 복이다.

(1)장수와 평강. 하나님의 법과 명령을 지키는 지혜로운 사람이 되라! 그리하면 장수와 평강의 복을 더해 준다(잠 3:1-2). 장수와 형통의 복은 제 5계명의 약속이다(출 20:12; 신 5:16).

(2)은총과 귀중함. 인자와 진리를 마음에 새기는 지혜로운 사람이 되라! 그리하면 하나님과 사람 앞에 은총과 귀중한 자가 된다(잠 3:3-4).

존귀한 자란 야베스가 받은 복이다(대상 4:9-10).

(3)길을 지도함. 범사에 마음을 다해 여호와를 신뢰하고 인정하는 지혜로운 사람이 되라! 그리하면 하나님이 인도한다(잠 3:5-6). 사람이 길을 계획해도 하나님이 인도한다(잠 16:9).

(4)건강의 복. 자기지혜를 버리고 여호와를 경외하며 악을 떠나는 지혜로운 사람이 되라! 그리하면 그것이 골수를 윤택케 하는 양약이 된다(잠 3:7-8). 건강의 비결은 소식과 운동, 숙면과 마음의 평강이 중요하다. "맛있는 것보다 몸에 좋은 것을 먹자!" 태초음식(과일, 채소, 현미)의 1인분으로 소식해야 한다(창 1:29-30). 고기, 계란, 생선, 우유 등 과단백(요단백) 음식을 주의하고, 홉니와 비느하스처럼 날고기의 피를 먹으면 안 된다(삼상 2:15-17; 창 9:1-4).

(5)재물의 복. 재물과 소산물의 첫 열매로 공경하는 지혜로운 사람이 되라! 그리하면 재물의 복을 받는다(잠 3:9-10). 재물을 얻는 능력과 드릴 힘이 필수다(신 8:17-18; 대상 29:10-14).

4. 개미의 지혜(잠 6:6-11)

"최선을 다하라!"(Do your best) 하나님 앞에 심는 대로 거둔다(갈 6:7,8). 개미의 지혜란 미래를 준비하는 지혜다. 개인, 교회, 국가도 여름에 겨울을 준비하는 개미의 지혜를 배워야 한다. 현재 삶으로 영원한 천국을 준비해야 한다. 파레토의 법칙, 2080의 법칙은 20%의 창조적 소수가 80%의 다수를 이끈다. 일개미도 20%는 먹이를 구하고, 80%는 그냥 왔다갔다만 한다.

II. 솔로몬의 잠언(잠 10-29장)

1. 솔로몬의 경영철학(잠 16:1-9)

(1)하나님의 주권사상. "마음의 경영은 사람에게 있어도 말의 응답은 여호와께로부터 나오느니라, 너의 행사를 여호와께 맡기라 그리하면 네가 경영하는 것이 이루어지리라"(잠 16:1,3). 하나님의 은혜(grace of God)가 필수다. 전쟁, 기근, 전염병 등 위험요소는 예측불허다. 솔로몬은 통치 40년간 7년 성전건축, 13년 왕궁건축, 20년 재개발, 재건축 사업을 추진했다. 솔로몬의 체험적 고백이다. "여호와께서 집을 세우지 아니하시면 세우는 자의 수고가 헛되며 여호와께서 성을 지키지 아니하시면 파수꾼의 깨어 있음이 헛되도다"(시 127:1-2).

(2)주인공과 악역. "여호와께서 온갖 것을 그 쓰임에 적당하게 지으셨나니 악인도 악한 날에 적당하게 하셨느니라"(잠 16:4). 경영의 악재는 원수 즉 장애물이다. 드라마, 소설, 연극, 영화도 악역이 잘해야 주인공이 빛난다. 모세와 바로, 엘리야와 아합과 이세벨, 예수님과 헤롯, 빌라도, 바리새인처럼 원수는 넘쳐난다. 그럼에도 불구하고 주인공은 끝까지 살아남아야 한다.

(3)원수. 선으로 악을 이겨야 한다(롬 12:14-21). 원수는 하나님께 맡기고, 측은지심으로 머리에 숯불을 쌓아야 한다. 과거의 분노, 미래의 두려움에 대한 쓴 뿌리가 없어야 무척 행복하다.

(4)소득. "적은 소득이 공의를 겸하면 많은 소득이 불의를 겸한 것보다 나으니라"(잠 16:8). 세금은 가이사의 것, 십일조는 하나님의 것이다. 일확천금(一攫千金), 만사형통(萬事亨通), 불로소득(不勞所得)을 조심해야 한다. 하나님은 제사장의 축복기도시스템을 만드셨다(민 6:22-27).

(5)결론. "사람이 마음으로 자기의 길을 계획할지라도 그의 걸음을

인도하시는 이는 여호와시니라"(잠 16:9). 개인의 생사화복과 제국의 흥망성쇠는 하나님의 손에 달렸다(삼상 2:6-7).

2. 솔로몬의 지혜

(1)가장 위대한 용사. "노하기를 더디하는 자는 용사보다 낫고 자기의 마음을 다스리는 자는 성을 빼앗는 자보다 나으니라"(잠 16:32). 절제(Self-control)로 자기관리를 하는 사람이다.

(2)제비뽑기. "제비는 사람이 뽑으나 모든 일을 작정하기는 여호와께 있느니라"(잠 16:33). 최종 결정권은 오직 하나님께 달렸다.

(3)교만과 겸손. "교만은 패망의 선봉이요 거만한 마음은 넘어짐의 앞잡이니라 겸손한 자와 함께 하여 마음을 낮추는 것이 교만한 자와 함께 하여 탈취물을 나누는 것보다 나으니라"(잠 16:18-19). 교만은 마귀의 특성, 겸손은 예수님의 마음이다. 바벨론 왕 느부갓네살은 교만으로 망했다(사 14:12-15). 교만의 배후세력 사탄의 최후운명은 불과 유황 못이다(계 20:7-10).

(4)화목. "마른 떡 한 조각만 있고도 화목하는 것이 제육이 집에 가득하고도 다투는 것보다 나으니라"(잠 17:1). 행복은 재물이 아니라 마음이다. 병도 마음의 병이다. 몸과 마음의 건강비결이란 소식과 운동, 숙면과 마음의 평안이다(시 127:1-2; 빌 4:4-7; 살전 5:16-18).

(5)죄. "눈이 높은 것과 마음이 교만한 것과 악인이 형통한 것은 다 죄니라"(잠 21:4). 죄란 욕심과 탐심의 결과다(약 1:14-15). 욕심은 더 갖고 싶은 마음이고, 탐심은 없는 것을 갖고 싶은 마음이다. 하박국이 죄인의 형통을 묻자 하나님이 답했다. "의인은 믿음으로 살리라!"(합 2:4). 시간과 돈이 죄를 짓게 한다. 주일성수로 시간관리, 십일조로 재

물관리를 해야 한다.

III. 잠언의 부록(잠 30-31장)

1. 아굴의 잠언

아굴은 2가지 기도제목이다(잠 30:7). "곧 헛된 것과 거짓말을 내게서 멀리 하옵시며, 나를 가난하게도 마옵시고 부하게도 마옵시고 오직 필요한 양식으로 나를 먹이시옵소서"(잠 30:8).

(1)헛된 것과 거짓말을 두려워했다. 보이는 것은 잠간이고, 보이지 않는 것이 영원하다(고후 4:18). 마귀는 거짓의 아비고(요 8:44), 거짓말하는 자는 천국에 못 간다(계 21:8; 22:15).

(2)배부름과 배고픔을 두려워했다. 일용할 양식을 구했다. 배부르면 하나님을 부인하고. 가난하면 도둑질하여 하나님의 이름을 욕되게 할까 두려워했다(잠 30:9).

(3)한수 위. 첫째, 바울은 아굴보다 한수 위였다. 그는 능력 주시는 자 안에서 어떤 형편도 처할 줄 아는 자족을 배웠다(빌 4:11-13). 둘째, 다니엘이 요셉보다 한수 위였다. 요셉은 바로의 꿈을 듣고 해석했고, 다니엘은 잊어버린 느부갓네살의 꿈을 찾아 해석했다.

2. 승리와 성공을 위한 말씀

(1)모든 것이 합력하여 선을 이룬다(롬 8:28). 고난도 유익이란 사실을 믿어야 한다.

(2)하나님은 시험을 감당할 힘과 피할 길을 준다(고전 10:13). 간증거리를 만들어야 한다.

(3)우리를 사랑하는 예수 그리스도의 이름으로 넉넉히 이긴다(롬

8:37). 미래지향적 역사관을 갖고, 승리가 보장된 영적전쟁에서 반드시 승리해야 한다.

3. 마귀와 예수님의 영적전쟁(창 3:15)

잠언의 지혜로 영적전쟁의 판세를 분별하여 온유와 겸손으로 거짓과 교만을 물리쳐야 한다.

(1)마귀의 특징. 거짓과 교만이다. 마귀는 유혹하는 자(tempter)다. 태초부터 마귀는 아담과 하와에게 거짓말과 교만으로 선악과를 따먹도록 미혹했다(창 3:1-6). 예수님은 마귀의 일을 멸하러 왔다(요일 3:8). 마귀는 처음부터 살인자, 거짓의 아비다(요 8:44). 용, 옛 뱀, 마귀는 무저갱에 천년, 불과 유황 못에 던져져서 세세토록 밤낮 괴로움을 받을 것이다(계 20:1-3,7-10).

(2)예수님의 마음. 온유와 겸손이다(마 11:28-30). 온유한 자가 땅을 기업으로 받는다. 온유를 빼앗긴 모세는 가나안을 상실했다(민 12:1; 20:10-13; 신 3:23-29). 겸손한 자가 은혜를 받는다. 교만하면 물리치고, 겸손하면 은혜를 준다(약 4:6; 벧전 5:5; 잠 16:18-19; 빌 2:5-8).

4. 잠언의 결론

"누가 현숙한 여인을 찾아 얻겠느냐? 그의 값은 진주보다 더 하니라. 고운 것도 거짓되고 아름다운 것도 헛되나 오직 여호와를 경외하는 여자는 칭찬을 받을 것이라"(잠 31:10,30).

먼저 질문을 던지고, 답을 제시한다. 결론은 하나님을 경외하는 여자, 즉 지혜로운 여인이다.

21 전도서(Ecclesiastes)
삶의 의미를 탐구함

전도서는 다윗의 아들, 예루살렘 왕, 전도자 솔로몬의 말씀이다(전 1:1). 전도서는 모든 것의 허무로 시작한다(전 1:2-4). 그러나 결론은 지혜로운 삶으로 마무리한다(전 12:13-14). 전도서의 허무주의(nihilism)란 무신론자의 인생 허무를 가리킨다. 솔로몬의 시편도 동의한다. "여호와께서 집을 세우지 아니하시면 세우는 자의 수고가 헛되며 여호와께서 성을 지키지 아니하시면 파수꾼의 깨어 있음이 헛되도다"(시 127:1).

1. 후계자

"내가 해 아래에서 내가 한 모든 수고를 미워하였노니 이는 내 뒤를 이을 이에게 남겨 주게 됨이라 그 사람이 지혜자일지, 우매자일지야 누가 알랴마는 내가 해 아래에서 내 지혜를 다하여 수고한 모든 결과를 그가 다 관리하리니 이것도 헛되도다"(전 2:18-19).

(1)솔로몬의 염려. 솔로몬은 통일왕국을 계승할 후계자가 지혜자일지 우매자일지 염려했다.

(2)르호보암의 어리석음. 르호보암은 조부 다윗과 부친 솔로몬이 물려준 통일왕국을 다스리지 못하고, 느밧의 아들 여로보암에게 10지파를 빼앗겼다. 그것은 르호보암이 원로들의 섬김의 도(Servantship)를 버리고, 동년배들의 강압정책을 채택한 우매함의 결과였다(왕상 12:6-11).

(3)하나님의 언약. 하나님은 다윗에게 왕조를 약속했고(대하 17:10), 솔로몬의 범죄에도 다윗의 언약을 지켰다(대하 17:11-14; 왕상 11:9-13). 아히야의 예언대로 르호보암에게 다 빼앗지 않았다(왕상 11:30-39). 결국 남유다의 존속은 다윗언약에 신실한 하나님의 은혜였다.

2. 때(크로노스)와 시기(카이로스)

"범사에 기한(크로노스)이 있고 천하만사가 다 때(카이로스)가 있나니"(전 3:1). "하나님이 모든 것을 지으시되 때를 따라 아름답게 하셨고 또 사람들에게는 영원을 사모하는 마음을 주셨느니라 그러나 하나님이 하시는 일의 시종(始終), 시작과 끝을 사람으로 측량할 수 없게 하셨도다"(전 3:11).

(1)크로노스. 때(크로노스)는 시계(Chronometer)로 계산하는 흘러가는 시간이다. "시간이 돈이다"(Time is money)라는 속담처럼, 크로노스(시간)는 복리의 마법을 일으킨다.

(2)카이로스. 시기(카이로스)는 전환점(turning point), 결정적인 때를 의미한다. 봄여름가을겨울의 사계절 날씨는 삼한사온(三寒四溫)을 주기로 변하듯이 카이로스도 변한다. "시간이 인생은 타이밍(timing)인데, 그것은 카이로스 즉 인생의 전환점을 가리킨다.

(3)하나님의 영역. 인생은 새옹지마(塞翁之馬)란다. 다 좋은 것도 아니고, 다 나쁜 것도 아니다. 아는 게 힘이 되고, 모르는 게 약이 되기도 한다. 하나님은 때와 시기를 맞춰 인생을 다스린다. 예수님과 제자들의 대화다. "주께서 이스라엘 나라를 회복하심이 이 때니이까? 때(크로노스)와 시기(카이로스)는 아버지께서 자기의 권한에 두셨으니 너희가 알 바 아니요"(행 1:6-7). 하나님은 흘러가는 크로노스(Chronos)와 결정

적 카이로스(kairos)로 인간을 다스린다.

3. 하나님의 주권과 섭리

"하나님께서 행하시는 모든 것은 영원히 있을 것이라 그 위에 더 할 수도 없고 그것에서 덜 할 수도 없나니 하나님이 이같이 행하심은 사람들이 그의 앞에서 경외하게 하려 하심인 줄을 내가 알았도다"(전 3:14). "형통한 날에는 기뻐하고 곤고한 날에는 되돌아 보아라 이 두 가지를 하나님이 병행하게 하사 사람이 그의 장래 일을 능히 헤아려 알지 못하게 하셨느니라"(전 7:13-14).

(1)하나님의 주권. 광야 같은 인생길에서 길흉화복(吉凶禍福)이 교차한다. "이 또한 지나가리라!"(This, too, shall pass away!) 인간은 결코 삶의 정황을 바꿀 수 없다(잠 16:9). 무슨 일이라도 합력하여 선을 이룰 것을 믿고(롬 8:28), 감당할 힘과 피할 길을 줄 것을 믿고(고전 10:13), 영적전쟁에서 승리를 주실 하나님의 주권을 믿어야 한다(롬 8:37).

(2)하나님의 섭리. 형통함과 곤고함으로 인생을 조율한다. 요셉은 17세에 애굽에 팔려가 39세에 하나님의 섭리를 깨달았다. "하나님이 생명을 구원하시려고 나를 당신들보다 먼저 보내셨나이다 … 그런즉 나를 이리로 보낸 이는 당신들이 아니요 하나님이시라"(창 45:5-8).

(3)하늘의 보물창고. 보물창고를 열고 닫을 열쇠가 하나님께 있다(신 28:12). 야베스는 하나님께 경계표를 옮겨달라고 간구했다(대상 4:9-10). 하나님은 그 열쇠를 다윗의 자손에게 주셨다. "내가 또 다윗의 집의 열쇠를 그의 어깨에 두리니 그가 열면 닫을 자가 없겠고 닫으면 열 자가 없으리라"(사 22:22). 다윗의 열쇠를 지닌 주님이 빌라델비아교회

의 사자에게 편지했다(계 3:7). "볼지어다 내가 네 앞에 열린 문을 두었으되 능히 닫을 사람이 없으리라"(계 3:8). 주님은 천국열쇠를 베드로에게 주셨다. "네가 땅에서 무엇이든지 매면 하늘에서도 매일 것이요 네가 땅에서 무엇이든지 풀면 하늘에서도 풀리리라"(마 16:19; 18:18-19).

4. 서원

"네가 하나님께 서원하였거든 갚기를 더디게 하지 말라 하나님은 우매한 자들을 기뻐하지 아니하시나니 서원한 것을 갚으라 서원하고 갚지 아니하는 것보다 서원하지 아니하는 것이 더 나으니 네 입으로 네 육체가 범죄하게 하지 말라 천사 앞에서 내가 서원한 것이 실수라고 말하지 말라 어찌 하나님께서 네 목소리로 말미암아 진노하사 네 손으로 한 것을 멸하시게 하랴"(전 5:4-6).

(1)약속과 성취. 서원은 하나님과 약속이다. 하나님은 반드시 약속을 지킨다. "내가 율법이나 선지자를 폐하러 온 줄로 생각하지 말라 폐하러 온 것이 아니요 완전하게 하려 함이라 진실로 너희에게 이르노니 천지가 없어지기 전에는 율법의 일점일획도 결코 없어지지 아니하고 다 이루리라"(마 5:17-18). 마음에 서원한 것은 해로울지라도 변치 않아야 한다(시 15:4).

(2)서원의 사례. 야곱은 라반을 떠나 벧엘의 서원을 지키려고 했다(창 28:20-22; 31:13). 마침내 하나님이 은혜를 베풀고, 야곱이 서원대로 벧엘에 단을 쌓자 복을 주셨다(창 35:1-15). 삼손은 나실인의 서원을 했지만 지키지 않았다(민 6:1-12). 그러나 삼손이 부르짖자 2번이나 응답했다(삿 15:18-19; 16:28-30). 한나는 사무엘을 바쳐 서원을 지켰

다(삼상 1:11,26-28).

5. 더 좋은 선택

"좋은 이름이 좋은 기름보다 낫고 죽는 날이 출생하는 날보다 나으며 초상집에 가는 것이 잔칫집에 가는 것보다 나으니 모든 사람의 끝이 이와 같이 됨이라 산 자는 이것을 그의 마음에 둘지어다"(전 7:1-4).

(1)선택의 기준. 사람은 외모를 보고, 하나님은 중심을 본다(삼상 16:7; 고전 1:26-29). 롯은 소돔과 고모라를 선택했고, 아브라함은 결과를 하나님께 맡겼다(창 13:10-13, 14-17), 하나님은 말씀을 버린 사울을 폐하고(삼상 15:22-23), 마음에 맞는 다윗을 선택했다(행 13:21-23).

(2)인생은 선택이다. 예수님은 음식 준비하던 마르다보다 말씀 듣던 마리아의 선택을 칭찬했다. "마르다야 마르다야 네가 많은 일로 염려하고 근심하나 몇 가지만 하든지 혹은 한 가지만이라도 족하니라 마리아는 이 좋은 편을 택하였으니 빼앗기지 아니하리라"(눅 10:41-42). 주님은 겟세마네에서 내 뜻보다 아버지의 뜻을 선택하고, 삶보다 죽음을 선택했다(마 26:39-42).

6. 하나님의 심판

"하나님은 모든 행위와 모든 은밀한 일을 선악 간에 심판하시리라"(전 12:14).

하나님은 사람이 선악 간에 선택한 모든 행위를 심판한다. "한번 죽는 것은 사람에게 정해진 것이요 그 후에는 심판이 있으리니"(히 9:27). 욕심으로 선택하지 말고, 하나님이 좋을 것을 줄 때까지 기대하며, 기다리며, 기도해야 한다. 최후심판의 기준은 행위다. "죽은 자들이 자기 행위를 따라 책들에 기록된 대로 심판을 받으니 … 각 사람이 자기의 행위대로 심판을 받고 누구든지 생명책에 기록되지 못한 자는 불못에 던져지더라"(계 20:12-15).

7. 행복한 인생

"너는 가서 기쁨으로 네 음식물을 먹고 즐거운 마음으로 네 포도주를 마실지어다 이는 하나님이 네가 하는 일들을 벌써 기쁘게 받으셨음이니라 네 의복을 항상 희게 하며 네 머리에 향 기름을 그치지 아니하도록 할지니라"(전 9:7-8). "네 헛된 평생의 모든 날 곧 하나님이 해 아래에서 네게 주신 모든 헛된 날에 네가 사랑하는 아내와 함께 즐겁게 살지어다 그것이 네가 평생에 해 아래에서 수고하고 얻은 네 몫이니라"(전 9:9).

하나님이 인생들에게 허락한 두 가지 행복은 품위유지의 삶과 백년해로의 삶이다.

(1)품위유지. 행복이란 의식주의 복을 받아 품위를 유지하며 누리는 삶이다. 바울의 자족을 교훈한다. "그러나 자족하는 마음이 있으면 경건은 큰 이익이 되느니라 우리가 세상에 아무 것도 가지고 온 것이 없으매 또한 아무 것도 가지고 가지 못하리니 우리가 먹을 것과 입을 것이 있은즉 족한 줄로 알 것이니라"(딤전 6:6-8).

(2)백년해로. 창조원리는 남자가 부모를 떠나 아내와 연합하여 한몸이 되는 것이다(창 2:24-25). 하나님이 짝지어 주신 것을 사람이 나눌 수 없다(마 19:4-6). 하나님은 이혼하는 것을 미워한다(말 2:15-16). 어떤 상황에서든지 그리스도와 교회의 관계를 본받아 아내는 남편에게

순종하고, 남편은 아내를 사랑해야 한다(엡 5:22-33; 고전 7:1-7; 벧전 3:1-7).

8. 청년

"청년이여 네 어린 때를 즐거워하며 네 청년의 날들을 마음에 기뻐하여 마음에 원하는 길들과 네 눈이 보는 대로 행하라 그러나 하나님이 이 모든 일로 말미암아 너를 심판하실 줄 알라"(전 11:9). "너는 청년의 때에 너의 창조주를 기억하라! 흙은 여전히 땅으로 돌아가고 영은 그것을 주신 하나님께로 돌아가기 전에 기억하라"(전 12:1,7).

(1)청년의 때. 잠언의 개미의 지혜처럼, 전도서는 미래를 준비할 청년의 때의 소중함을 강조한다. 하나님이 무한한 가능성을 허락한 청년의 때를 즐겁게 보내며 미래를 준비하라!

(2)청년의 선택. 지혜롭게 선택하라! ①무엇을?(What) 무엇을 하고 살 것인가? 은사에 따라 직업을 선택해야 한다. ②어떻게?(How) 어떻게 판단할 것인가? 가치관을 선택해야 한다. ③누구?(Who) 누구하고 살 것인가? 하나님이 만든 돕는 배필을 선택하여 결혼해야 한다.

(3)창조주. 하나님은 창조주, 인간은 피조물이란 사실을 기억해야 한다. 청년의 때에 미래를 기억하고 준비하는 지혜를 요구한다. 그 누구도 죽음을 피할 수 없기 때문이다(전 12:1-7).

9. 인생무상(人生無常)

"헛되고 헛되도다 모든 것이 헛되도다"(전 12:8).

창조주를 기억하고, 마지막을 준비하라. 죽음은 사람에게 정해진 것이고, 그 후에는 심판이 있다(히 9:27). 전도서는 인간의 마지막을 비유한다. "힘 있는 자들이 구부러질 것이며(허리), 맷돌질 하는 자들이 그칠 것이며(치아), 창들로 내다보는 자가 어두워질 것이며(시력), 음악하는 여자들은 다 쇠하여질 것이며(은사), 높은 곳을 두려워할 것이며(기력), 길에서는 놀랄 것이며(걷지 못함), 살구나무가 꽃이 필 것이며(흰머리), 메뚜기도 짐이 될 것이며(기력), 정욕이 그치리니(본능), 이는 사람이 자기의 영원한 집으로 돌아가고 조문객들이 거리로 왕래하게 됨이니라(장례식), 은줄이 풀리고 금 그릇, 항아리, 바퀴가 깨지고(육체의 장막), 흙은 여전히 땅으로 돌아가고 영은 그것을 주신 하나님께로 돌아가기(죽음) 전에 기억하라"(전 12:3-7).

10. 건강의 중요성

"지혜자들의 말씀들은 찌르는 채찍들 같고 회중의 스승들의 말씀들은 잘 박힌 못 같으니 다 한 목자가 주신 바이니라 내 아들아 또 이것들로부터 경계를 받으라 많은 책들을 짓는 것은 끝이 없고 많이 공부하는 것은 몸을 피곤하게 하느니라"(전 12:11-12).

솔로몬은 스승의 말씀을 배우고, 많이 책을 짓고 많이 공부하는 것이 중요하지만, 몸의 건강을 보다 더 중요하게 여겼다. "돈을 잃으면 조금 잃는 것이고, 명예를 잃으면 많이 잃는 것이고, 건강을 잃으면 다 잃는 것이다."

11. 결론

"일의 결국을 다 들었으니 하나님을 경외하고 그의 명령들을 지킬지어다 이것이 모든 사람의 본분이니라 하나님은 모든 행위와 모든 은밀한 일을 선악 간에 심판하시리라"(전 12:13-14).

(1)지혜로운 사람. 하나님을 경외하는 지혜로운 사람이 되라는 것이다.

(2)하나님의 심판. 행위에 따른 하나님의 심판을 준비하라는 것이다(계 20:13-14).

(3)산상수훈의 결론. 지혜란 말씀을 듣고 참과 거짓을 분별하는 능력이다. 말씀을 듣고 행하는 자는 지혜로운 사람이고, 듣고도 행하지 않는 자는 어리석은 사람이다(마 7:24-27). 믿음이란 그 지혜를 실천하는 능력이다. "온전한 율법을 ... 실천하는 자니 이 사람은 그 행하는 일에 복을 받으리라"(약 1:25). 행함이 없는 믿음은 그 자체가 죽은 것이다(약 2:17,26).

22 아가(Song of Solomon)
부부의 사랑을 찬양함

오축(five rolls)은 룻기, 아가, 전도서, 애가, 에스더를 말한다. 유대인들은 해마다 유월절의 8번째 날에 본서를 낭독한다. 솔로몬의 아가는 최고의 노래, 가장 뛰어난 사랑의 노래다.

1. 사랑의 승화

솔로몬과 술람미 여인의 사랑의 구심점이동을 통하여 사랑의 완성과정을 보여준다. 아가서 2:16; 6:3; 7:10은 사랑의 구심점이 나 중심에서 사랑하는 사람 중심으로 이동하는 사랑의 성숙단계를 묘사한다. 이것은 여자가 아내와 엄마로 변화되는 과정에서 첫째는 내가 좋아하는 음식을 먹고, 둘째는 사랑하는 사람이 좋아하는 음식을 먹어주고, 마지막 단계는 결국 사랑하는 사람이 좋아하는 음식만 차려놓는 모습과 같다.

(1)나 중심의 사랑. "내 사랑하는 자는 내게 속하고 나는 그에게 속하도다 그가 백합화 가운데에서 양떼를 먹이는구나"(아 2:16). 사랑의 시작은 내가 사랑하는 자보다 내가 중심이다.

(2)사랑하는 자 중심의 사랑. "나는 내 사랑하는 자에게 속하고 내 사랑하는 자는 내게 속하였으며 그가 백합화 가운데에서 그 양떼를 먹이는도다"(아 6:3). 시간이 흐르면서 나 중심의 사랑이 내가 사랑하는 자 중심의 사랑으로 사랑의 구심점이 바뀌고 있다.

(3)사랑하는 자 중심의 사랑으로 정착. "나는 내 사랑하는 자에게 속하도다 그가 나를 사모하는구나"(아 7:10). 마지막 단계는 사랑의 구심점이 내가 사랑하는 자에게 정착한다.

(4)하나님의 사랑. 즉 헤세드와 아가페의 사랑이란 우리가 연약할 때에, 우리가 죄인 되었을 때에, 곧 우리가 원수였을 때에 하나님이 십자가에서 확증해준 사랑이다(롬 5:6,8,10). 바울은 나를 사랑하사 나를 위하여 자기 자신을 버리신 하나님의 아들, 우리 주 예수 그리스도를 믿는 믿음 안에서 산다고 고백했다(갈 2:20).

2. 해석법

(1)알레고리적 해석(Allegorical Interpretation). 알레고리란 우화 즉 꾸며낸 이야기다. 이솝우화에 근거한 햇볕정책이 있었는데, 역사적 사실이 아니라 꾸며낸 이야기에 근거를 두었기에 실패할 수밖에 없었다. 그러나 성경이야기는 역사적 사실(historical fact)이다. 알레고리적 해석은 고대 유대인들의 일반적인 해석이다. 하나님과 선택받은 하나님의 백성 이스라엘 사이를 표현하는 사랑의 노래로 해석했다. 그 후 기독교회에 전수되었고, 헹스텐버그(Hengstenberg)와 카일(Keil)은 아가서를 그리스도와 교회 사이를 표현하는 사랑의 노래로 해석했다.

(2)드라마적 해석(Dramatic Interpretation). 드라마적 해석은 한 편의 드라마로 간주한다. 솔로몬이 시골소녀 술람미 여자와 사랑에 빠져 마침내 그녀를 예루살렘의 왕궁으로 데려온다는 해석이다. 특징은 제3의 인물 목자가설(the shepherd hypothesis)이다. 델리취(F. Delitzsch)는 솔로몬의 구애에도 술람미 소녀가 목자를 사랑했다는 가설로 아가서를 해석했다.

(3)예표적 해석(Typical Interpretation). 예표적 해석이란 아가서를 그리스도와 교회의 위대한 사랑을 예표로 해석한다. 즉 솔로몬 왕은 그리스도를, 신부는 교회를 예표한다. 우화적 해석은 아가서의 모든 구절에서 특별한 영적 의미를 찾으려고 시도한다. 그러나 예표적 해석은 아가서에 기록한 언어의 문법, 문자적 실제 의미를 밝히려고 시도한다는 차이점이 있다.

(4)자연적 또는 문자적 해석(Natural or Literal Interpretation). 자연적, 문자적 해석의 기본입장은 아가서를 인간의 사랑을 극찬하는 시로 간주한다. 인간적 관점에서 출발하여 아가서를 정경으로 수용하기 때문에, 아가서가 표현하는 궁극적 사랑의 특징을 해석할 때에 다른 견해들과 광범위하게 다른 입장을 취한다. 첫째, 아가서는 사랑을 표현하는 최고의 노래다. 둘째, 아가서는 육체적 아름다움만 강조하는 극단적 견해를 반대한다. 셋째, 아가서는 결혼의 창조원리에 입각하여 순수하고 영원한 사랑의 완전한 결합을 강조한다(창 2:24-25).

3. 아가서의 사랑

"이러므로 남자가 부모를 떠나 그의 아내와 합하여 둘이 한 몸을 이룰지로다 아담과 그의 아내 두 사람이 벌거벗었으나 부끄러워하지 아니하니라"(창 2:24-25).

(1)감각적 관점을 떠나서 본서를 읽으라! 아가서는 아담이 하와를 동경하듯이, 하나님의 형상대로 창조한 인간의 육체를 아름답게 묘사한다.

(2)부부관계 안에서만 남녀관계는 무한자유다. 아가서는 다른 성적 상대를 동경하거나 실수로 저지른 수많은 성범죄, 특별히 부부관계를

깨뜨리는 육체적 범죄들의 잘못을 깨우친다.

(3)그리스도 중심의 결혼생활. 아가서는 성도의 결혼생활을 그리스도께로 인도하길 원한다. 아가서는 거룩한 부부생활을 통하여 영원한 천국에서 완성될 그리스도와 교회의 영원한 사랑으로 인도한다. 솔로몬의 아가는 부부의 사랑을 허락한 창조주를 찬양하는 아름다운 노래다.

(4)창조의 최고봉. 하나님의 형상대로 여자를 남자의 돕는 배필(corresponding helper)로 만든 것이다. 창조주 하나님의 사랑을 표현한 걸작은 남자와 여자의 창조다. 아가서보다 남자와 여자의 사랑을 아름답게 표현한 작품은 없다. 아가서는 사랑의 언어로 남편과 아내 사이의 고결한 사랑을 평가절하는 모든 시도와 비난들을 막아낼 것이다.

선지서

(the Books of Prophecy)

1. 중보자

중보자는 선지자, 제사장, 왕이다. 예수님은 삼중직의 중보자다. 즉 모세에게 약속한 그 선지자이고(신 18:15,18), 우리의 큰 대제사장이고 (히 4:14-16), 만왕의 왕 만주의 주다(계 19:16). 제사장은 제물로 하나님께 나아갔고, 선지자는 말씀으로 죄인을 찾아왔다. 참 선지자와 거짓 선지자의 구별은 말씀의 약속과 성취로 구별할 수 있다(신 18:20-22).

2. 선지서의 주제

(1)공의와 사랑. 하나님의 성품은 공의와 사랑이다. 공의와 사랑, 심판과 구원, 회개와 회복은 동전의 양면과 같다. 선지자는 먼저 하나님의 공의에 근거한 회개와 심판의 메시지를 전파했고, 동시에 하나님의 사랑에 근거한 회복과 구원의 메시지를 선포했다.

(2)창조와 구원. 하나님의 가장 큰 일은 창조와 구원이다. 창세기는 창조를 기록하고, 출애굽기는 구원을 기록한다. 성경의 구원사역은 출애굽(Exodus), 바벨론포로(Exile), 십자가(Cross)다. 바벨론포로 귀환 사건은 제2의 출애굽으로 묘사한다. "그 날에 주께서 다시(히, 쉐니트, a second time) 그의 손을 펴사 …. 돌아오게 하실 것이라"(사 11:11).

(3)메시야탄생. 대표예언은 이사야의 동정녀탄생(사 7:14)과 미가의 베들레헴탄생(미 5:2)이다. "그러므로 주께서 친히 징조를 너희에게 주실 것이라 보라 처녀가 잉태하여 아들을 낳을 것이요 그의 이름을 임마누엘(God with us)이라 하리라"(사 7:14). "베들레헴 에브라다야 너는 유다 족속 중에 작을지라도 이스라엘을 다스릴 자가 네게서 내게로 나올 것이라 그의 근본은 상고에, 영원에 있느니라"(미 5:2).

3. 선지서의 구분

선지서는 모두 17권인데, 그 분량에 따라서 대선지서와 소선지서로 나눈다.

(1)대선지서. 이사야, 예레미야(예레미야 애가), 에스겔, 다니엘을 포함한다. 이사야는 북이스라엘이 앗수르에 멸망하고, 남유다가 보존하던 시기에 하나님의 말씀을 선포했다. 예레미야와 에스겔은 남유다가 BC 586년에 멸망하던 시대적 상황, 즉 바벨론이 예루살렘을 함락시킨 사건들을 증언한다. 다니엘은 바벨론포로로 잡혀간 유대인들의 포로생활을 기록한다.

(2)소선지서. 그들은 하나님께 돌아오라 권면한다. 호세아, 아모스, 요나는 북이스라엘에 선포했다. 미가, 요엘은 북이스라엘의 멸망 전에 남유다에 선포했고, 나훔, 스바냐, 하박국, 오바댜는 멸망 후에 남유다에 선포했다. 학개, 스가랴, 말라기는 바벨론포로 후 유다에 선포했다.

4. 미래예언의 해석원리

"내가 시초부터 종말을 알리며 아직 이루지 아니한 일을 옛적부터 보이고 이르기를 나의 뜻이 설 것이니 내가 나의 모든 기뻐하는 것을 이루리라 하였노라"(사 46:10). 예언은 아브라함과 다윗의 언약, 모세의 언약에 근거를 둔다. 미래예언은 언약성취에 대한 통찰력을 보여준다 (사 53:9).

(1)예언이 가까운 미래인가? 또는 먼 미래에 관한 내용인가?

(2)예언이 조건적인가, 무조건적인가? 회개치 않으면 일어나지 않는가, 언제라도 일어나는가?

(3)예언이 이미 성취된 일인가? 미래의 일인가? 메시야예언의 일부는

재림과 관련이 있다.

  (4)예언의 성취가 복합적인가, 이중적인가? 전쟁예언은 최후전쟁들과 관련이 있다.

23 이사야(Isaiah)
오실 구세주

I. 이사야 서론

선지자 이사야는 장기사역 선지자다. "유다 왕 웃시야와 요담과 아하스와 히스기야의 시대에 아모스의 아들 이사야가 유다와 예루살렘에 관하여 본 계시라"(사 1:1).

1. 성경과 이사야

성경 안에 이사야가 있고, 이사야 안에 성경이 있다. 성경은 66권, 이사야서는 66장이다. 성경은 하늘과 땅으로 시작한다. "태초에 하나님이 천지(the heavens and the earth)를 창조하시니라"(창 1:1). 새 하늘과 새 땅이 종착역이다. "또 내가 '새 하늘과 새 땅'(a new heaven and a new earth)을 보니 처음 하늘과 처음 땅이 없어졌고 바다도 다시 있지 않더라"(계 21:1). 이사야도 하늘과 땅으로 시작한다. 새 하늘과 새 땅으로 인도한다. "하늘이여 들으라 땅이여 귀를 기울이라"(사 1:2). "보라 내가 새 하늘과 새 땅을 창조하나니 이전 것은 기억되거나 마음에 생각나지 아니할 것이라, 내가 지을 새 하늘과 새 땅이 내 앞에 항상 있는 것 같이 너희 자손과 너희 이름이 항상 있으리라 여호와의 말이니라"(사 65:17,22).

2. 이사야의 통일성

구조적 통일성과 주제적 통일성은 이사야가 단일저자의 작품이란 사실을 증명한다.

(1)구조적 통일성. 이사야 1-33장과 34-66장의 구조적 통일성은 단일저작을 증명한다.

전반부 (사 1-33장)	후반부 (사 34-66장)
1. 유다의 멸망과 회복(1-5장)	1. 낙원의 상실과 회복(34-35장)
2. 아하스(6:1-7:9)	2. 히스기야(36-39장)
3. 하나님이 주신 징조(7:10-9:7)	3. 하나님이 주신 위로(40:1-42:17)
4. 메시야의 구언(9:8-10:24)	4. 창조주 하나님의 구원(42:18-44:8)
5. 이새의 줄기와 남은 자의 귀환(10:25-12:6)	5. 고레스를 통한 귀환(44:9-45:25)
6. 이방 나라들에 대한 신탁(13-23장)	6. 바벨론에 대한 신탁(46:1-48:22)
7. 하나님의 심판과 구원(24-27장)	7. 예루살렘의 회복(49:1-52:12)
8. 에브라임과 유다의 고난(28-31장)	8. 메시야의 고난과 구원(52:13-57:21)
9. 유다의 다윗 왕국의 회복(32-33장)	9. 낙원의 회복(58-66장)

(2)주제적 통일성. 4가지 모티프 반복은 사상적 발전과 주제적 통일성과 단일저작을 증명한다.

첫째, 출애굽 모티프는 이사야 1-66장 전체에 등장한다.

①이사야 1-39장에서는 4:2-6; 10:24-27; 11:11-16; 35:1-10에 출애굽 모티프가 등장한다.

②이사야 40-55장에는 40:3-5; 41:17-20; 42:14-16; 43:1-7; 43:14-21; 44:24-28; 48:20-21; 49:8-12; 51:9-11; 52:11-12; 55:12-13에 출애굽 모티프가 등장한다.

③이사야 56-66장에는 63:7-14에 출애굽 모티프가 등장한다.

둘째, 남은 자(remnant) 모티프는 남은 자와 이스라엘, 남은 자와 이방나라, 남은 자와 메시야의 관계로 이사야 전체에 등장한다.

①남은 자와 이스라엘의 관계에 등장한다(사 1:4-9; 4:2-3; 7:1-17; 10:20-23; 11:11,16; 28:5-6; 30:15-17; 37:30-32).

②남은 자와 이방 나라의 관계 즉 바벨론(사 14:22-23), 블레셋(사 14:28-32), 모압(사 15:9; 16:13-14), 수리아(사 17:3), 아라비아(사 21:7)에 등장한다.

③남은 자와 메시야의 관계(사 4:2; 7:14; 49:5-6)에 등장한다.

셋째, 이스라엘의 거룩한 자 모티프는 하나님의 비전을 보여주는 이사야의 중심개념이다.

넷째, 소경과 귀머거리 모티프, 하나님의 선택 모티프도 주제적 통일성의 근거다.

①이스라엘의 소경과 귀머거리 모티프(사 6:9-10; 42장, 43장)에 반복적으로 등장한다.

②이스라엘에 대한 하나님의 선택 모티프(사 2:6; 40:1; 41:8)에서 새로운 선언을 한다.

II. 책망과 심판의 메시지(사 1-35장)

1. 이사야의 환상(사 1-12장)

"소는 그 임자를 알고 나귀는 그 주인의 구유를 알건마는 이스라엘은 알지 못하고 나의 백성은 깨닫지 못하는도다 … 너희의 무수한 제물이 내게 무엇이 유익하뇨 나는 숫양의 번제와 살진 짐승의 기름에 배불렀고 나는 수송아지나 어린 양이나 숫염소의 피를 기뻐하지 아니하노라 너희가 내 앞에 보이러 오니 이것을 누가 너희에게 요구하였느냐 내 마당만 밟을 뿐이니라 헛된 제물을 다시 가져오지 말라 분향은 내가 가증히 여기는 바요 월삭과 안식일과 대회로 모이는 것도 그러하니 성회와 아울러 악을 행하는 것을 내가 견디지 못하겠노라"(사 1:3,11-13).

(1)이사야의 경고. 이사야는 영적무지와 형식적 제사를 경고했다.

(2)형식적 제사. 기도가 거절된다. "너희가 손을 펼 때에 내가 내 눈을 너희에게서 가리고 너희가 많이 기도할지라도 내가 듣지 아니하리니 이는 너희의 손에 피가 가득함이라"(사 1:15).

(3)형식적 제사의 해법. 이사야는 신앙의 회복과 하나님과 변론을 촉구한다. "선행을 배우며 정의를 구하며 학대 받는 자를 도와주며 고아를 위하여 신원하며 과부를 위하여 변호하라 오라 우리가 서로 변론하자 너희의 죄가 주홍 같을지라도 눈과 같이 희어질 것이요 진홍 같이 붉을지라도 양털 같이 희게 되리라"(사 1:17-18).

2. 이사야의 소명(Calling)

"내가 누구를 보내며 누가 우리를 위하여 갈꼬? 내가 여기 있나이다 나를 보내소서"(사 6:8).

(1)이목구비의 할례. 웃시야 왕이 죽던 해에 성전의 영적체험으로 소명을 받았다. 첫째, 눈의 할례로 하나님의 보좌를 보았다(사 6:1-2). 둘째, 귀의 할례로 천군천사의 찬양을 들었다. "거룩하다 거룩하다 거룩하다 만군의 여호와여 그의 영광이 온 땅에 충만하도다"(사 6:3-4). 셋째, 마음의 할례로 죄를 자백했다. "화로다 나여 망하게 되었도다 나는 입술이 부정한 사람이요 나는 입술이 부정한 백성 중에 거주하면서 만군의 여호와이신 왕을 뵈었음이로다"(사 6:5).

(2)순종. 모세와 예레미야는 소명을 거부했다(출 4:10,13; 렘 1:6). 그

러나 이사야는 순종했다.

(3)역설적 사명. "너희가 듣기는 들어도 깨닫지 못할 것이요 보기는 보아도 알지 못하리라. 이 백성의 마음을 둔하게 하며, 그들의 귀가 막히고, 그들의 눈이 감기게 하라! 염려하건대 그들이 눈으로 보고 귀로 듣고 마음으로 깨닫고 다시 돌아와 고침을 받을까 하노라"(사 6:9-10).

(4)예수님의 비유. 주님이 이사야의 말씀을 인용하여 제자들에게 비유의 의미를 가르쳤다. "어찌하여 그들에게 비유로 말씀하시나이까? 그러므로 내가 그들에게 비유로 말하는 것은 그들이 보아도 보지 못하며 들어도 듣지 못하며 깨닫지 못함이니라 이사야의 예언이 그들에게 이루어졌으니 일렀으되 너희가 듣기는 들어도 깨닫지 못할 것이요 보기는 보아도 알지 못하리라 이 백성들의 마음이 완악하여져서 그 귀는 듣기에 둔하고 눈은 감았으니 이는 눈으로 보고 귀로 듣고 마음으로 깨달아 돌이켜 내게 고침을 받을까 두려워함이라"(마 13:10,13-15).

(5)복 있는 사람. 사울은 눈에 비늘이 벗겨져 바울이 되었다. 이와 같이 이목구비의 할례를 받은 자는 복이 있다. "그러나 너희 눈은 봄으로, 너희 귀는 들음으로 복이 있도다"(마 13:16).

3. 임마누엘의 징조

"보라 처녀가 잉태하여 아들을 낳을 것이요 그의 이름을 임마누엘이라 하리라"(사 7:14).

(1)전쟁 상황. 아람 왕 르신과 이스라엘 왕 베가가 유다 왕 아하스를 침략한 것은 한국전쟁의 상황과 유사하다. "어떤 사람이 다윗의 집에 알려 이르되 아람이 에브라임과 동맹하였다 하였으므로 왕의 마음과 그 백성의 마음이 숲이 바람에 흔들림 같이 흔들렸더라"(사 7:1-2).

(2)임마누엘(God with us). 주께서 아하스에게 친히 임마누엘의 징조를 주셨다. 이사야는 불가능을 가능으로 바꾼 임마누엘의 기적, 즉 동정녀탄생은 아하스에게 승리를 약속했다. 임마누엘의 약속은 여호수아, 다윗, 우리에게 주신 최고의 약속이다(수 1:5; 시 23:4; 마 28:20).

4. 평강의 왕

"이는 한 아기가 우리에게 났고 한 아들을 우리에게 주신 바 되었는데 그의 어깨에는 정사를 메었고 그의 이름은 기묘자(Wonderful)라, 모사(Counselor)라, 전능하신 하나님(Mighty God)이라, 영존하시는 아버지(Everlasting Father)라, 평강의 왕(Prince of Peace)이라 할 것임이라 그 정사와 평강의 더함이 무궁하며 또 다윗의 왕좌와 그의 나라에 군림하여 그 나라를 굳게 세우고 지금 이후로 영원히 정의와 공의로 그것을 보존하실 것이라 만군의 여호와의 열심이 이를 이루시리라"(사 9:6-7).

(1)메시야 예언. 이사야는 메시야로 태어날 아기의 이름이 주는 의미를 강조했다.

(2)만군의 여호와의 열심(the zeal of the Lord Almighty). 오직 만군의 여호와의 열심이 메시야언약을 성취할 것이다(사 9:7; 사 37:32; 왕하 19:31). 그것이 성도의 견인(perseverance of the saints)의 근거다. 구원이란 행위가 아닌 하나님의 은혜의 선물이다(엡 2:8-9; 슥 4:6).

5. 이새의 줄기

"이새의 줄기에서 한 싹이 나며 그 뿌리에서 한 가지가 나서 결실할 것이요"(사 11:1). "공의로 가난한 자를 심판하며 정직으로 세상의 겸손한 자를 판단할 것이며 그의 입의 막대기로 세상을 치며 그의 입술의 기운으로 악인을 죽일 것이며 공의로 그의 허리띠를 삼으며 성실로 그의 몸의 띠를 삼으리라"(사 11:4-5).

(1)다윗의 자손. 이새는 다윗 왕의 아버지다. 장차 메시야가 아브라함의 자손과 다윗의 자손에서 나올 것을 예언한다.

(2)기름부음을 받은 자. 메시야란 기름부음을 받은 자인데, 결국 예수님이 성령의 기름부음을 받은 자다(사 61:1-3; 눅 3:21-22; 4:17-18; 행 10:38). "그의 위에 여호와의 영 곧 지혜와 총명의 영이요 모략과 재능의 영이요 지식과 여호와를 경외하는 영이 강림하시리니"(사 11:2).

(3)공의와 사랑. 하나님의 2가지 성품이다. 공의와 사랑이 십자가에서 입 맞춘다. 십자가의 공의로 무죄한 예수님이 죽었고, 십자가의 사랑으로 죄인이 구원받았다. 심판의 기준은 공의다.

6. 바벨론 왕 느부갓네살의 교만에 대한 경고

"너 아침의 아들 계명성이여 어찌 그리 하늘에서 떨어졌으며 너 열국을 엎은 자여 어찌 그리 땅에 찍혔는고? 네가 네 마음에 이르기를 내가 하늘에 올라 하나님의 뭇 별 위에 내 자리를 높이리라 … 가장 높은 구름에 올라가 지극히 높은 이와 같아지리라 하는도다 그러나 이제 네가 스올 곧 구덩이 맨 밑에 떨어짐을 당하리로다"(사 14:12-15).

(1)멸망의 원인. 바벨론의 멸망원인은 교만이다. 바벨론의 경고란 문맥(사 13-14장)에서 보면, 계명성은 바벨론 왕 느부갓네살을 가리킨다. 주님의 겸손으로 사탄의 교만을 물리쳐야 한다.

(2)거짓과 교만. 사탄의 특성이다. "교만은 패망의 선봉이요 거만한

마음은 넘어짐의 앞잡이니라"(잠 16:18). 하나님은 교만한 자를 물리치고, 겸손한 자에게 은혜를 주신다(약 4:6; 벧전 5:5-6). 사탄은 거짓과 교만으로 하나님처럼 된다고 아담과 하와를 유혹했다(창 3:5; 요 8:44).

(3)온유와 겸손. 예수님의 마음이다(마 11:28-30). "너희 안에 이 마음을 품으라 곧 그리스도 예수의 마음이니라"(빌 2:5). 그리스도의 비하(케노시스, 비움)도 예수님의 겸손에서 나온다(빌 2:6-8). 주님은 하나님과 동등됨을 버리고 십자가에 죽기까지 낮아졌다.

III. 히스기야 이야기(사 36-39장; 왕하 18-20장; 대하 29-32장)

1. 유월절을 지킴

제사장이 부족하고 백성이 예루살렘에 모이지 못해 2월 14일에 유월절을 지키기로 결의하여 7일간 지켰고(대하 30:13-22), 그 후에 또 7일간 지켰다(대하 30:23-27).

2. 앗수르 왕 산헤립

앗수르 왕 산헤립의 침략을 받고 랍사게가 겁박할 때에 히스기야는 이사야의 지도로 하나님께 기도하여 물리쳤다(사 37:1-4,21,32). 하나님의 사자가 앗수르의 185,000명을 치자 산헤립은 니느웨로 돌아갔고, 니스록의 신전에서 경배하다가 두 아들 아드람멜렉과 사레셀에게 살해되고, 그의 아들 에살핫돈이 왕이 되었다(사 37:36-38).

3. 히스기야의 겸손과 교만

(1)겸손. 히스가야는 죽게 되자 벽을 향해 하나님께 기도했다. 생명을

15년 연장한 징조로 해시계가 1시간 뒤로 물러갔고, 종처에 무화과 뭉치를 발라 나았다(사 38장).

(2)교만. 히스기야는 찾아온 바벨론의 사신들에게 하나님의 치유를 간증하지 않고, 결과적으로 성전과 왕궁의 금은보화를 자랑하다가 후손들의 바벨론포로에 일조했다(사 39장).

(3)교훈. 하나님의 은혜를 받았으면, 반드시 간증해야 한다. 면벽기도의 겸손으로 15년 더 산 것은 기적이지만, 금은보화를 자랑한 교만은 비극이다. 히스기야의 치유 후에 태어난 므낫세가 12세에 등극하여 55년 동안 부왕의 개혁을 우상숭배로 회귀시킨 것은 또 다른 비극이다.

IV. 위로와 격려의 메시지(사 40-66장)

1. 위로하라!

"너희의 하나님이 이르시되 너희는 위로하라 내 백성을 위로하라"(사 40:1).

이사야의 전반부(사 1-33장)가 회개와 심판의 메시지라면, 후반부(사 40-66장)는 회복과 위로의 메시지다. 전반부는 심판과 회개의 메시지로 구원받도록 선포하지만, 후반부는 회복과 위로의 메시지를 선포한다. 위로의 하나님은 우리를 위로하여 동병상련(同病相憐)으로 또 다른 사람을 위로하라는 사명을 준다(고후 1:3-6). 예수님은 우리와 똑같은 몸으로 시험을 받았기에 우리를 도와줄 수 있다(히 4:14-16). 예수님은 보혜사고, 성령은 다른 보혜사다. 보혜사란 돕는 자(helper), 상담자(counselor), 대언자(Advocate)이지만, 특별히 우리의 위로자(Comforter)다.

2. 두려워하지 말라!

"두려워하지 말라 내가 너와 함께 함이라 놀라지 말라 나는 네 하나님이 됨이라 내가 너를 굳세게 하리라 참으로 너를 도와주리라 참으로 나의 의로운 오른손으로 너를 붙들리라"(사 41:10).

두려움의 반대는 믿음이다. "두려워하지 말고, 믿기만 하라"(막 5:36). 믿음의 대상은 임마누엘의 하나님이고, 언약의 말씀이다. 아브라함의 자손답게 하나님의 약속과 성취를 믿고 두려워하지 말라고 권면한다(사 41:8-9).

3. 하나님의 구속

"야곱아 너를 창조하신 여호와께서 지금 말씀하시느니라 이스라엘아 너를 지으신 이가 말씀하시느니라 너는 두려워하지 말라 내가 너를 구속하였고 내가 너를 지명하여 불렀나니 너는 내 것이라"(사 43:1). "네가 내 눈에 보배롭고 존귀하며 내가 너를 사랑하였은즉 내가 네 대신 사람들을 내어 주며 백성들이 네 생명을 대신하리니 두려워하지 말라"(사 43:4-5).

(1)너는 내 것이라! 두려워하지 말라는 첫 번째 이유다. 창조주와 구속주 하나님이 별들의 이름을 알고 있듯이, 내 이름을 알고 지명하여 부르셨기 때문이다(사 43:1; 시 147:4).

(2)하나님의 보배. 두려워하지 말라는 두 번째 이유다. 하나님이 나를 보배처럼 사랑하기 때문이다. "두려워하지 말라 너희는 많은 참새보다 귀하니라"(마 10:28,31). 모세는 하나님 보기에 아름다운 아이였고, 다윗은 하나님의 마음에 맞는 사람이었다(행 7:20; 13:22-23; 삼상 15:7).

4. 바사 왕 고레스

여호와께서 그의 기름부음을 받은 고레스에게 언약했다. "내가 그의 오른손을 붙들고 그 앞에 열국을 항복하게 하며 내가 왕들의 허리를 풀어 그 앞에 문들을 열고 성문들이 닫히지 못하게 하리라"(사 45:1). 고레스가 느부갓네살을 멸하고, 고레스칙령으로 바벨론포로귀환을 예언했다.

(1)하나님의 예언. 바사 왕 고레스가 이스라엘을 바벨론포로에서 귀환시킬 것을 약속했다. 이삭, 요시야, 예수님처럼, 고레스는 출생 전에 이름을 예고한 인물이다.

(2)고레스칙령. 이사야의 예언은 바벨론 왕 느부갓네살을 멸망시킨 바사 왕 고레스칙령으로 성취되었다. 고레스칙령은 역대하의 결론(대하 36:22-23), 에스라의 서론이다(스 1:1-4).

(3)유일신. 창조주 하나님만 인간의 생사화복과 인류의 흥망성쇠를 주관한다. "나는 여호와라 나 외에 다른 이가 없나니 나 밖에 신이 없느니라 ... 나는 빛도 짓고 어둠도 창조하며 나는 평안도 짓고 환난도 창조하나니 나는 여호와라 이 모든 일들을 행하는 자니라"(사 45:5-7).

(4)제2의 출애굽. 바벨론포로의 귀환은 제2의 출애굽이라 예표한다. 하나님은 "다시"(히, 쉐니트, the second time), 즉 두 번째 출애굽을 약속한다(사 11:11). 이사야는 홍해를 건너던 출애굽모티프를 사용하여 언약성취를 보증한다. "여호와의 팔이여 깨소서 깨소서 능력을 베푸소서 옛날 옛 시대에 깨신 것 같이 하소서 라합을 저미시고 용을 찌르신 이가 어찌 주가 아니시며 바다를, 넓고 깊은 물을 말리시고 바다 깊은 곳에 길을 내어 구속 받은 자들을 건너게 하신 이가 어찌 주가 아니시니이까"(사 51:9-10). 라합은 바다괴물이고 용은 마귀다. 홍해를 건

넌 후 부른 모세의 찬가와 같다(사 51:17; 52:1).

5. 복음의 신비

"좋은 소식을 전하며 평화를 공포하며 복된 좋은 소식을 가져오며 구원을 공포하며 시온을 향하여 이르기를 네 하나님이 통치하신다 하는 자의 산을 넘는 발이 어찌 그리 아름다운가"(사 52:7). "우리가 전한 것을 누가 믿었느냐? 여호와의 팔이 누구에게 나타났느냐?"(사 53:1)

(1)아름다운 발. 복음전파자의 발이 가장 아름답다. "누구든지 주의 이름을 부르는 자는 구원을 받으리라 그런즉 그들이 믿지 아니하는 이를 어찌 부르리요 듣지도 못한 이를 어찌 믿으리요 전파하는 자가 없이 어찌 들으리요 보내심을 받지 아니하였으면 어찌 전파하리요 기록된 바 아름답도다 좋은 소식을 전하는 자들의 발이여 함과 같으니라"(롬 10:13-15). 바울은 복음전파를 역순으로 설명한다. 즉 하나님의 보내심을 받아야 복음을 전파하고, 그 복음을 들어야 믿고, 누구든지 주의 이름을 믿어야 부르고, 마침내 구원을 받는 과정을 밝힌다.

(2)복음의 신비. 누가 복음을 듣고 믿는가는 영원한 신비다. 이사야와 예수님도 신비라 했다(사 53:1; 요 12:37-38). 바울도 이방선교현장에서 신비를 깨달았다. "그러나 그들이 다 복음을 순종하지 아니하였도다 이사야가 이르되 주여 우리가 전한 것을 누가 믿었나이까 하였으니 그러므로 믿음은 들음에서 나며 들음은 그리스도의 말씀으로 말미암았느니라"(롬 10:16-17).

(3)주권과 자유의지. 유효한 부르심이란 복음을 들을 때에 성령이 역사해야 가능하다. 즉 구원은 성령의 역사로 믿어진 결과다(요 1:12-13; 3:3-7; 14:25-26). 하나님의 주권적 은혜에 인간의 의지적 결단이 믿음

으로 반응해야 한다. 누구든지 말씀을 듣고 행하면 지혜로운 자이고, 듣고도 행하지 않으면 미련한 자다(마 7:24-27). 그 결과 바울은 "내가 나 된 것은 하나님의 은혜로 된 것"이라 고백했다(고전 15:10).

6. 대속의 원리

"그는 실로 우리의 질고를 지고 우리의 슬픔을 당하였거늘 우리는 생각하기를 그는 징벌을 받아 하나님께 맞으며 고난을 당한다 하였노라 그가 찔림은 우리의 허물 때문이요 그가 상함은 우리의 죄악 때문이라 그가 징계를 받으므로 우리는 평화를 누리고 그가 채찍에 맞으므로 우리는 나음을 받았도다"(사 53:4-5).

(1)죄의 책임. 인간이 죄를 짓고, 예수님이 책임졌다.

(2)하나님의 조치. 하나님은 우리 죄악을 어린양에게 담당시켰다(사 53:6). "보라 세상 죄를 지고가는 하나님의 어린 양이로다"(요 1:29). 베드로의 변증이다. "너희가 알거니와 너희 조상이 물려 준 헛된 행실에서 대속함을 받은 것은 은이나 금 같이 없어질 것으로 된 것이 아니요 오직 흠 없고 점 없는 어린 양 같은 그리스도의 보배로운 피로 된 것이니라"(벧전 1:18-19).

7. 하나님의 초청장

"오호라 너희 모든 목마른 자들아 물로 나아오라 돈 없는 자도 오라 너희는 와서 사 먹되 돈 없이, 값 없이 와서 포도주와 젖을 사라"(사 55:1).

(1)구원의 초청장. 하나님의 은혜란 선택의 기회를 주고 초청하는 것이다. 은혜를 상실한 것은 기회마저 얻지 못한 것이다.

(2)인간의 반응. "너희가 어찌하여 양식이 아닌 것을 위하여 은을 달아 주며 배부르게 하지 못할 것을 위하여 수고하느냐? 너희는 귀를 기울이고 내게로 나아와 들으라 그리하면 너희의 영혼이 살리라 내가 너희를 위하여 영원한 언약을 맺으리니 곧 다윗에게 허락한 확실한 은혜이니라"(사 55:2-3). 예수님은 천국잔치의 초청에 거부한 자들을 안타까워했다(마 22:1-14). 하나님의 은혜를 받으려면, 다음이 아니라 지금 여기서 의지적 결단을 해야 한다(고후 6:12).

8. 하나님이 기뻐하는 금식

"내가 기뻐하는 금식은 흉악의 결박을 풀어 주며 멍에의 줄을 끌러 주며 압제 당하는 자를 자유하게 하며 모든 멍에를 꺾는 것이 아니겠느냐? 또 주린 자에게 네 양식을 나누어 주며 유리하는 빈민을 집에 들이며 헐벗은 자를 보면 입히며 또 네 골육을 피하여 스스로 숨지 아니하는 것이 아니겠느냐?"(사 58:6)

(1)이사야의 금식. 자비와 선행의 실천이다.

(2)금식의 효과. 전인치유와 기도응답이다. "그리하면 네 빛이 새벽 같이 비칠 것이며 네 치유가 급속할 것이며 네 공의가 네 앞에 행하고 여호와의 영광이 네 뒤에 호위하리니 네가 부를 때에는 나 여호와가 응답하겠고 네가 부르짖을 때에는 내가 여기 있다 하리라"(사 58:8-9).

(3)예수님의 금식. 은밀한 중에 보시는 아버지 앞에서 금식해야 한다. "너는 금식할 때에 머리에 기름을 바르고 얼굴을 씻으라, 사람에게 보이지 않고 오직 은밀한 중에 계신 네 아버지께 보이게 하려 함이라 은밀한 중에 보시는 네 아버지께서 갚으시리라"(마 6:16-18).

9. 죄의 결과

"오직 너희 죄악이 너희와 너희 하나님 사이를 갈라 놓았고 너희 죄가 그의 얼굴을 가리어서 너희에게서 듣지 않으시게 함이니라"(사 59:1-2).

(1)영원한 분리다. 아담은 범죄로 에덴에서 쫓겨났고(창 3:23-24), 예수님은 십자가의 피로 하나님과 화목하게 했다(롬 3:25; 고후 5:18-19).

(2)바벨론포로. 바벨론포로란 민족적 범죄의 결과다. 즉 성전이 파괴되고, 하늘 문이 닫히고, 하나님과 관계가 단절되었다. 70년이란 BC 586년에 성전이 훼파되고 BC 516년에 성전이 재건될 때까지 성전부재 시대다. 고레스칙령은 성전재건을 통해 하나님과 관계회복을 촉구한다.

(3)영적 회복. 바울은 생명의 성령의 법으로 죄와 사망의 법에서 해방을 선포했다. "그러므로 이제 그리스도 예수 안에 있는 자에게는 결코 정죄함이 없나니 이는 그리스도 예수 안에 있는 생명의 성령의 법이 죄와 사망의 법에서 너를 해방하였음이라"(롬 8:1-2).

10. 이사야 결론

(1)새 하늘과 새 땅. 성경은 하늘과 땅에서 시작하여 새 하늘과 새 땅으로 인도한다(창 1:1; 계 21:1-2). 이사야도 하늘과 땅에서 새 하늘과 새 땅으로 인도한다(사 1:2; 65:17; 66:22). "보라 내가 새 하늘과 새 땅(new heavens and a new earth)을 창조하나니 이전 것은 기억되거나 마음에 생각나지 아니할 것이라 내가 지을 새 하늘과 새 땅(the new heavens and the new earth)이 내 앞에 항상 있는 것 같이 너희 자손과 너희 이름이 항상 있으리라 여호와의 말이니라"(사 65:17;

66:22).

(2)베드로의 준비. 신천신지에 들어갈 사람이 되어야 마땅하다. "이 모든 것이 이렇게 풀어지리니 너희가 어떠한 사람이 되어야 마땅하냐 거룩한 행실과 경건함으로 하나님의 날이 임하기를 바라보고 간절히 사모하라 그 날에 하늘이 불에 타서 풀어지고 물질이 뜨거운 불에 녹아지려니와 우리는 그의 약속대로 의가 있는 곳인 새 하늘과 새 땅을 바라보도다"(벧후 3:11-13).

(3)바울의 준비. 온 영과 혼과 몸이 온전히 거룩하게 무흠하도록 보존해야 한다. "평강의 하나님이 친히 너희를 온전히 거룩하게 하시고 또 너희의 온 영과 혼과 몸이 우리 주 예수 그리스도께서 강림하실 때에 흠 없게 보전되기를 원하노라 너희를 부르시는 이는 미쁘시니 그가 또한 이루시리라"(살전 5:23-24).

24 예레미야(Jeremiah)
다가올 폭풍우

I. 유다를 향한 예언(렘 1-25장)

예레미야는 아나돗의 제사장 힐기야의 아들이다. 하나님은 BC 586년 유다가 멸망하고 예루살렘이 함락하고 성전이 훼파되던 현장에서 눈물로 사역했던 선지자다. 그는 다른 사람들이 모르는 다가오는 위기를 알았기 때문에 슬픔에 잠긴 사역자였다.

1. 소명(1장)

"슬프도소이다 주 여호와여 보소서 나는 아이라 말할 줄을 알지 못하나이다 너는 아이라 말하지 말고 내가 너를 누구에게 보내든지 너는 가며 내가 네게 무엇을 명령하든지 너는 말할지니라"(렘 1:6-7).

(1)선지자의 필수은사. 말하기(Speaking)보다 듣기(Listening)와 순종(Obedience)이 중요하다. 하나님과 예레미야의 대화다.

(2)주의사항. 두려워말고 믿으면, 하나님이 구원한다(막 5:36). "너는 그들 때문에 두려워하지 말라 내가 너와 함께 하여 너를 구원하리라"(렘 1:8). 강하고 담대해야 한다(사 41:10).

(3)사명. 선지자는 하나님이 주신 말씀의 선포로 사명을 감당해야 한다. "보라 내가 내 말을 네 입에 두었노라 보라 내가 오늘 너를 여러 나라와 여러 왕국 위에 세워 네가 그것들을 뽑고 파괴하며 파멸하고 넘어뜨리며 건설하고 심게 하였느니라"(렘 1:9).

2. 모세의 소명과 출애굽

(1)모세의 소명. 모세와 하나님의 대화다. "오 주여 나는 본래 말을 잘 하지 못하는 자니이다 주께서 주의 종에게 명령하신 후에도 역시 그러하니 나는 입이 뻣뻣하고 혀가 둔한 자니이다, 누가 사람의 입을 지었느냐 누가 말 못 하는 자나 못 듣는 자나 눈 밝은 자나 맹인이 되게 하였느냐 나 여호와가 아니냐"(출 4:10-11). "이제 가라 내가 네 입과 함께 있어서 할 말을 가르치리라, 오 주여 보낼 만한 자를 보내소서"(출 4:12-13).

(2)모세의 거절과 하나님의 강권. 출애굽은 모세의 충성과 헌신이 아니라 만군의 하나님의 열심이 이루신 사건이다(왕하 19:31; 사 9:7; 37:32).

3. 바울의 소명과 이방선교

"형제들아 너희를 부르심을 보라 육체를 따라 지혜로운 자가 많지 아니하며 능한 자가 많지 아니하며 문벌 좋은 자가 많지 아니하도다 그러나 하나님께서 세상의 미련한 것들을 택하사 지혜 있는 자들을 부끄럽게 하려 하시고 세상의 약한 것들을 택하사 강한 것들을 부끄럽게 하려 하시며 하나님께서 세상의 천한 것들과 멸시 받는 것들과 없는 것들을 택하사 있는 것들을 폐하려 하시나니 이는 아무 육체도 하나님 앞에서 자랑하지 못하게 하려 하심이라"(고전 1:26-29).

(1)하나님의 부르심. 무자격자를 부르신 하나님의 은혜를 고백했다(고전 15:9-10; 엡 3:7-9; 딤전 1:12-15). 하나님의 주권에 따른 무조건적이고 불가항력적 부르심이다.

(2)부르심의 이유. 하나님만 자랑하고 하나님께 영광을 돌려야 한다.

"자랑하는 자는 주 안에서 자랑하라, 그런즉 너희가 먹든지 마시든지 무엇을 하든지 다 하나님의 영광을 위하여 하라"(고전 1:31; 10:31). 구원도 하나님의 은혜로 믿어진 것이고, 행위의 결과가 아니라 하나님의 선물이기에 누구든지 자랑하지 말아야 한다(엡 2:8-9). 사라는 이삭을 낳고 하나님의 능력을 간증했고(창 21:1-7), 한나는 사무엘을 낳고 하나님의 주권을 간증했다(삼상 2:1-11).

4. 두 가지 악

"내 백성이 두 가지 악을 행하였나니 곧 그들이 생수의 근원되는 나를 버린 것과 스스로 웅덩이를 판 것인데 그것은 그 물을 가두지 못할 터진 웅덩이들이니라"(렘 2:13).

(1)교만. 하나님의 백성이 생수의 근원, 하나님을 버렸다. 하나님은 광야40년 순종과 불순종으로 이스라엘의 마음이 테스트했고, 사람은 떡이 아니라 하나님의 말씀으로 산다는 것을 가르쳤다(신 8:1-3). 이스라엘은 그들의 왕 하나님을 버렸고(삼상 8:7), 사울 왕은 하나님의 말씀을 버렸기에 폐위되었다(삼상 15:22-23). 각자 소견대로 살던 사사시대로 돌아갔다(삿 21:25).

(2)거짓. 스스로 터진 웅덩이를 팠다. 야고보의 권면이다. "내 사랑하는 형제들아 속지 말라"(약 1:16). 온갖 좋은 은사와 선물은 하나님이 주신다(약 1:17). 하나님과 사람의 계산법이 다르다. "너희가 많이 뿌릴지라도 수확이 적으며 먹을지라도 배부르지 못하며 마실지라도 흡족하지 못하며 입어도 따뜻하지 못하며 일꾼이 삯을 받아도 그것을 구멍 뚫어진 전대에 넣음이 되느니라"(학 1:6). 오늘부터 순종하면, 오늘부터 복을 주신다(학 2:15-19). "그런즉 너희는 먼저 그의 나라와 그의 의를

구하라 그리하면 이 모든 것을 너희에게 더하시리라"(마 6:33).

(3)생수의 근원. 예수님이 외쳤다. "누구든지 목마르거든 내게로 와서 마시라 나를 믿는 자는 성경에 이름과 같이 그 배에서 생수의 강이 흘러나오리라"(요 7:37). 생수란 성도가 받을 성령을 가리킨다(요 7:39). "배"란 모태 즉 생명이 잉태되는 자궁이다. 다윗은 모친이 죄 중에 잉태했음을 고백하고(시 51:5), 어거스틴은 젖먹이 시절의 욕심까지 회개했다(롬 13:11-14). "사람이 물과 성령으로 나지 아니하면 하나님의 나라에 들어갈 수 없느니라"(요 3:5; 딛 3:5-7).

II. 예레미야의 생애(렘 26-33장)

1. 바벨론포로 70년

눈물의 선지자 예레미야는 영적 무지에 빠진 백성들에게 바벨론포로의 의미를 해석해준다.

(1)남유다의 심판. 사사시대에 주변국이 이스라엘을 압제하듯이, 바벨론은 남유다를 심판하는 하나님의 도구란 뜻이다. "이 모든 땅이 폐허가 되어 놀랄 일이 될 것이며 이 민족들은 칠십 년 동안 바벨론의 왕을 섬기리라"(렘 25:11).

(2)바벨론의 심판. 70년 후에 바벨론은 행한 대로 심판을 받고, 남유다는 귀환할 것이다. "칠십 년이 끝나면 내가 바벨론의 왕과 그의 나라와 갈대아인의 땅을 그 죄악으로 말미암아 벌하여 영원히 폐허가 되게 하되, 바벨론에서 칠십 년이 차면 내가 너희를 돌보고 나의 선한 말을 너희에게 성취하여 너희를 이 곳으로 돌아오게 하리라"(렘 25:12-14; 29:10,14).

(3)하나님의 약속. 하나님의 생각과 사람의 생각은 하늘과 땅 차이다

(사 55:6-9). "너희를 향한 나의 생각을 내가 아나니 평안이요 재앙이 아니니라 너희에게 미래와 희망을 주는 것이니라"(렘 29:11). 그래도 이스라엘이 그렇게 해달라고 하나님께 부르짖어야 한다(겔 36:37-38). "너희가 내게 부르짖으며 내게 와서 기도하면 내가 너희들의 기도를 들을 것이요 너희가 온 마음으로 나를 구하면 나를 찾을 것이요 나를 만나리라"(렘 29:12-13).

(4)응답의 결과. "이것은 여호와의 말씀이니라 나는 너희들을 만날 것이며 너희를 포로된 중에서 다시 돌아오게 하되 내가 쫓아 보내었던 나라들과 모든 곳에서 모아 사로잡혀 떠났던 그 곳으로 돌아오게 하리라 이것은 여호와의 말씀이니라"(렘 29:14). "이것은 여호와의 말씀이니라"고 하나님이 앞뒤에 서명날인으로 70년 후 바벨론포로 귀환의 약속과 성취를 보증했다.

2. 죄의 전가

"그 때에 그들이 말하기를 다시는 아버지가 신 포도를 먹었으므로 아들들의 이가 시다 하지 아니하겠고 신 포도를 먹는 자마다 그의 이가 신 것 같이 누구나 자기의 죄악으로 말미암아 죽으리라"(렘 31:29-30).

(1)죄의 전가. "잘 되면 내 탓, 못 되면 조상 탓이다." 예레미야는 조상 탓하는 속담을 사용하지 말라고 한다. 에스겔도 마찬가지다(겔 18장). 성경은 조선시대에 삼족을 멸하던 연좌제를 반대한다(겔 18:19-20; 대하 25:3-4; 신 24:16). "범죄하는 그 영혼은 죽을지라"(겔 18:20).

(2)대표의 원리. 인류는 아담 때문에 죄인된 것이 아니라 "이와 같이" 즉 아담 같이 죄를 지었다. "그러므로 한 사람으로 말미암아 죄가 세상에 들어오고 죄로 말미암아 사망이 들어왔나니 이와 같이 모든 사람이

죄를 지었으므로 사망이 모든 사람에게 이르렀느니라"(롬 5:12). 에덴 동산에 아담 아닌 그 누가 있었더라도 결과는 마찬가지란 뜻이다. 요즘엔 성인병을 유전병이라기보다 생활습관병이라 부른다. 부모 때문이 아니라 부모처럼 생활한 결과이기 때문이다.

3. 새 언약

(1)심비의 새 언약. 예레미야의 새 언약은 모세가 돌비에 새긴 언약이 아니라 우리의 마음 즉 심비에 새긴 언약이다(렘 31:31-32). "그러나 그 날 후에 내가 이스라엘 집과 맺을 언약은 이러하니 곧 내가 나의 법을 그들의 속에 두며 그들의 마음에 기록하여 나는 그들의 하나님이 되고 그들은 내 백성이 될 것이라 여호와의 말씀이니라"(렘 31:33).

(2)언약의 본질. 마음에 새길 언약이다. "나는 그들의 하나님이 되고 그들은 내 백성이 될 것이라"(I will be their God, they will be my people). 바울은 하나님과 백성 사이의 관계를 아버지와 자녀의 관계로 업그레이드시킨다. "나는 너희의 아버지가 되고 너희는 내 자녀가 될 것이라"(I will be your Father, you will be my sons and daughters. 고후 6:14-18). 성도는 창조주 하나님이 아버지란 사실을 믿어야 한다(마 6:9; 요 1:12-13, 롬 8:14-17).

4. 살룸의 아들 하나멜(렘 32:6-15)

(1)숙부 살룸의 아들 하나멜. 그는 예레미야에게 베냐민 땅 아나돗의 밭을 사라고 요구한다. 예레미야가 기업의 상속권과 기업 무를 자(히, 고엘)의 권리를 지닌 친족이기 때문이다. 만약 예레미야가 거절하면, 기업 무를 친족의 의무를 행치 않았다고 비난할 것이다. 그러나 밭을 산

다면, 바벨론포로를 예언하며 실제로 부동산투기를 했다고 비난할 것이다.

(2)하나님의 언약. 예레미야는 하나님의 약속대로 바벨론포로 귀환의 꿈이 성취될 줄 믿고 밭을 샀다. "너는 이 증서 곧 봉인하고 봉인하지 않은 매매 증서를 가지고 토기에 담아 오랫동안 보존하게 하라 사람이 이 땅에서 집과 밭과 포도원을 다시 사게 되리라"(렘 32:14-15).

5. 하나님 전화번호(렘 33장)

(1)하나님 전화번호. 예레미야가 옥에 갇혔을 때에 여호와께서 전화하면 응답하겠다고 약속했다. "너는 내게 부르짖으라 내가 네게 응답하겠고(Call to me and I will answer you), 네가 알지 못하는 크고 은밀한 일을 네게 보이리라"(렘 33:3).

(2)출애굽사건. 출애굽의 기적은 이스라엘이 430년 만에 부르짖은 결과였다. "여러 해 후에 애굽 왕은 죽었고 이스라엘 자손은 고된 노동으로 말미암아 탄식하며 부르짖으니 그 고된 노동으로 말미암아 부르짖는 소리가 하나님께 상달된지라 하나님이 그들의 고통 소리를 들으시고 하나님이 아브라함과 이삭과 야곱에게 세운 그의 언약을 기억하사 하나님이 이스라엘 자손을 돌보셨고 하나님이 그들을 기억하셨더라"(출 2:23-25).

(3)해결책. 부르짖음이란 자복하고 회개하는 것이다(요일 1:9-10). "너희가 내게 부르짖으며 내게 와서 기도하면 내가 너희들의 기도를 들을 것이요 너희가 온 마음으로 나를 구하면 나를 찾을 것이요 나를 만나리라"(렘 29:12-13). 바벨론포로 70년도 부르짖어야 끝날 사건이다. 다니엘은 예레미야의 언약을 기억하고 "주여삼창"으로 자복했다(단

9:1-4). "주여 들으소서 주여 용서하소서 주여 귀를 기울이시고 행하소서 지체하지 마옵소서 나의 하나님이여 주 자신을 위하여 하시옵소서 이는 주의 성과 주의 백성이 주의 이름으로 일컫는 바 됨이니이다"(단 9:19).

III. 예루살렘의 멸망(렘 34-52장)

1. 레갑 자손(렘 35장)

(1)선조의 유언. 레갑의 아들 선조 요나답이 유언했다. "너희와 너희 자손은 영원히 포도주를 마시지 말며 너희가 집도 짓지 말며 파종도 하지 말며 포도원을 소유하지도 말고 너희는 평생 동안 장막에 살아라 그리하면 너희가 머물러 사는 땅에서 너희 생명이 길리라"(렘 35:6).

(2)후손의 순종. 예레미야는 하나님의 분부대로 레갑 자손들을 여호와의 집 한 방으로 초대하여 포도주 잔을 권했다. 레갑 자손들은 선조 요나답의 유언을 철저히 지켰다. "우리는 포도주를 마시지 아니하겠노라"(렘 35:5-6).

(3)예후와 레갑의 아들 여호나답(왕하 10:15-24). 예후(BC 841-814)가 아합 왕조를 멸하고 바알 제사장들을 제거할 때에 내세운 인물이 바로 레갑의 아들 여호나답이었다. 예레미야는 그 자손들이 250년 전에 명령한 선조의 유언을 지키고 있음을 확인했다.

(4)이스라엘의 범죄. 하나님은 레갑 자손과 이스라엘 자손을 비교하여 책망했다. "내가 내 종 모든 선지자를 너희에게 보내고 끊임없이 보내며 이르기를 너희는 이제 각기 악한 길에서 돌이켜 행위를 고치고 다른 신을 따라 그를 섬기지 말라 그리하면 너희는 내가 너희와 너희 선조에게 준 이 땅에 살리라 하여도 너희가 귀를 기울이지 아니하며 내게

순종하지 아니하였느니라 레갑의 아들 요나답의 자손은 그의 선조가 그들에게 명령한 그 명령을 지켜 행하나 이 백성은 내게 순종하지 아니하도다"(렘 35:15-16).

2. 이방나라들에 대한 예언(렘 46-52장)

마지막 장들은 예루살렘멸망을 기록한다. 예레미야 예언들은 역사적으로 성취되었고, 남은 백성들은 예레미야 예언을 거절하여 애굽으로 갔다. 그들은 바벨론이 세운 그다랴 총독을 암살하고(렘 40장), 유다 땅에 머물라는 예레미야의 경고를 무시하고(렘 42장), 애굽으로 예레미야를 끌고갔다(렘 43장). 예레미야는 후반부(렘 46-51장)에서 10개 이방나라, 즉 애굽(렘 46:1-28), 블레셋(렘 47:1-7), 모압(렘 48:1-47), 암몬(렘 49:1-6), 에돔(렘 49:7-22), 다메섹(렘 49:23-27), 게달과 하솔(렘 49:28-33), 엘람(렘 49:34-39), 바벨론(50:1-51:64)에 대한 예언들을 선포한다. 즉 역사의 주인 하나님이 열방의 흥망성쇠를 다스림을 강조한다. 마지막 52장은 시드기야의 배반과 죽음(렘 52:1-11), 성전훼파(렘 52:12-23), 바벨론포로로 잡혀간 스토리를 기록한다(렘 52:24-30). 예레미야는 즉위 3개월에 바벨론으로 잡혀간 요시야의 손자 여호야김의 아들 여호야긴 왕의 기록으로 마친다(왕하 24:8-17; 대하 36:9-10; 렘 52:31-34).

25 예레미야 애가(Lamentations)
산산이 부서진 소망

예레미야는 유다의 멸망과 예루살렘의 파괴, 성전의 소실을 슬퍼한다. 5장으로 구성된 애가는 히브리어 알파벳 22자를 첫음절로 시작한다. 히브리어 명칭은 1,2,4장에 첫 번째로 사용한 단어 에카(eka)에서 나온다. 문자적으로 아아!(Ah!), 어찌하여(how!), 슬프도다(Alas!)란 뜻이다.

1. 예레미야 애가의 특징

(1) 각장마다 한 편씩 다섯 개의 아름다운 시로 구성되어 있다.

(2) 처음에 나오는 네 편의 시는 애가이고, 다섯 번째 시는 오히려 기도문에 가깝다. 처음 네 편은 알파벳 순서로 배열되어 있다. 각 시는 22연으로 구성되어 있고, 각 연은 히브리어 알파벳 순서로 시작한다. 5장은 22연으로 구성되어 있지만, 히브리어 알파벳 순서의 배열을 무시한다. 1장은 정확하게 히브리어 알파벳 순서를 따르지만, 2장과 4장에는 아인(ayin)과 페(pe)의 순서가 도치되어 있다. 그렇지만 도치에 대하여 만족스런 해답을 찾을 수 없다.

(3) 처음 네 장은 애가조 운율을 사용한다.

(4) 5장은 정상적인 히브리어 운율을 사용한다.

2. 애가의 낭독

유대인들은 애가를 중요한 국가적 기념일에 낭독하는 오축에 포함시키고, 예루살렘 성전이 불타던 날을 기억하며 아브(Ab)월 9일에 애가를 낭독한다.

3. 소망적인 독법

"주께서 우리를 아주 버리셨사오며 우리에게 진노하심이 참으로 크시니이다"(애 5:22).

"여호와여 우리를 주께로 돌이키소서 그리하시면 우리가 주께로 돌아가겠사오니 우리의 날들을 다시 새롭게 하사 옛적 같게 하옵소서"(애 5:21).

(1)유대인의 믿음. 소망적인 내용의 애가 5:21과 비통한 내용의 애가 5:22를 바꾸어 낭독한다. 이와 같은 긍정적 독법은 어떤 상황에도 "절대 긍정! 절대 믿음!"의 신앙의 자세를 교훈한다.

(2)광야세대의 비극. 부정적 언어생활로 가나안입성을 상실한 그들의 비극은 "너희 말이 내 귀에 들린 대로 내가 너희에게 행하리니"란 하나님의 맹세에 따른 결과였다(민 14:28).

(3)다윗의 소원. 믿음으로 고백하여 복을 받았다. "나의 반석이시요 나의 구속자이신 여호와여 내 입의 말과 마음의 묵상이 주님 앞에 열납되기를 원하나이다"(시 19:14).

(4)베드로의 고백. 언어생활로 하나님께 영광을 돌리도록 했다. "만일 누가 말하려면 하나님의 말씀을 하는 것 같이 하고 … 이는 범사에 예수 그리스도로 말미암아 하나님이 영광을 받으시게 하려 함이니 그에게 영광과 권능이 세세에 무궁하도록 있느니라 아멘"(벧전 4:11).

(5)사영리 제1원리. "하나님은 당신을 사랑하시고 당신을 위한 놀라운 계획을 갖고 계십니다." 하나님의 사랑과 함께 나를 향한 놀라운 계

획, 즉 크고 은밀한 일(great and unsearchable things)을 믿어야 한다(렘 33:3; 히 11:6).

(6)미래지향적 삶. 성경적 신앙은 미래지향적이다(렘 29:11-13; 살전 5:16-18). 그것이 개미의 지혜다(잠 6:6-8). 그리스도인은 기대하면서, 기다리면서, 기도하면서 미래를 준비해야 한다.

(7)행복한 사람. "이스라엘이여 너는 행복한 사람이로다!"(신 33:29) 모세는 순종의 복과 불순종의 저주를 강조한다(신 28:1-6,15-19). 바벨론포로란 불순종으로 닥친 고난프로그램이다.

26 에스겔(Ezekiel)
현재와 미래

I. 에스겔 서론

제사장 부시의 아들 에스겔은 "하나님이 강하게 하신다"란 뜻이다. 그는 예루살렘 성전에 익숙한 사람이다(겔 1:3; 40:46; 44:15). BC 597년 2차포로 때에 여호야긴 왕과 함께 바벨론포로가 되었다. 포로 5년차에 하나님의 계시로 파수꾼의 소명을 받았다(겔 1:4-28; 겔 2-3장). 바벨론포로 중에 소명을 받아 BC 592-570년에 선지자 사역을 감당했다(겔 1:2; 29:17).

1. 주요 메시지

(1)예루살렘 멸망(BC 586년)까지 주로 회개와 심판의 메시지를 선포했다(겔 1-24장). 우상숭배에 빠진 자들에게 끊임없이 경고했다(겔 2:3-7; 3:4-11; 13장; 14:1-11; 18:2,25; 20:1-9).

(2)예루살렘 멸망 후 절망에 빠진 자들에게 상담자가 되었다(겔 24:21-24; 33:10,17; 37:11). 그는 성령으로 마음과 영을 새롭게 하는 설교자였다(겔 33:11; 34장; 36:25-31; 37:40-48).

(3)완고한 족속에게 마곡(Magog)에서 출현한 곡(Gog)이 주도할 심판을 선포했다(겔 38-39장). 동시에 또 심판을 피하도록 다른 사람들에게 회개할 것을 촉구했다.

(4)다가올 심판의 원인이 된 유다의 죄악들을 책망하고, 각 개인들에

게 회개하라고 촉구했다.

2. 구약의 성령론

신앙생활은 성령의 역사다(딛 3:5-6). 예수님은 성령의 능력과 기름부음으로 공생애사역을 감당했다(행 10:38). 예수님은 지상명령을 주셨지만(마 28:18-20), 오직 성령의 권능으로 증인이 되라고 분부했다(행 1:8). 바울은 고린도교회부터 성령의 능력과 나타나심으로 사역했다(고전 2:1-5). 구원이란 성령이 역사하여 믿어진 결과로 주신 은혜의 선물이다(엡 2:8-9). 바울은 그 모든 것을 하나님의 은혜라 했다(고전 15:8-10). 구약의 성령론은 5가지 사역에 집중한다.

(1)창조의 영(창 1:1-2). 성령은 창조의 영이다. 성령은 천지창조부터 새 영과 새 마음으로 새 사람을 창조하는 새 창조까지 역사한다(창 1:1-2; 겔 18:31-32; 36:24-28). 천지창조는 삼위일체 하나님의 사역이다. 삼위일체는 믿음의 대상이지 증명의 대상이 아니다. 삼위일체를 설명해도 이해할 수 없다. "성부는 하나님이고, 성자도 하나님이고, 성령도 하나님이다. 그러나 성부는 성자가 아니고, 성자는 성령이 아니고, 성령은 성부가 아니다." 삼위일체의 사례를 설명하고 이해되면 가짜다. 태양이 성부, 빛이 성자, 열이 성령이라 설명하고 이해하면, 그 순간 삼위일체가 아니다. 상황에 따라 한사람이 학교에서 교수님, 교회에서 목사님, 집에서 아버지인 것처럼, 성부, 성자, 성령을 설명하고 이해하면, 양태론적 단일신론이란 이단사상이다.

(2)예언의 영(신 18:15,18). 선지자는 성령의 감동으로 하나님의 말씀을 대언하는 자다. 성령이 성경의 저자고, 인간은 기록자다(딤후 3:16-17; 벧후 1:20-21). 보혜사 성령은 말씀을 가르치고 생각나게 한다(요

14:25-26). 성령이 감동해야 성경을 읽는 자, 듣는 자, 지키는 자가 복이 있다(계 1:1-3). 하나님은 사무엘의 말이 열매 맺게 했고(삼상 3:19-20), 데살로니가교회는 바울의 설교를 하나님의 말씀으로 받았다(살전 2:13). 착하고 좋은 마음으로 듣고, 지키고, 인내하여 결실하는 좋은 땅이 되려면(눅 8:15), 항상 성령으로 충만해야 한다(행 1:1-8; 2:1-4).

(3)능력의 영(삿 14:6). 성령은 능력의 영인데, 그 능력은 하나님의 사역을 위한 능력이다. 하나님이 삼손에게 능력의 영으로 함께 했지만, 들릴라에게 그의 머리카락이 잘려나갈 때에 성령의 능력이 떠나고 말았다(삿 16:19-20). 사무엘이 다윗에게 기름을 부은 그 순간에 성령의 능력이 다윗에게 임했고, 사울에게 악령이 역사했다(삼상 16:13-14). 다윗은 성령의 능력으로 골리앗을 죽였다(삼상 17:41-49). 예수님은 위로부터 성령의 능력으로 입혀질 때까지 기다리라 했다(눅 24:48-49). 베드로와 초대교회는 10일간 오로지 기도로 오순절에 성령의 능력을 받았다(행 1:4-5,8; 1:12-14; 행 2:1-4) 사역자는 능력의 영을 받아야 한다(행 1:8; 10:38).

(4)기름부음의 영(삼상 16:13-14; 사 61:1-3; 눅 4:16-21). 메시야(히)와 그리스도(헬)의 뜻은 기름부음을 받은 자다. 기름부음이란 선지자, 제사장, 왕을 세울 때 행한 의식이다. 사울과 다윗이 서로 죽이지 못하고, 죽이지 않은 까닭은 기름부음 때문이다(삼상 16:13-14; 삼하 1:14). 누가는 이사야 예언처럼 성령의 기름부음을 받은 메시야가 예수님이라고 증언했다(사 61:1-3; 눅 4:16-21; 행 10:38). 그리스도가 성령의 기름부음을 받은 자라면, 그리스도인도 기름부음을 받아야 한다(행 19:1-7; 롬 8:9-10). 우리 몸은 성령의 전이다(전 3:16-17; 6:19-20). 베드로는 오순절에 성령의 기름부음을 받아 사도로서 말씀과 치

유 사역을 감당했다(행 2:41; 3:6).

(5)오실 영(욜 2:28-32). 베드로는 오순절에 요엘 예언을 본문으로 설교했다(행 2:16-21). 베드로는 새 술에 취했다고 비난하던 자들에게 요엘이 "그 후에" 만민, 즉 모든 육체에 부어주기로 약속한 성령을 받았다고 증언했다. 오순절에 요엘이 예언한 "오실 영"이 임하고, 그 성령이 교회를 세웠다. 교회는 모든 민족에게 복음을 전하라는 지상명령에 따라 성령의 권능으로 땅 끝까지 증인의 사명을 감당하고 있다(마 28:18-20; 행 1:8).

(6)오직 하나님께 영광. 성령사역의 목적은 비움, 채움, 나눔, 드림의 과정을 통해 하나님께 영광을 돌리는 것이다. 첫째, 비움은 온갖 욕심과 탐심을 회개하여 깨끗하게 비우는 것이다. 둘째, 채움은 말씀과 기도로 성령의 열매를 맺어 하나님의 은혜로 채우는 것이다. 셋째. 나눔은 전도, 예배, 교제, 양육으로 받은 은혜를 사역과 봉사로 나누는 것이다. 넷째, 드림은 비움, 채움, 나눔의 모든 과정을 통하여 오직 하나님께 영광을 드리는 것이다.

II. 에스겔의 전반부(겔 1-24장)

"너무 늦었다!" 에스겔은 그 동안 은혜의 때가 지나갔고, 너무 늦었다고 탄식한다. 그러나 마지막 순간까지 하나님의 은혜 주심을 믿고, 아직 회개할 기회는 남아있다고 강조한다.

1. 실낙원(Paradise Lost)과 복락원(Paradise Regain)

(1)은혜의 때. 범죄하면 낙원을 상실하고, 회개하면 낙원을 회복한다. 에스겔은 12년간 바벨론포로들과 유다의 남은 자들에게 유다와 예루

살렘에 다가올 심판을 피하라고 경고했다. 그러나 유다를 구원할 때가 확실히 지나갔다고 밝힌다. 그들이 경고를 무시했기 때문이다. 이제 너무 늦었고, 그 예언들이 곧 성취될 것이라고 경고한다. 은혜의 때도 유효기간이 있다(고후 6:1-2).

(2)회개의 기회. 희망은 하나님이 마지막까지 회개기회를 준다는 것이다. 하나님은 죽을 자가 죽는 것도 결코 기뻐하지 않는다(겔 18:32). 아무도 멸망치 않고 다 회개하기에 이르기를 원한다(벧후 3:8-9). 하나님은 모든 사람이 구원을 받고 진리를 아는 데에 이르길 원한다(딤전 2:4). 그러나 마지막 기회에도 십자가의 두 강도처럼 낙원을 얻는 자와 상실하는 자가 있다.

(3)바벨론포로. BC 597년 느부갓네살의 포로로 잡혀간 에스겔은 유다민족의 멸망을 막기는 너무 늦었지만, 각 개인의 삶과 죽음을 갈라놓을 회개의 기회가 아직 남았다고 예언했다. 3차례 바벨론포로(BC 605, 597, 586년)란 3번의 회개기회를 준 것이다. 애굽의 10가지 재앙이란 바로에게 10번의 회개기회를 준 것이다. BC 586년에 에스겔의 경고처럼, 마침내 유다가 멸망하고, 예루살렘이 훼파되고, 솔로몬의 성전이 무너졌고, 생존자들은 바벨론포로로 잡혀갔다.

2. 에스겔의 소명(겔 1-3장)

(1)에스겔의 환상. "그 얼굴들의 모양은 넷의 앞은 사람의 얼굴이요 넷의 오른쪽은 사자의 얼굴이요 넷의 왼쪽은 소의 얼굴이요 넷의 뒤는 독수리의 얼굴이니"(겔 1:10). 에스겔이 본 네 생물의 환상은 요한계시록의 환상과 같다. "그 첫째 생물은 사자 같고 그 둘째 생물은 송아지 같고 그 셋째 생물은 얼굴이 사람 같고 그 넷째 생물은 날아가는 독수

리 같은데"(계 4:7).

(2)말씀의 사역자. "너 인자야 내가 네게 이르는 말을 듣고 그 패역한 족속 같이 패역하지 말고 네 입을 벌리고 내가 네게 주는 것을 먹으라 하시기로 내가 보니 보라 한 손이 나를 향하여 펴지고 보라 그 안에 두루마리 책이 있더라"(겔 2:8-9). 하나님은 에스겔에게 안팎에 기록된 애가와 애곡과 재앙의 말씀을 충분히 깨닫고 전하라 분부한다(겔 2:10; 고전 14:19).

(3)선지자의 은사. "인자야 너는 발견한 것을 먹으라 너는 이 두루마리를 먹고 가서 이스라엘 족속에게 말하라, 인자야 내가 네게 주는 이 두루마리를 네 배에 넣으며 네 창자에 채우라 하시기에 내가 먹으니 그것이 내 입에서 달기가 꿀 같더라"(겔 3:1-2). 선지자의 은사는 말하기(Speaking)보다 듣기(Listening)가 먼저다. 참 선지자는 말씀을 듣고 전하는 자다(신 18:18-22).

(4)파수꾼의 사명. "인자야 내가 너를 이스라엘 족속의 파수꾼으로 세웠으니 너는 내 입의 말을 듣고 나를 대신하여 그들을 깨우치라"(겔 3:17). 악인도 선지자가 경고하지 않아 그 악인이 죽으면 선지자의 손에서 피 값을 찾고, 선지자가 깨우쳐도 회개치 않으면 선지자는 무죄다(겔 3:18-19). 의인도 선지자가 악행을 그치라고 깨우치지 않아 그 의인이 죽으면 선지자의 손에서 피 값을 찾고, 선지자가 깨우쳐 그 의인을 살면 선지자도 영혼을 보존한다(겔 3:20-21).

(5)선지자의 믿음. 믿음의 반대는 두려움이다(막 5:36). 두려워하지 말고, 최선을 다해 복음을 전해야 한다(렘 1:7-8; 딤후 4:2). 하나님만 두려워하고, 죽음을 두려워말아야 한다(마 10:28; 사 41:10; 히 11:38). 달란트비유에서 한 달란트 받은 자의 비극은 결과에 대한 두려

움이다(마 25:24-25). 아담의 두려움은 죄의 결과였다(창 3:10). 바울도 결과를 두려워말고 복음을 전하라고 편지했다. "하나님이 우리에게 주신 것은 두려워하는 마음이 아니요 오직 능력과 사랑과 절제하는 마음이니 그러므로 너는 내가 우리 주를 증언함과 또는 주를 위하여 갇힌 자 된 나를 부끄러워하지 말고 오직 하나님의 능력을 따라 복음과 함께 고난을 받으라"(딤후 1:7-8).

3. 속담(겔 18:1-18)

(1)속담의 해석. "아버지가 신 포도를 먹었으므로 그의 아들의 이가 시다"(겔 18:1-3). 하나님은 바벨론포로의 책임을 조상에게 전가하는 속담의 사용을 금했다. "모든 영혼이 다 내게 속한지라 아버지의 영혼이 내게 속함 같이 그의 아들의 영혼도 내게 속하였나니 범죄하는 그 영혼은 죽으리라"(겔 18:4). 에스겔도 예레미야처럼 연좌제를 반대했다(렘 31:29-30).

(2)대표의 원리(롬 5:12). 우리는 아담 때문이 아니라 아담같이 죄를 지어 죄인이 되었다. "오직 각 사람이 시험을 받는 것은 자기 욕심에 끌려 미혹됨이니 욕심이 잉태한즉 죄를 낳고 죄가 장성한즉 사망을 낳느니라"(약 1:14-15). 에스겔은 아버지의 의로운 삶(겔 18:5-9), 아들의 악한 삶(겔 18:10-13), 손자의 의로운 삶(겔 18:14-18), 즉 삼대의 삶을 예로 들어 설명했다.

(3)모세의 법. 에스겔은 모세의 법대로 결론을 내렸다(대하 25:3-4; 신 24:16). "그런데 너희는 이르기를 아들이 어찌 아버지의 죄를 담당하지 아니하겠느냐 하는도다 아들이 정의와 공의를 행하며 내 모든 율례를 지켜 행하였으면 그는 반드시 살려니와 범죄하는 그 영혼은 죽을

지라 아들은 아버지의 죄악을 담당하지 아니할 것이요 아버지는 아들의 죄악을 담당하지 아니하리니 의인의 공의도 자기에게로 돌아가고 악인의 악도 자기에게로 돌아가리라"(겔 18:19-20).

III. 에스겔의 후반부(겔 25-48장)

"하나님이 복을 주실 것이다!" 에스겔은 예루살렘 멸망 후에 먼 미래를 바라본다. 다른 선지자들처럼, 에스겔도 하나님이 자기백성들을 가나안땅으로 귀환시킬 것을 예언한다. 예언의 관점은 현재에서 미래로 옮겨간다. 에스겔은 하나님이 복을 주실 미래를 예언한다.

1. 메시야의 시대의 회복

하나님이 초자연적 개입으로 자기백성들의 대적들을 멸망시킬 것을 예언한다. 하나님과 하나님의 백성의 관계회복을 위하여 예루살렘에 새 성전이 건축될 것을 예언한다.

(1)이방나라에 대한 예언(겔 25-32장). 에스겔은 이스라엘의 주변 민족들, 암몬, 모압, 에돔, 블레셋, 두로, 시돈, 애굽에 다가올 가까운 미래의 심판을 예고한다. 그 후에 에스겔은 하나님이 아브라함의 언약을 성취할 미래를 바라본다. 그 날에 유대인들은 고향에 귀환할 것이다.

(2)이스라엘에 대한 예언(겔 33-39장). 새로운 시대 선지자의 역할, 거짓목자와 선한목자, 이스라엘의 번영, 마른 뼈의 환상을 예언한다. 하나님이 주권적으로 곡의 침략군들을 철저히 멸망시키고, 다윗의 자손 메시야가 평화의 땅을 영원히 통치할 것을 예언한다.

(3)미래공동체의 환상(겔 40-48장). 새 성전의 환상, 이상적 사역과 제사제도로 드리는 새로운 예배, 지파별 분배로 재구성한 이스라엘의

미래공동체를 예언한다. 에스겔은 역사의 마지막에 예루살렘에 건축할 성전과 그곳에서 하나님께 드려질 영원한 예배를 예언하며 마친다.

2. 에스겔의 성령론

성령은 죄인의 마음과 영을 새롭게 한다. 성전 문지방에서 흐르는 성령의 생수로 생명의 바다를 만들고, 성령의 생기로 마른 뼈를 살리는 성령의 내적사역을 강조한다.

(1)마음과 영. "너희는 너희가 범한 모든 죄악을 버리고 마음과 영을 새롭게 할지어다"(겔 18:31). 죄인이 사는 길은 옷을 찢지 말고 마음을 찢는 내적회개가 필수다(욜 2:12-14). 성령은 새 마음과 새 영으로 굳은 마음을 버리고 부드러운 마음을 갖게 한다(겔 36:26-27). 목표는 언약의 본질의 회복이다. "너희가 내 백성이 되고 나는 너희 하나님이 되리라"(겔 36:28).

(2)성령의 생수. 성령의 생수는 더러운 우상숭배에서 정결케 한다(겔 36:24-25). 성전문지방에 흐르는 생수 환상은 생명을 살리는 성령사역을 강조한다(겔 47:1). 생수가 흘러 죽음의 바다를 살린다(겔 47:8). 성령을 모독하면, 즉 생수를 거부하면 진펄과 개펄은 소금 땅이 될 것이다(마 12:31-32; 막 3:28-29; 겔 47:11). 배에서 성령의 생수의 강이 넘치면(요 7:37-39), 성령의 생수로 사철열매가 맺혀서 생명의 약 재료가 될 것이다(겔 47:12; 계 22:1-2).

(3)성령의 생기. "인자야 너는 생기를 향하여 대언하라! 생기야 사방에서부터 와서 이 죽음을 당한 자에게 불어서 살아나게 하라!"(겔 37:9) 에스겔은 마른 뼈가 큰 군대로 일어서는 환상을 보았다. 에스겔이 순종하여 대언하자 곧 생기가 들어가 큰 군대로 일어섰다(겔 37:9-

10). 그것은 영적으로 죽었던 이스라엘 민족이 성령의 생기로 살아날 것을 예언한다(겔 37:11-14).

3. 예루살렘의 회복

(1)하나님의 서명날인. "주 여호와의 말씀이니라 내가 이렇게 행함은 너희를 위함이 아닌 줄을 너희가 알리라 이스라엘 족속아 너희 행위로 말미암아 부끄러워하고 한탄할지어다 주 여호와께서 이같이 말씀하셨느니라 내가 너희를 모든 죄악에서 정결하게 하는 날에 성읍들에 사람이 거주하게 하며 황폐한 것이 건축되게 할 것인즉 전에는 지나가는 자의 눈에 황폐하게 보이던 그 황폐한 땅이 장차 경작이 될지라 사람이 이르기를 이 땅이 황폐하더니 이제는 에덴동산 같이 되었고 황량하고 적막하고 무너진 성읍들에 성벽과 주민이 있다 하리니 너희 사방에 남은 이방 사람이 나 여호와가 무너진 곳을 건축하며 황폐한 자리에 심은 줄을 알리라 나 여호와가 말하였으니 이루리라"(겔 36:32-36). 에스겔은 "주 여호와의 말씀이니라!"고 반복한다. 이것은 하나님의 서명날인으로 예루살렘의 회복을 보증한다. 하나님이 약속하고, 그 성취를 보증한다.

(2)기도의 중요성. "주 여호와께서 이같이 말씀하셨느니라 그래도 이스라엘 족속이 이같이 자기들에게 이루어 주기를 내게 구하여야 할지라!"(겔 36:37-38) 행복한 미래는 성적순이 아니라 기도순서다. 성경은 약속인데, 하나님은 약속을 믿고 구하는 자에게 응답한다(출 2:23-25). 예레미야도 하나님은 부르짖어야 응답한다고 강조한다(렘 29:10-14; 33:3). 인생은 우연히 좋은 일이 생기지 않는다. "기도가 없으면, 우연히 생길 것 같은 그 일이 결코 생기지 않는다."

4. 마른 뼈의 환상(겔 37장)

(1)하나님 말씀. 하나님과 에스겔의 대화다. "인자야 이 뼈들이 능히 살 수 있겠느냐? 주 여호와여 주께서 아시나이다. 너희 마른 뼈들아 여호와의 말씀을 들을지어다!"(겔 37:3-4) 하나님이 명령했다. "주 여호와께서 이 뼈들에게 이같이 말씀하시기를 "내가 생기를 너희에게 들어가게 하리니 너희가 살아나리라"(겔 37:5). 하나님은 마른 뼈를 향해 대언하라고 분부한다.

(2)에스겔의 순종. "내가 명령을 따라 대언하니 대언할 때에 소리가 나고 움직이며 이 뼈, 저 뼈가 들어 맞아 뼈들이 서로 연결되더라 내가 또 보니 그 뼈에 힘줄이 생기고 살이 오르며 그 위에 가죽이 덮이나 그 속에 생기는 없더라"(겔 37:7-8). 기적은 순종의 결과다(요 2:5).

(3)말씀의 대언. "인자야 너는 생기를 향하여 대언하라, 생기야 사방에서부터 와서 이 죽음을 당한 자에게 불어서 살아나게 하라"(겔 37:9). 에스겔이 하나님의 명령에 순종하여 대언하자 곧 마른 뼈의 시체에 생기가 들어가서 큰 군대로 살아나는 기적이 일어났다(겔 37:10).

(4)명령형 선포. 하나님은 귀에 들린 대로 행한다(민 14:28). 믿음으로 여호수아와 갈렙은 가나안에 들어갔다(민 13:30; 14:6-9,30). 제사장이 축복기도를 하면, 하나님이 복을 주신다(민 6:22-27). 다윗이 선포했다. "여호와는 나의 목자시니 내게 부족함이 없으리로다"(시 23:1). 주님도 바람과 바다더러 잠잠하라 선포했다(막 4:39). 산을 향해 "던져지라!" 명하면, 그대로 되리라고 약속했다(막 11:20-24). 베드로는 예수님의 이름으로 앉은뱅이를 일으켰다(행 3:6).

(4)환상의 의미. "인자야 이 뼈들은 이스라엘 온 족속이라 … 우리의 뼈들이 말랐고 우리의 소망이 없어졌으니 우리는 다 멸절되었다"(겔

37:11). 마른 뼈 같은 이스라엘 족속이 성령의 생기로 살아날 것을 약속했다. 그 능력은 오직성령뿐이다(슥 4:6; 행 1:8; 갈 5:22-23; 엡 5:18).

5. 에스겔 결론

"그 사방의 합계는 만 팔천 척이라 그 날 후로는 그 성읍의 이름을 여호와 삼마(the Lord is there)라 하리라"(겔 48:35). 바벨론포로란 하나님과 영적관계의 단절을 의미한다. 그러나 고레스칙령의 성전재건이란 하나님과 관계회복을 뜻한다. 이스라엘의 중심은 성전이고, 성전의 중심은 지성소. 지성소의 중심에 법궤가 있고, 법궤 안에 돌비 즉 말씀이 있다. "오직 여호와는 그 성전에 계시니 온 땅은 그 앞에서 잠잠할지니라"(합 2:20). 성전재건이란 하나님 중심, 성경중심, 교회중심의 신앙생활의 회복이다. 학개와 스가랴의 격려로 스룹바벨은 70년 만에 성전을 재건했고, 헤롯은 46년 동안 성전을 건축했다. 그러나 예수님은 죽음과 부활로 3일 만에 성전을 세웠다(요 2:19-22). 결국 성전의 본체는 하나님과 어린양이다(계 21:22-23).

27 다니엘(Daniel)
앞으로 일어날 일들

I. 다니엘 서론

다니엘은 세계역사의 파노라마를 예언한다. 다니엘은 장엄하고 문체로 미래를 바라보고, 역사의 마지막 사건들을 예언한다. 장차 오실 주님께서 자신을 계시하고, 자기백성을 구원할 미래 사건들을 예언한다. 다니엘은 종말론적 사건을 다루는 묵시문학이다. 해석자들은 겸손해야 한다. 비성경적 묵시문학의 해석학적 원리들로 성경을 해석하는 것은 극히 조심해야 한다.

II. 다니엘서의 전반부(단 1-6장)

바벨론 왕 느부갓네살과 그 후계자들과 관련된 사건들을 기록한다. 다니엘 1-6장은 바벨론과 페르시아의 통치자들과 함께 다니엘과 세 친구들이 체험한 역사적 사건들을 기록한다. 제국의 통치자들은 다니엘과 세 친구 때문에 역사의 주인 하나님을 만난다.

1. 다니엘과 세 친구

BC 605년에 1차 바벨론포로가 된 하나님의 사람 다니엘과 세 친구, 사드락과 메삭과 아벳느고가 주인공이다. 환관장이 그들을 느부갓네살 왕의 관리로 등용하려고 아카데미 훈련생으로 차출한다. 그들은 3

년간 훈련을 받고, 왕의 테스트를 거쳐 왕궁의 직무를 맡는다. 포로초기부터 노년기까지 하나님 앞에 헌신한 다니엘이 체험한 사건들과 선한 영향력을 묘사한다.

2. 다니엘의 초지일관

(1)다니엘의 음식. "다니엘은 뜻을 정하여 왕의 음식과 그가 마시는 포도주로 자기를 더럽히지 아니하리라 하고 자기를 더럽히지 아니하도록 환관장에게 구하니 하나님이 다니엘로 하여금 환관장에게 은혜와 긍휼을 얻게 하신지라"(단 1:8-9). 다니엘은 청소년기부터 노년기까지 서원을 지켰다(단 1:10,21). 베드로는 하나님이 3번의 환상으로 보자기의 음식물을 먹으라 하지만(행 10:9-16), 모세가 금지한 고단백 음식들이기에 거절했다(레 11:47; 신 14:3-21).

(2)태초의 음식. "하나님이 이르시되 내가 온 지면의 씨 맺는 모든 채소와 씨가진 열매 맺는 모든 나무를 너희에게 주노니 너희의 먹을거리가 되리라"(창 1:29). 이것이 하나님이 주신 태초의 음식 즉 과일, 채소, 통곡물이다. 모유의 단백질이 7.8%, 현미의 단백질은 8%란다. 건강의 비결은 음식과 운동, 숙면과 마음의 평강이다. 과식이란 1일분을 초과한 고기, 생선, 계란, 우유 등 과지방, 과단백을 먹는 것이다. 숙면과 마음의 평강이 중요하다(빌 4:6-7; 시 19:14).

3. 다니엘의 해몽과 선한 영향력

(1)느부갓네살의 꿈. 다니엘은 느부갓네살 왕의 꿈을 찾아내고 해석했다. 그 때에 느부갓네살이 고백했다. "너희 하나님은 참으로 모든 신들의 신이시요 모든 왕의 주재시로다 네가 능히 이 은밀한 것을 나타내

었으니 네 하나님은 또 은밀한 것을 나타내시는 이시로다"(단 2:47).
　(2)다니엘의 권위. 그 결과 하나님은 다니엘의 권위를 높여주셨다. "왕이 이에 다니엘을 높여 귀한 선물을 많이 주며 그를 세워 바벨론 온 지방을 다스리게 하며 또 바벨론 모든 지혜자의 어른을 삼았으며 왕이 또 다니엘의 요구대로 사드락과 메삭과 아벳느고를 세워 바벨론 지방의 일을 다스리게 하였고 다니엘은 왕궁에 있었더라"(단 2:48-49).

4. 사드락과 메삭과 아벳느고의 신앙고백
　(1)금 신상. 환관장이 다니엘은 벨드사살, 하나냐는 사드락, 미사엘은 메삭, 아사랴는 아벳느고로 개명했다(단 1:6-7). 느부갓네살 왕은 자신이 세운 금 신상에 절하지 않은 사드락, 메삭, 아벳느고에게 다시 기회를 주었다. 그들은 풀무불에 넣겠다는 왕의 겁박을 받았지만, 우상을 만들거나 그 앞에 절하지 말라는 제2계명을 죽음으로 지켰다(출 20:4-6; 신 5:8-10).
　(2)신앙고백. "왕이여 우리가 섬기는 하나님이 계시다면 우리를 맹렬히 타는 풀무불 가운데에서 능히 건져내시겠고 왕의 손에서도 건져내시리이다 그렇게 하지 아니하실지라도 왕이여 우리가 왕의 신들을 섬기지도 아니하고 왕이 세우신 금 신상에게 절하지도 아니할 줄을 아옵소서"(단 3:17-18). 그들은 왕 앞에서 "그렇게 하지 아니하실지라도"의 신앙을 고백했다.
　(3)분노조절장애자. 느부갓네살은 분노로 7배 뜨거운 풀무불에 세 사람을 던졌는데, 오히려 던지던 자들이 죽었다. 풀무불 속에 신들의 아들과 같은 4번째 인물 "인자 같은 이"가 그들을 보호했다(단 4:25; 7:13). 사탄은 분노의 틈을 노린다(엡 4:26-27). 모세는 분노로 가나안

입성을 상실했다. 성령충만의 반대는 성질충만이다. 온유하고 겸손한 주님의 마음을 품자!(빌 2:5)

5. 느부갓네살의 간증

(1)느부갓네살의 교만. "나 왕이 말하여 이 큰 바벨론은 내가 능력과 권세로 건설하여 나의 도성으로 삼고 이것으로 내 위엄의 영광을 나타낸 것이 아니냐 하였더니 이 말이 아직도 나 왕의 입에 있을 때에 하늘에서 소리가 내려 이르되 느부갓네살 왕아 네게 말하노니 나라의 왕위가 네게서 떠났느니라"(단 4:30-31). 쫓겨난 원인은 교만이다(사 14:12-15; 잠 16:18).

(2)교만의 결과. "바로 그 때에 이 일이 나 느부갓네살에게 응하므로 내가 사람에게 쫓겨나서 소처럼 풀을 먹으며 몸이 하늘 이슬에 젖고 머리털이 독수리 털과 같이 자랐고 손톱은 새 발톱과 같이 되었더라"(단 4:33). 느부갓네살은 왕궁에서 쫓겨나 비참한 몰골로 변했다.

(3)느부갓네살의 고백. "그러므로 지금 나 느부갓네살은 하늘의 왕을 찬양하며 칭송하며 경배하노니 그의 일이 다 진실하고 그의 행하심이 의로우시므로 교만하게 행하는 자를 그가 능히 낮추심이라"(단 4:37). 왕이 기한 후에 회복되자 역사의 주인은 하나님이라 고백했다.

6. 벨사살의 교만과 심판

(1)메네 메네 데겔 우바르신(mene, mene, tekel, parsin). "이러므로 그의 앞에서 이 손가락이 나와서 이 글을 기록하였나이다 기록된 글자는 이것이니 곧 메네 메네 데겔 우바르신이라"(단 5:24-25). 벨사살 왕이 성전의 금은그릇으로 술잔치를 베풀던 중에 손가락이 나타났

다.

(2)다니엘의 해석. "그 글을 해석하건대 메네는 하나님이 이미 왕의 나라의 시대를 세어서 그것을 끝나게 하셨다 함이요 데겔은 왕을 저울에 달아 보니 부족함이 보였다 함이요 베레스는 왕의 나라가 나뉘어서 메대와 바사 사람에게 준 바 되었다 함이니이다"(단 5:26-28).

(3)다니엘을 높임. "벨사살이 명하여 그들이 다니엘에게 자주색 옷을 입히게 하며 금 사슬을 그의 목에 걸어 주고 그를 위하여 조서를 내려 나라의 셋째 통치자로 삼으니라"(단 5:29).

(4)하나님의 심판. "그 날 밤에 갈대아 왕 벨사살이 죽임을 당하였고 메대 사람 다리오가 나라를 얻었는데 그 때에 다리오는 육십이 세였더라"(단 5:30-31).

7. 다니엘과 사자굴

(1)다니엘의 기도. "다니엘이 이 조서에 왕의 도장이 찍힌 것을 알고도 자기 집에 돌아가서는 윗방에 올라가 예루살렘으로 향한 창문을 열고 전에 하던 대로 하루 세 번씩 무릎을 꿇고 기도하며 그의 하나님께 감사하였더라"(단 6:10). 예루살렘쪽 창문은 성전을 바라보는 기도다.

(2)다니엘의 감사. 사자굴을 통과한 비결은 감사기도였다. "나는 감사하는 목소리로 주께 제사를 드리며 나의 서원을 주께 갚겠나이다 구원은 여호와께 속하였나이다 하니라 여호와께서 그 물고기에게 말씀하시매 요나를 육지에 토하니라"(욘 2:9-10). 요나도 감사기도로 물고기 뱃속에서 살아났다(욘 2:9-10). 신앙의 근본은 감사와 자족이다(살전 5:18; 빌 4:11-13).

(3)하나님의 편재. 하나님은 사자굴에도 물고기 뱃속에도 계신다(왕

상 8:27-30; 시 139:6-10).

II. 다니엘서의 후반부(단 7-12장)

1. 다가올 미래

후반부는 다가올 미래의 환상을 보여준다. 다니엘은 느부갓네살의 꿈들과 환상을 해석하여 역사의 주인은 하나님이라 증명한다. 그 내용은 대부분 다니엘의 생애와 그 후에 약속의 땅 가나안 땅을 지배할 나라들을 예언하지만, 어떤 경우는 그 범위가 "이방인의 때"(눅 21:24)까지 확장한다. 다니엘의 모든 예언은 이미 세밀하게 성취되었다. 그러나 아직 성취되지 않은 다니엘의 예언도 반드시 성취되리란 의미에서 신자들과 불신자들에게 동일하게 도전한다.

2. 비평주의

다니엘은 하나님의 계시로 느부갓네살의 꿈과 환상을 해석하여 바벨론제국부터 로마제국과 그 후까지 역사적 사건들을 해석하여 기록한다. 그 예언들은 성취된 후에 기록한 것처럼 정확하게 성취되었다. 그 때문에 비평주의자들은 사건들이 성취된 BC 2세기에 기록한 것으로 주장한다. 그러나 비평주의 주장은 지지받지 못한다. 다니엘이 BC 6세기에 바벨론과 바사왕궁에서 실제로 활동했기 때문이다. 다니엘 9장은 메시야의 죽음까지 정확한 스케줄을 제시한다.

3. 예수님과 다니엘

"그러므로 너희가 선지자 다니엘이 말한 바 멸망의 가증한 것이 거룩한 곳에 선 것을 보거든 (읽는 자는 깨달을진저)"(마 24:15). "멸망의 가증한 것이 서지 못할 곳에 선 것을 보거든 (읽는 자는 깨달을진저) 그 때에 유대에 있는 자들은 산으로 도망할지어다"(막 13:14). 학자들이 유대인달력과 현대달력의 조율하여 계산한 연대에 따르면, 다니엘은 예수 그리스도의 십자가 사건이 AD 32년에 발생할 것으로 예언한다. 마태복음 24장과 마가복음 13장의 예수님과 다니엘의 관계를 보면, 2가지 공헌이 있다. 첫째, 신실한 신자는 이방나라에도 선한 영향력을 끼친다. 둘째, 역사의 주인 하나님이 다가올 미래도 주권적으로 통제할 것을 신뢰할 수 있다.

4. 인자 같은 이

"내가 또 밤 환상 중에 보니 인자 같은 이가 하늘 구름을 타고 와서 옛적부터 항상 계신 이에게 나아가 그 앞으로 인도되매 그에게 권세와 영광과 나라를 주고 모든 백성과 나라들과 다른 언어를 말하는 모든 자들이 그를 섬기게 하였으니 그의 권세는 소멸되지 아니하는 영원한 권세요 그의 나라는 멸망하지 아니할 것이니라"(단 7:13-14).

(1)네 짐승의 환상. 바벨론 왕 벨사살 원년에 다니엘은 네 짐승의 환상을 보았다.

(2)예수님의 호칭. 첫째, 그리스도, 메시야란 호칭은 "기름부음을 받은 자"인데, 기름부음으로 선지자, 제사장, 왕을 세웠다. 둘째, 하나님의 아들(Son of God)이란 직설적 칭호는 신성모독으로 몰렸다(요 10:33,36). 셋째, 인자(Son of Man)란 호칭은 메시야 은닉사상을 나타낸다.

5. 주여 삼창

"주여 들으소서(Lord, listen!) 주여 용서하소서(Lord, forgive!) 주여 귀를 기울이시고 행하소서(Lord, hear and act!) 지체하지 마옵소서 나의 하나님이여 주 자신을 위하여 하시옵소서 이는 주의 성과 주의 백성이 주의 이름으로 일컫는 바 됨이니이다"(단 9:19).

(1)바벨론포로 70년. 다니엘은 예레미야의 예언을 기억하고 자복하며 기도했다(단 9:1-4).

(2)주여 삼창. 국운(國運)을 바꾸는 기도였다(렘 33:3; 출 2:23-25; 렘 29:10-14; 겔 36:37).

6. 세 이레 기도

(1)다니엘의 환상. "바사 왕 고레스 제삼년에 한 일이 벨드사살이라 이름한 다니엘에게 나타났는데 그 일이 참되니 곧 큰 전쟁에 관한 것이라 다니엘이 그 일을 분명히 알았고 그 환상을 깨달으니라"(단 10:1). 다니엘은 힛데겔 강가에서 환상을 보았다.

(2)21일 기도. "그 때에 나 다니엘이 세 이레 동안을 슬퍼하며 세 이레가 차기까지 좋은 떡을 먹지 아니하며 고기와 포도주를 입에 대지 아니하며 또 기름을 바르지 아니하니라"(단 10:2).

(3)기도응답. "그가 내게 이르되 다니엘아 두려워하지 말라 네가 깨달으려 하여 네 하나님 앞에 스스로 겸비하게 하기로 결심하던 첫날부터 네 말이 응답 받았으므로 내가 네 말로 말미암아 왔느니라"(단 10:12). 하나님이 첫날부터 다니엘의 기도를 들었듯이, 우리의 기도를 듣는다.

(4)영적전쟁. "그런데 바사 왕국의 군주가 이십일 일 동안 나를 막았으므로 내가 거기 바사 왕국의 왕들과 함께 머물러 있더니 가장 높은

군주 중 하나인 미가엘이 와서 나를 도와 주므로 이제 내가 마지막 날에 네 백성이 당할 일을 네게 깨닫게 하러 왔노라 이는 이 환상이 오랜 후의 일임이라 하더라"(단 10:13-14). 군주 즉 사탄은 하나님의 응답을 받는 것을 방해한다.

7. 다니엘의 마지막

(1)하나님의 말씀. "지혜 있는 자는 궁창의 빛과 같이 빛날 것이요 많은 사람을 옳은 데로 돌아오게 한 자는 별과 같이 영원토록 빛나리라 다니엘아 마지막 때까지 이 말을 간수하고 이 글을 봉함하라 많은 사람이 빨리 왕래하며 지식이 더하리라"(Many will go here and there to increase knowledge. 단 12:3-4).

(2)다니엘의 상황. "내가 듣고도 깨닫지 못한지라 내가 이르되 내 주여 이 모든 일의 결국이 어떠하겠나이까 하니 그가 이르되 다니엘아 갈지어다 이 말은 마지막 때까지 간수하고 봉함할 것임이니라, 너는 가서 마지막을 기다리라 이는 네가 평안히 쉬다가 끝 날에는 네 몫을 누릴 것임이라"(단 12:8-9,13). 성령의 감동으로 기록한 성경은 성령의 감동으로 해석해야 한다(딤후 3:16-17; 벧후 1:20-21). 다니엘은 다 깨닫지 못해도 하나님은 다니엘에게 평안을 약속했다.

(3)행하심과 가르치심. 예수님은 행하시고 가르쳤다(행 1:1-2). 에스라는 말씀을 연구하고, 준행하고, 그 후에 가르치기로 결심했다(스 7:10). 행함이 없는 믿음은 죽은 것이다(약 2:17,26).

(4)대표의 원리. 바울은 대표의 원리에서 한 사람 아담의 범죄와 한 사람 예수 그리스도의 순종을 비교하여 한 사람의 중요성을 강조했다(롬 5:12,17-19). 하나님은 한 사람을 통해 새로운 미래를 준비한다. 예

레미야는 예루살렘에서 의인 한 사람을 찾았다(렘 5:1). 하나님은 다니엘 한 사람의 선한 영향력을 통해 이방나라에 하나님의 주권사상을 선포했다. 그리스도인은 하나님의 백성과 하나님의 자녀란 자존감과 자신감을 갖고, 다니엘처럼 하나님의 사명을 감당할 미래를 준비해야 한다.

소선지서

(the Books of
the 12 Minor Prophets)

1. 북이스라엘 선지자(호세아, 아모스, 요나)

선지자들은 주로 남유다에서 활동했지만, 하나님은 선지자들을 북이스라엘로 보냈다. 아히야는 북이스라엘 초대 왕 느밧의 아들 여로보암의 시대를 예언했다(왕상 11,14장). 하나님은 유다의 한 선지자를 보내 벧엘의 금송아지우상을 섬기던 여로보암을 책망했다(왕상 13장). 호세아, 요엘, 아모스는 북이스라엘 소선지자지만, 엘리야와 엘리사는 북이스라엘에 강한 영향력을 미쳤다. 북이스라엘은 하나님께 돌아오라는 경고를 무시하고 우상숭배에 몰두했다. 느밧의 아들 여로보암은 3가지 정강정책으로 우상숭배의 초석을 놓았다. 첫째, 벧엘과 단에 금송아지 우상을 세웠다. 둘째, 보통백성으로 제사장을 삼았다. 셋째, 유다와 비슷하게 절기를 바꾸었다.

북이스라엘의 왕들은 느밧의 여로보암의 길로 갔고, 아합과 이세벨의 우상숭배는 절정이었다. 선지자들은 우상숭배에 몰두한 초대 왕 여로보암부터 마지막 왕 호세아까지 철저히 배격했다. 호세아, 아모스, 요나는 북이스라엘이 가장 번영하던 여로보암 II세의 통치시대에 사역했다. "이스라엘 자손들아 여호와의 말씀을 들으라 여호와께서 이 땅 주민과 논쟁하나니 이 땅에는 진실도 없고 인애도 없고 하나님을 아는 지식도 없고 오직 저주와 속임과 살인과 도둑질과 간음뿐이요 포악하여 피가 피를 뒤이음이라"(호 4:1-2). 호세아는 영적 타락을 책망하고, 아모스는 도덕적 타락을 책망했다. 그러나 하나님이 용서하리란 희망을 품고 회개하고 돌아오라고 촉구했다. 요나의 사역은 이스라엘을 위한 실물교육이다. 요나가 니느웨의 멸망을 선포할 때에, 하나님은 금식하며 회개한 니느웨에 은혜를 베풀었다. 이스라엘이 니느웨처럼 회개하면, 은혜를 베풀겠다는 하나님의 사인이었다. 그러나 이스라엘은 끝까지 회개하지 않았고, 마침내 BC 722년에 앗수르의 침략을 받아 북이스라엘은 역사 속으로 사라졌다.

2. 남유다 선지자(요엘, 미가)

BC 931년 솔로몬 죽은 후에 통일왕국은 남북왕조로 분열된다. 느밧의 아들 여로보암은 10지파로 북이스라엘을 세우고, 솔로몬의 아들 르호보암은 유다와 베냐민지파로 남유다를 세웠다. BC 722년에 북이스라엘은 앗수르의 침략으로 멸망했고, 남유다는 다윗언약에 신실한 하나님의 은혜로 존속한다. 그러나 여호사밧과 아합은 남북공조로 사돈을 맺고, 아합의 딸 아달랴가 여호사밧의 며느리, 여호람의 아내가 되어 남유다도 우상숭배에 물든다. 하나님의 선지자들은 북이스라엘에 선포했던 동일한 메시지를 선포했다.

요엘은 짧고 강력한 심판의 메시지로 하나님께 회개하고 돌아오라고 선포했다. 4번의 메뚜기 재앙이 휩쓸던 요엘의 사역시기를 정확히 알 수 없다. 하나님은 회개치 않던 백성들에게 하나님의 심판을 경고했다. 그들이 마음을 찢고 돌아오면, 하나님이 혹시 은혜를 베풀 것이란 희망을 약속했다(욜 2:12-14). 특별히 요엘은 오순절에 오실 영을 예언했다(욜 2:28-32). 미가는 앗수르가 북이스라엘을 침략하기 직전부터 히스기야 때까지 사역했다. 미가는 이사야와 동시대의 선지자였다. 이사야는 남유다의 부흥운동을 주도한 히스기야와 귀족들에게 메시지를 선포하고, 미가는 평민들에게 메시지를 선포했다. 이사야는 메시야의 동정녀탄생(사 7:14), 미가는 베들레헴탄생(미 5:2)을 예언했다. 미가는 이사야처럼 북이스라엘이 멸망하고, 남유다가 생존한 시대적 상황에서 예언했다. 이사야와 미가는 동시대인들에게 희망의 메시지를 전했다.

3. 북이스라엘 멸망 후 남유다 선지자(나훔, 스바냐, 하박국, 오바댜)

BC 722년 앗수르가 북이스라엘을 멸망시킨 후에 BC 701년까지 남유다를 공격했다. 남유다는 이사야의 지도와 히스기야의 기도로 앗수르 왕 산헤립의 군대 185,000명을 무찌르고, 15년간 평화가 찾아왔다. 그러나 히스기야 죽은 후에 므낫세가 12세에 등극하여 55년간 통치하며 부왕의 종교개혁을 뒤집고 우상숭배로 회귀했다. "유다와 예루살렘 주민이 므낫세의 꾀임을 받고 악을 행한 것이 여호와께서 이스라엘 자손 앞에서 멸하신 모든 나라보다 더욱 심하였더라"(대하 33:9). 남유다의 마지막 선한 왕 요시야는 우상숭배를 청산하여 종교개혁에 힘썼다. 그러나 BC 609년 요시야가 므깃도 전투에서 전사했다. BC 586년 마지막 왕 시드기야 때에 남유다는 바벨론의 침략으로 멸망했다. 예레미야는 멸망의 현장에서 눈물로 사역했고, 에스겔은 BC 597년 바벨론 포로로 잡혀가서 사역했다.

그 시대에 4명의 소선지자 즉 나훔, 스바냐, 하박국, 오바댜가 남유다의 멸망을 예언하며 회개를 촉구했다. 나훔은 므낫세가 통치하던 남유다가 앗수르의 지배를 받을 때에 앗수르의 수도, 니느웨의 멸망을 그림처럼 묘사했다. 스바냐는 BC 621년 요시야가 부흥운동을 시작하기 직전에 메시지를 기록했다. 하나님이 남유다의 죄악을 심판할 것을 경고하며 하나님께로 돌아오라고 촉구했다. 하박국은 요시야가 부흥운동을 시작한 후에 남유다의 지속적 부패를 여호와께 호소했다. 하나님은 반드시 악인을 바벨론의 침략으로 징계하겠지만, "의인은 그의 믿음으로 말미암아 살리라"(합 2:4)고 약속했다. 오바댜는 예루살렘이 멸망할 때에 형제사랑을 실천하지 않고(요일 4:20-21), 적군과 연합하여 형제를 공격한 에서의 자손 에돔의 심판을 예고했다. 4명의 소선지자는 남유다와 이방나라를 막론하고 회개치 않으면 하나님이 심판할 것을 강조했다. 역사의 주인 하나님이 개인의 생사화복과 인류의 흥망성쇠를 다스림을 선포했다.

4. 바벨론포로 후 선지자(학개, 스가랴, 말라기)

BC 538년 바벨론포로 70년이 끝나고(렘 25:10-14), 바사 왕 고레스 칙령으로 귀환한다(대하 36:22-23; 스 1:1-4). BC 536년 귀환한 백성들이 2년 후 성전기초공사를 했지만, 사마리아인들의 조직적 방해로 16년간 중단된다. BC 520년 학개와 스가랴가 성전건축을 격려했고, 그 후 4년 만에 성전을 재건했다. BC 586년 성전이 파괴되고, BC 516년에 성전을 재건했다. 정확히 70년이란 기간은 하나님과 관계가 단절된 성전부재시대를 가리킨다.

학개의 사역은 성전건축에 초점을 맞추었지만, 스가랴의 사역은 광범위했다. 스가랴는 유다의 관점에서 다니엘이 예언한 이방인의 통치시대를 바라보았다. 일련의 환상과 신탁들을 통하여 하나님이 메시야를 보낼 미래를 예고했다. 역사의 마지막에 심판이 있고, 아브라함의 언약이 영적으로 성취될 것이다. 백성들은 소망을 품고 약속의 땅으로 돌아올 것이다.

말라기는 학개와 스가랴보다 약 100년 후 사역한 선지자다. 에스라와 느헤미야처럼 말라기는 유다의 혼잡한 영적쇠퇴기를 묘사했다. 유다는 바벨론포로 귀환한 후 성전제사를 멸시하고 율법을 무시했다. 하나님은 누군가 성전 문을 닫았으면 좋겠다고 했다(말 1:10). 말라기는 성전제사를 회복하고, 가정을 파괴하는 이혼을 막고, 십일조와 봉헌물을 드려서 하늘과 땅의 복을 받아 영육간에 풍족한 삶을 살라고 촉구했다. 심지어 십일조를 통해 하나님을 시험해보라고 제안했다(말 3:8-10). 구약성경의 마지막 책 말라기는 주님의 길을 예비할 선지자 엘리야, 즉 세례요한을 보낼 것이란 약속으로 메시지로 마무리한다(마 11:14; 17:10-12). 선지자가 약속한 미래비전을 기다림은 길지만, 역사의 주인은 오직 하나님뿐이다. 하나님은 자신이 약속한 언약을 반드시 성취할 것이다(마 5:17-18; 요 19:30; 계 22:20).

28 호세아(Hosea)
사랑의 선지자

1. 호세아의 시대

호세아는 여호수아처럼 구원자(savior)란 뜻으로 예수님의 예표다. 호세아는 "웃시야와 요담과 아하스와 히스기야가 이어 유다 왕이 된 시대 곧 요아스의 아들 여로보암이 이스라엘 왕이 된 시대"에 사역했다(호 1:1). 호세아는 이사야와 동시대 선지자다(사 1:1). 아모스는 웃시야의 시대에 사역했고(암 1:1), 미가는 요담, 아하스, 히스기야의 시대에 사역했다(미 1:1). 아모스와 호세아는 북이스라엘에서, 이사야와 미가는 남유다에서 사역했다.

2. 하나님의 두 가지 성품

하나님의 속성은 공의와 사랑이다. 호세아는 사랑의 선지자, 아모스는 공의의 선지자라 부른다. 호세아는 사랑에 초점을 맞추고, 아모스는 공의에 맞춘다. 호세아에 공의가 없고, 아모스에 사랑이 없다는 뜻은 아니다. 공의와 사랑이 십자가에서 입 맞춘다. 공의의 하나님은 죄 값을 한 푼도 탕감할 수 없다(마 5:26). 그러나 사랑의 하나님은 원수도 용서한다(롬 5:6,8,10). 공의의 하나님은 우리 죄악을 죄 없는 예수님에게 담당시켰다(사 53:4-6; 요 1:29; 히 4:15). 그러나 사랑의 하나님은 그리스도의 피 값으로 죄인을 구속하셨다(벧전 1:18-19; 히 9:13-14). 하나님은 회개할 것 없는 의인 99명보다 회개한 1명을 더 기뻐하기 때문이다(눅 15:7,10,32).

3. 호세아의 세 자녀의 이름

(1)이름의 뜻. 장자 이스르엘(호 1:4)은 이스라엘과 유사발음의 언어유희(word play)로 "흩어버린다, 뽑아버린다"란 뜻이다. 딸 로루하마는 로(No)와 루하마(Grace)의 합성어로 "긍휼히 여김을 받지 못하는 자"(No Grace)란 뜻이다(호 1:6). 막내 로암미는 로(No)와 암미(my people)의 합성어로 "내 백성이 아니다"(No my people)란 뜻이다(호 1:9). 사랑의 하나님은 회복을 약속한다. "너희 형제에게는 암미라 하고 너희 자매에게는 루하마라 하라"(호 2:1).

(2)성취. "너희는 모든 민족 중에서 내 소유가 되겠고 너희가 내게 대하여 제사장 나라가 되며 거룩한 백성이 되리라"(출 19:5-6). 하나님은 독수리 날개로 업어 출애굽한 이스라엘의 정체성을 확립했다. 베드로는 이방인에게 그대로 적용했다. "그러나 너희는 택하신 족속이요 왕 같은 제사장들이요 거룩한 나라요 그의 소유가 된 백성이니 … 너희가 전에는 백성이 아니더니 이제는 하나님의 백성이요 전에는 긍휼을 얻지 못하였더니 이제는 긍휼을 얻은 자니라"(벧전 2:9-10). 긍휼을 입지 못한 이방인이 긍휼을 입어 하나님의 백성이 되었다. 그것은 사랑의 하나님이 모든 사람이 회개하기를 천년을 하루같이 오래 참고 기다린 결과였다(벧후 3:8-9).

4. 내 것과 하나님의 것

(1)인간은 하나님의 것을 내 것이라 한다. "그들의 어머니는 음행하였고 그들을 임신했던 자는 부끄러운 일을 행하였나니 이는 그가 이르기

를 나는 나를 사랑하는 자들을 따르리니 그들이 내 떡과 내 물과 내 양털과 내 삼과 내 기름과 내 술들을 내게 준다 하였음이라"(호 2:5).

(2)하나님이 만물의 주인이다. "곡식과 새 포도주와 기름은 내가 그에게 준 것이요 그들이 바알을 위하여 쓴 은과 금도 내가 그에게 더하여 준 것이거늘 그가 알지 못하도다 그러므로 내가 내 곡식을 그것이 익을 계절에 도로 찾으며 내가 내 새 포도주를 그것이 맛 들 시기에 도로 찾으며 또 그들의 벌거벗은 몸을 가릴 내 양털과 내 삼을 빼앗으리라"(호 2:8-9).

(3)하나님의 주권사상. "우리가 살아도 주를 위하여 살고 죽어도 주를 위하여 죽나니 그러므로 사나 죽으나 우리가 주의 것이로다"(롬 14:8). 누가 내 삶의 주인인가? 우리는 전능하사 천지를 만드신 하나님 아버지를 믿는다. 믿음은 범사에 하나님의 주권을 인정하고, 하나님을 주인으로 섬기는 삶이다. 인간은 하나님과 재물(맘몬)을 겸하여 섬길 수 없다(마 6:24). 마침내 하나님이 가나안의 복을 주셨고, 재물을 얻는 능력을 주셨다(신 8:16-18). 그러나 인간 청지기는 내 손의 힘과 내 능력으로 재물을 얻었다고 자랑한다. 하나님은 다윗이 어디로 가든지 이기게 했고(대상 18:6,13), 다윗은 전리품을 다시 드릴 힘을 주신 것을 감사했다(대상 29:10-14).

(4)자족(self-sufficient). 하나님은 "너는 내 것이라"고 소유권을 주장한다(사 43:1). 바울도 하나님의 소유권을 주장한다. "너희 몸은 너희가 하나님께로부터 받은 바 너희 가운데 계신 성령의 전인 줄을 알지 못하느냐 너희는 너희 자신의 것이 아니라 값으로 산 것이 되었으니 그런즉 너희 몸으로 하나님께 영광을 돌리라"(고전 6:19-20). 사사시대처럼 우리는 주인이 되었고(삿 17:6; 21:25), 있는 것을 더 가지려

는 욕심과 없는 것까지 가지려는 탐심에 사로잡혀 죄만 짓고 살고 있다(약 1:14-15). 범사에 하나님을 주인으로 인정하고(롬 14:8), 자족을 배워야 내게 능력 주시는 자 안에서 경제적 자유를 누릴 수 있다(빌 4:11-13; 딤전 6:6-10).

5. 하나님의 사랑

(1)그럼에도 불구하고 사랑. "내가 네게 장가 들어 영원히 살되 공의와 정의와 은총과 긍휼히 여김으로 네게 장가 들며 진실함으로 네게 장가 들리니 네가 여호와를 알리라"(호 2:19-20). 하나님은 호세아에게 음란한 아내 고멜을 다시 사랑하라고 명령한다. "이스라엘 자손이 다른 신을 섬기고 건포도 과자를 즐길지라도 여호와가 그들을 사랑하나니 너는 또 가서 타인의 사랑을 받아 음녀가 된 그 여자를 사랑하라"(호 3:1).

(2)새 계명. 주님은 하나님사랑과 이웃사랑을 합쳐 서로사랑의 새 계명을 주셨다. "새 계명을 너희에게 주노니 서로 사랑하라 내가 너희를 사랑한 것 같이 너희도 서로 사랑하라 너희가 서로 사랑하면 이로써 모든 사람이 너희가 내 제자인 줄 알리라"(요 13:34-35). 하나님은 원수였던 우리를 사랑했기에, 주님은 서로 사랑하라고 명령했다(마 5:44-45; 롬 5:10; 요일 4:7-11).

(3)우상숭배. 탐심은 곧 우상숭배다(골 3:5). 하나님보다 더 사랑하는 것은 우상이다. 우상숭배의 근원은 탐심이다. 호세아와 고멜은 하나님과 이스라엘의 관계의 예표다. 바울은 남편과 아내의 사랑으로 그리스도와 교회의 사랑을 설명했다(엡 5:22-33). 그것이 아가서의 사랑이다.

6. 노예의 몸값

은 30은 노예의 몸값이다. 호세아는 고멜을 "내가 은 열다섯 개와 보리 한 호멜 반으로 나를 위하여 그를 사고" 데려왔다(호 3:2). 대제사장들과 가룟 유다는 예수님의 몸값을 은 삼십으로 흥정했다(마 26:15; 27:3,9). 형제들은 요셉을 은 20에 이스마엘 상인들에게 팔았고(창 37:28), 그들은 애굽에서 바로의 신하 친위대장 보디발에게 팔았다(창 37:36).

7. 하나님을 아는 지식(Knowledge of God)

(1)있어야 할 것과 없어야 할 것. 이스라엘의 실상은 하나님 보시기에 있어야 할 것은 없고, 없어야 할 것만 있었다. "이스라엘 자손들아 여호와의 말씀을 들으라 여호와께서 이 땅 주민과 논쟁하시나니 이 땅에는 진실도 없고 인애도 없고 하나님을 아는 지식도 없고 오직 저주와 속임과 살인과 도둑질과 간음뿐이요 포악하여 피가 피를 뒤이음이라"(호 4:1,2).

(2)무지(無知)와 무죄(無罪). 무지는 무죄가 아니다(눅 24:47-48). "내 백성이 지식이 없으므로 망하는도다 네가 지식을 버렸으니 나도 너를 버려 내 제사장이 되지 못하게 할 것이요 네가 네 하나님의 율법을 잊었으니 나도 네 자녀들을 잊어버리리라"(호 4:6). 사울 왕이 말씀을 버렸기에 여호와께서도 사울 왕을 버렸다(삼상 15:22-23). 참 지식은 하나님을 아는 지식이다.

8. 부전자전(父傳子傳)

"여호와께서 유다와 논쟁하시고 야곱을 그 행실대로 벌하시며 그의 행위대로 그에게 보응하시리라 (1)야곱은 모태에서 그의 형의 발뒤꿈치를 잡았고 (2)또 힘으로는 하나님과 겨루되 (3)천사와 겨루어 이기고 (4)울며 그에게 간구하였으며 하나님은 벧엘에서 그를 만나셨고 거기에서 우리에게 말씀하셨나니 여호와는 만군의 하나님이시라 여호와는 그를 기억하게 하는 이름이니라 그런즉 너의 하나님께로 돌아와서 인애와 정의를 지키며 항상 너의 하나님을 바랄지니라"(호 12:2-6). 하나님은 야곱의 행실과 행위 즉 (1)형의 발뒤꿈치 잡기, (2)하나님과 힘겨루기, (3)천사와 힘겨루기를 책망했고, 야곱이 (4)울며 간구하여 이스라엘로 변화된 회개를 칭찬했다. 그러나 야곱의 자손 이스라엘은 야곱의 나쁜 행실과 행위만 본받고, 야곱의 회개를 본받지 않음을 책망했다. 야곱이 이스라엘로 변화된 전환점은 "울며 그에게 간구하였으며"에 있다. 야곱은 벧엘의 서원기도(창 28장), 얍복나루터의 철야기도(창 34장)로 믿음의 조상이 되었다.

9. 호세아의 결론

"누가 지혜가 있어 이런 일을 깨달으며 누가 총명이 있어 이런 일을 알겠느냐 여호와의 도는 정직하니 의인은 그 길로 다니거니와 그러나 죄인은 그 길에 걸려 넘어지리라"(호 14:9). 호세아의 결론은 예수님의 산상수훈의 결론과 같다(마 7:24-27). 누구든지 예수님의 말씀을 듣고 행하는 사람은 반석 위에 집을 지은 지혜자이고, 듣고도 행하지 않는 사람은 모래 위에 집을 지은 어리석은 자다. 야고보도 행함이 없는 믿음은 그 자체가 죽은 것이라 했다(약 2:17,26).

29 요엘(Joel)
성령강림을 예언한 선지자

1. 요엘의 시대

요엘은 "여호와께서 하나님이다"란 뜻이다. 요엘의 아버지 브두엘의 신앙고백이다. "여호와는 누구십니까?"라는 뜻의 미가(Micah)에 대한 대답이기도 하다. 4번의 메뚜기 재앙이 휩쓸던 요엘의 사역시대는 정확히 알 수 없다. 요엘은 옷을 찢지 말고 마음을 찢고 여호와께 돌아오라고 참 회개를 촉구했다(욜 2:12-14). 특히 요엘은 오순절에 오실 영을 예언했다(욜 2:28-32).

2. 4번의 메뚜기재앙

"팥중이(the locust)가 남긴 것을 메뚜기(the great locusts)가 먹고 메뚜기(the great locusts)가 남긴 것을 느치(the young locusts)가 먹고 느치(the young locusts)가 남긴 것을 황충(other locusts)이 먹었도다"(욜 1:4). 요엘이 선포한 4번의 메뚜기 재앙에 나오는 팥중이, 메뚜기, 느치, 황충은 메뚜기과 곤충들이다. 애굽의 10가지 재앙(피, 개구리, 이, 파리, 가축의 독종, 사람의 독종, 우박, 메뚜기, 어두움, 장자의 죽음)은 우박 재앙 다음에 메뚜기 재앙이 온다. 4번의 메뚜기 재앙은 우박으로 망친 농사를 제사드릴 곡물마저 없도록 초토화시켰다.

3. 참 회개(욜 2:12-14)

(1)제사민족. 이스라엘은 평생 제사스케줄이 정해진 민족이다. 그것은 매일 상번제, 매주 안식일, 매월 초하루 월삭, 나팔절(7.1), 대속죄일(7.10). 유월절(1.14)과 1주일의 무교절, 유월절부터 50일째 오순절, 장막절(7.14부터 1주일), 매 7년째 안식년, 매 50년째 희년이다. 그러나 사무엘은 제사보다 순종을 강조했고(삼상 15:22-23), 형식의 종교를 말씀의 종교로 바꿨다.

(2)문제의 답. "너희는 옷을 찢지 말고 마음을 찢고 너희 하나님 여호와께로 돌아올지어다 그는 은혜로우시며 자비로우시며 노하기를 더디하시며 인애가 크시사 뜻을 돌이켜 재앙을 내리지 아니하시나니 주께서 혹시 마음과 뜻을 돌이키시고 그 뒤에 복을 내리사 너희 하나님 여호와께 소제와 전제를 드리게 하지 아니하실는지 누가 알겠느냐"(욜 2:13-14). 하나님께 돌아가는 방법은 마음을 찢는 참 회개다. 요엘은 참 회개로 소제의 곡식과 전제의 기름을 얻을 수 있는 하나님의 혹시(perhaps) 즉 하나님의 은혜를 기대하도록 제안했다. "회개하라 천국이 가까이 왔느니라"(마 4:17). 예수님은 하나님 앞에서(Coram Deo)의 회개를 요구했다(마 6:1). 욥의 고난도 회개로 끝났다(욥 42:6). 문제의 답은 하나님 앞에 참 회개뿐이다(벧후 3:8-9).

4. 이른 비와 늦은 비

(1)풍년의 비결. "시온의 자녀들아 너희는 너희 하나님 여호와로 말미암아 기뻐하며 즐거워할지어다 그가 너희를 위하여 비를 내리시되 이른 비를 너희에게 적당하게 주시리니 이른 비와 늦은 비가 예전과 같을 것이라 마당에는 밀이 가득하고 독에는 새 포도주와 기름이 넘치리로

다"(욜 2:23-24). 농사란 노력이 필수지만, 하나님의 은혜가 더 중요하다(시 127:1-2). 씨를 뿌릴 때에 이른 비가 내리고 추수할 때에 늦은 비가 내려야 한다. 그것이 하나님의 방법이다.

(2)손해보상. "내가 전에 너희에게 보낸 큰 군대 곧 메뚜기와 느치와 황충과 팥중이가 먹은 햇수대로 너희에게 갚아 주리니 너희는 먹되 풍족히 먹고 너희에게 놀라운 일을 행하신 너희 하나님 여호와의 이름을 찬송할 것이라 내 백성이 영원히 수치를 당하지 아니하리로다"(욜 2:25-26). 안식년을 지키도록 6년차에 3년간 소득(6년차, 7년차, 8년차)을 주셨다. 8년차 추수 때까지 양식이 필요했기 때문이다(출 23:10-13; 레 25:1-7; 왕하 19:29). 안식일을 지키도록 6일째에 만나의 유효기간을 2일로 늘려 금요일과 안식일에 먹을 만나를 주셨다(출 16:21-30).

5. 오실 영

(1)구약의 성령. 구약의 성령은 5가지 사역을 한다. 창조의 영, 예언의 영, 능력의 영, 기름부음의 영, 오실 영이다. 첫째, 성령은 천지창조와 새 창조의 영이다(창 1:1,2; 겔 36:26-28). 둘째, 성령은 선지자와 사도를 감동하여 하나님의 말씀을 기록한다(마 22:41-46; 딤후 3:16-17; 벧후 1:20-21). 셋째, 사역을 감당하도록 성령의 권능을 부어준다(삿 14:6; 삼상 16:13-14). 넷째, 기름부음으로 선지자, 제사장, 왕을 세울 때에 성령이 임하신다(사 61:1-3; 눅 4:16-21). 다섯째, 요엘이 예언한 장차 오실 영이다(욜 2:28-32). 요엘의 오실 영을 살펴보자.

(2)요엘의 예언. "그 후에 내가 내 영을 만민에게 부어 주리니 너희 자녀들이 장래 일을 말할 것이며 너희 늙은이는 꿈을 꾸며 너희 젊은이

는 이상을 볼 것이며 그 때에 내가 또 내 영을 남종과 여종에게 부어 줄 것이며 …. 누구든지 여호와의 이름을 부르는 자는 구원을 얻으리니 이는 나 여호와의 말대로 시온 산과 예루살렘에서 피할 자가 있을 것임이요 남은 자 중에 나 여호와의 부름을 받을 자가 있을 것임이니라"(욜 2:28-32). 요엘은 오실 영을 예언했고, 미래에 만민에게 부어줄 성령강림을 약속했다. 만민(히, 콜 바사르)은 모든 육체(all the body) 즉 늙은이와 젊은이, 남종과 여종을 가리킨다. 오순절성령강림은 요엘예언의 성취다(행 2:14-21).

(3)제한속죄(Limited Atonement). "하나님이 세상을 이처럼 사랑하사 독생자를 주셨으니 이는 그를 믿는 자마다 멸망하지 않고 영생을 얻게 하려 하심이라"(요 3:16). 제한속죄란 하나님의 능력이 아니라 구원받는 범위를 제한한다. 즉 하나님의 능력은 인류 전체를 구원할 수 있지만, 결과적으로 그 혜택을 받는 사람들은 제한적이란 의미다.

30 아모스(Amos)
하나님의 공의를 선포한 선지자

1. 아모스의 시대

"유다 왕 웃시야의 시대 곧 이스라엘 왕 요아스의 아들 여로보암의 시대 지진 전 이년에 드고아 목자 중 아모스가 이스라엘에 대하여 이상으로 받은 말씀이라"(암 1:1). 아모스는 "무거운 짐을 진 자"라는 뜻이다. 여로보암의 시대는 경제적 부유와 동시에 영적 기근의 시대였다. 호세아가 사랑의 선지자라면, 아모스는 공의의 선지자다. 호세아에 공의가 없고, 아모스에 사랑이 없다는 것은 아니다. 아모스는 하나님의 공의에 초점을 맞춰 말씀을 선포했다. 아모스의 요절이다. "오직 정의를 물 같이, 공의를 마르지 않는 강 같이 흐르게 할지어다"(But let justice roll on like a river, righteousness like a never-failing stream. 암 5:24).

2. 서너 가지 죄

아모스는 일곱 족속의 서너 가지 죄를 합친 종합세트가 바로 북이스라엘의 죄라고 선포했다.

(1)다메섹(암 1:3-5). 다마스커스는 수리아, 아람이라고 부르는 시리아의 수도다. 사도바울은 다메섹으로 가던 길에서 회심했다. (2)가사(암 1:6-8). 블레셋의 대표적 도시다. 블레셋은 가사, 가드, 아스돗, 아스글론, 에글론의 5개 도시로 구성된 도시국가다. (3)두로(암 1:9-10).

베니게는 두로와 시돈으로 구성된 페니키아다. 시돈의 공주 이세벨은 아합의 아내로 바알과 아세라를 섬긴 우상숭배의 주인공이다. (4)에돔 (암 1:11-12). 세일산에 사는 에서의 자손이다. (5)암몬(암 1:13-15). 롯과 둘째 딸 사이에 태어난 족속이다. (6)모압(암 2:1-3). 롯과 첫째 딸 사이에 태어난 족속이다. 모압은 "아버지로부터"(from Father)란 뜻이다. (7)유다(암 2:4-5). 유다지파와 베냐민지파로 구성된 남유다는 다윗의 정통성을 지닌다. (8)이스라엘(암 2:6-8). 결론적으로 이스라엘의 서너 가지 죄란 다메섹, 가사, 두로, 에돔, 암몬, 모압, 유다의 서너 가지 죄를 종합한 총체적 죄다. 아모스는 모든 나라들 가운데 느밧의 아들 여로보암이 10지파로 세운 북이스라엘의 죄가 가장 심각하다는 것을 강조한다.

3. 원인 없는 결과는 없다

"주 여호와께서는 자기의 비밀을 그 종 선지자들에게 보이지 아니하시고는 결코 행하심이 없으시리라 사자가 부르짖은즉 누가 두려워하지 아니하겠느냐 주 여호와께서 말씀하신즉 누가 예언하지 아니하겠느냐"(암 3:7-8). 아모스는 자신의 배후가 바로 하나님이라 주장한다.

4. 여호와를 찾으라!

(1)사는 길. "여호와께서 이스라엘 족속에게 이와 같이 말씀하시기를 너희는 나를 찾으라 그리하면 살리라"(Seek me and live, 암 5:4). 아모스는 종합적 죄 가운데 사는 길을 제시한다.

(2)주의사항. "벧엘을 찾지 말며 길갈로 들어가지 말며 브엘세바로도 나아가지 말라 길갈은 반드시 사로잡히겠고 벧엘은 비참하게 될 것임이

라"(암 5:5). 아모스는 마당만 밟고 가는 형식적 제사가 아니라 영적교제로 하나님을 찾으라고 권면한다. 야곱이 서원기도를 했던 벧엘은 금송아지의 집이 되었다. 여호수아의 할례로 애굽의 수치가 굴러갔던 길갈과 아브라함과 이삭이 하나님의 은혜로 우물을 팠던 맹세의 우물이란 브엘세바도 우상숭배의 본거지가 된 상태였다. 벧엘, 길갈, 브엘세바, 즉 장소가 아니라 하나님을 찾아 영적예배를 드려야 산다(요 4:20-24).

(3)여호와를 찾으라. "여호와를 찾으라 그리하면 살리라(Seek the Lord and live) 그렇지 않으면 그가 불 같이 요셉의 집에 임하여 멸하시리니 벧엘에서 그 불들을 끌 자가 없으리라"(암 5:6). 오직 사는 길을 마음과 목숨과 뜻과 힘을 다하여 여호와를 찾는 길이다. 요셉의 집이란 에브라임지파, 즉 느밧의 아들 여로보암이 세운 북이스라엘과 수도 사마리아를 가리킨다.

(4)하나님의 혹시(Perhaps of God). "너희는 살려면 선을 구하고 악을 구하지 말지어다 만군의 하나님 여호와께서 너희의 말과 같이 너희와 함께 하시리라 너희는 악을 미워하고 선을 사랑하며 성문에서 정의를 세울지어다 만군의 하나님 여호와께서 혹시 요셉의 남은 자를 불쌍히 여기시리라"(암 5:14-15). 마지막 희망은 악을 구하지 않고 선을 구하여 하나님의 혹시, 하나님의 은혜를 기대하는 것이다. 즉 선으로 악을 이겨 하나님을 감동시켜야 한다(롬 12:14-21).

5. 다림줄 환상

"또 내게 보이신 것이 이러하니라 다림줄을 가지고 쌓은 담 곁에 주께서 손에 다림줄을 잡고 서셨더니"(암 7:7). 다림줄의 2가지 용도는 건설과 파괴다. "아모스야 네가 무엇을 보느냐 내가 대답하되 다림줄이니이다 주께서 이르시되 내가 다림줄을 내 백성 이스라엘 가운데 두고 다시는 용서하지 아니하리니 이삭의 산당들이 황폐되며 이스라엘의 성소들이 파괴될 것이라 내가 일어나 칼로 여로보암의 집을 치리라"(암 7:8-9). 아모스가 본 다림줄의 환상은 하나님의 심판의 상징한다. 즉 이스라엘의 성소들, 벧엘과 단의 금송아지 우상이 파괴될 상징이다.

6. 아마샤와 아모스

(1) 벧엘의 제사장 아마샤. 아마샤는 느밧의 아들 여로보암이 세운 금송아지우상의 제사장이다. 아마샤는 요아스의 아들 여로보암에게 고발했다. "이스라엘 족속 중에 아모스가 왕을 모반하나니 그 모든 말을 이 땅이 견딜 수 없나이다"(암 7:10). 그는 아모스의 메시지를 비난하며 겁박했다. "여로보암은 칼에 죽겠고 이스라엘은 반드시 사로잡혀 그 땅에서 떠나겠다 하나이다 선견자야 너는 유다 땅으로 도망하여 가서 거기에서나 떡을 먹으며 거기에서나 예언하고 다시는 벧엘에서 예언하지 말라 이는 왕의 성소요 나라의 궁궐임이니라"(암 7:11-13).

(2) 드고아의 목자 아모스. "나는 선지자(a prophet)가 아니며 선지자의 아들(the son of a prophet)도 아니라 나는 목자(a shepherd)요 뽕나무를 재배하는 자(I also took care of sycamore-fig trees.)"(암 7:14)라고 아모스는 아마샤에게 자신을 소개했다.

(3)아모스의 메시지. "이제 너는 여호와의 말씀을 들을지니라 네가 이르기를 이스라엘에 대하여 예언하지 말며 이삭의 집을 향하여 경고하지 말라 하므로 여호와께서 이와 같이 말씀하시기를 네 아내는 성읍 가운데서 창녀가 될 것이요 네 자녀들은 칼에 엎드러지며 네 땅은 측량

하여 나누어질 것이며 너는 더러운 땅에서 죽을 것이요 이스라엘은 반드시 사로잡혀 그의 땅에서 떠나리라 하셨느니라"(암 7:16-17). 하나님은 양치기 아모스에게 내 백성 이스라엘에게 예언하라고 사명을 주셨다(암 7:15). 아모스는 벧엘에서 하나님의 메시지를 담대하게 전했다.

7. 여름과일 한 광주리

잘 익은 과일의 환상은 나뭇가지 꼭대기에 매달린 홍시가 내버려둬도 저절로 떨어지는 것처럼, 북이스라엘에 대한 하나님의 심판이 임박했다는 상징이다(암 8:1-3).

8. 영적 목마름

요아스의 아들 여로보암의 시대에 북이스라엘은 GDP가 가장 높고, 백성의 삶이 윤택한 나라였다. 가정주부는 바산 목초지의 암소처럼 비만했다(암 4:1). 왕은 여름 궁, 겨울 궁에서 피서와 피한을 즐기던 시대였다(암 3:13-15). 반면에 영적으로 그 시대는 가장 굶주린 기근의 시대였다. 북이스라엘의 영적상태는 한 마디로 말씀부재시대, 즉 말씀을 듣지 못한 기근, 가뭄, 기갈의 시대였다(암 8:11-14). 그러나 하나님만 찾는다면, 고난당한 것도 유익이다(시 119:67,71).

9. 다윗의 장막과 에돔의 남은 자

(1)다윗의 무너진 장막(David's fallen shelter). "그 날에 내가 다윗의 무너진 장막을 일으키고 그것들의 틈을 막으며 그 허물어진 것을 일으켜서 옛적과 같이 세우고"(암 9:11). 바벨론포로란 성전부재시대였다. 북이스라엘은 금송아지우상으로 하나님과 관계가 단절된 나라가 되었

다. 다윗의 무너진 장막을 일으키는 아모스의 예언은 다윗의 자손 예수님이 자신의 죽음과 부활로 3일 만에 성전건축을 완성함으로 다 이루어졌다(요 2:19-22; 19:30).

(2)에돔의 남은 자(the remnant of Edom). "그들이 에돔의 남은 자와 내 이름으로 일컫는 만국을 기업으로 얻게 하리라 이 일을 행하시는 여호와의 말씀이니라"(암 9:12). 에돔은 에서의 자손이다. 하나님은 야곱을 사랑하고 에서를 미워했다(롬 9:12-13). 장자권을 가볍게 여겼던 에서는 회개할 기회마저 없었다(창 25:31-34; 히 12:16-17). 그러나 하나님이 약속한 에돔의 남은 자처럼 누구든지 성령의 선물을 받을 수 있다(행 2:39). 하나님은 죽을 자가 죽는 것도 기뻐하지 않고(겔 18:32), 은혜롭고 자비롭고 노하기를 더디하는 분이다(욜 2:13; 욘 4:2).

(3)영적예배의 회복. 다윗의 장막을 세움은 영적예배의 회복이다. 하나님께 회개하고, 사람을 용서하여 수직관계와 수평관계를 포함한 관계의 회복이다(욥 42:1-10). 누구든지 하나님을 찾아 영적 해갈을 체험하여 영과 진리로 드리는 영적예배의 회복이다. "만군의 여호와가 이르노라 해 뜨는 곳에서부터 해 지는 곳까지의 이방 민족 중에서 내 이름이 크게 될 것이라 각처에서 내 이름을 위하여 분향하며 깨끗한 제물을 드리리니 이는 내 이름이 이방 민족 중에서 크게 될 것임이니라"(말 1:11). 즉 기쁨의 찬양, 믿음의 기도, 열린 마음의 말씀, 최대최선의 십일조와 봉헌물을 드리는 영적예배의 회복이다(막 12:28-31; 요 4:20-24; 롬 12:1-2).

31 오바댜(Obadiah)
구약성경 가운데 가장 짧은 책

1. 오바댜의 주제

오바댜는 "여호와의 종"이란 뜻이다. 그는 섬기는 자로 종의 도를 실천한 예수님의 예표다. 여호와의 종 모세, 그리스도의 종 바울처럼 하나님의 관점에서 사랑의 메시지를 선포했다.

(1)형제사랑. "누구든지 하나님을 사랑하노라 하고 그 형제를 미워하면 이는 거짓말하는 자니 보는 바 그 형제를 사랑하지 아니하는 자는 보지 못하는 바 하나님을 사랑할 수 없느니라 우리가 이 계명을 주께 받았나니 하나님을 사랑하는 자는 또한 그 형제를 사랑할지니라"(요일 4:20). 요한은 최고의 사랑을 형제사랑이라 했고, 형제사랑이 하나님 사랑의 증거라 강조했다.

(2)다윗의 시. "보라 형제가 연합하여 동거함이 어찌 그리 선하고 아름다운고? 머리에 있는 보배로운 기름이 수염 곧 아론의 수염에 흘러서 그의 옷깃까지 내림 같고 헐몬의 이슬이 시온의 산들에 내림 같도다 거기서 여호와께서 복을 명령하셨나니 곧 영생이로다"(시 133:1-3).

2. 최초의 살인사건

"믿음으로 아벨은 가인보다 더 나은 제사를 하나님께 드림으로 의로운 자라 하시는 증거를 얻었으니 하나님이 그 예물에 대하여 증언하심이라 그가 죽었으나 그 믿음으로써 지금도 말하느니라"(히 11:4). 가인과 아벨이 제사를 드린 후에 분노한 형이 동생을 죽였다(창 4:3-8). 결국 가인의 후예 바리새인과 종교지도자들은 아벨 대신 주신 셋의 자손 그리스도를 죽였다.

3. 에돔의 죄

"네가 형제의 날 곧 그 재앙의 날에 방관할 것이 아니며 유다 자손이 패망하는 날에 기뻐할 것이 아니며 그 고난의 날에 네가 입을 크게 벌릴 것이 아니며 내 백성이 환난을 당하는 날에 네가 그 성문에 들어가지 않을 것이며 환난을 당하는 날에 네가 그 고난을 방관하지 않을 것이며 환난을 당하는 날에 네가 그 재물에 손을 대지 않을 것이며 네거리에 서서 그 도망하는 자를 막지 않을 것이며 고난의 날에 그 남은 자를 원수에게 넘기지 않을 것이니라"(옵 1:12-14). 에서의 자손 에돔은 형제사랑을 포기하고, 야곱의 자손 이스라엘에게 악행을 했다.

4. 사랑장(고전 13장)

(1)사랑의 정의. "사랑은 오래 참고 사랑은 온유하며 시기하지 아니하며 사랑은 자랑하지 아니하며 교만하지 아니하며 무례히 행하지 아니하며 자기의 유익을 구하지 아니하며 성내지 아니하며 악한 것을 생각하지 아니하며 불의를 기뻐하지 아니하며 진리와 함께 기뻐하고 모든 것을 참으며 모든 것을 믿으며 모든 것을 바라며 모든 것을 견디느니라"(고전 13:4-7).

(2)새 계명. "새 계명을 너희에게 주노니 서로 사랑하라 내가 너희를 사랑한 것 같이 너희도 서로 사랑하라 너희가 서로 사랑하면 이로써 모든 사람이 너희가 내 제자인 줄 알리라"(요 13:34-35). 만찬석에서

주신 새 계명은 "내가 너희를 사랑한 것같이" 하나님의 자녀, 주님의 제자답게 서로 사랑하라는 것이다. 서로사랑의 새 계명은 하나님사랑과 이웃사랑의 결론이다.

(3)하나님의 사랑. 예수님은 "네가 나를 사랑하느냐?"(요 21:15-17)라고 3번씩 물었다. 믿음은 하나님의 사랑을 깨달음이다. 하나님은 우리가 연약할 때, 아직 죄인 되었을 때, 곧 원수였을 때 사랑했다(롬 5:6,8,10). "하나님은 당신을 사랑하시고, 당신을 위한 놀라운 계획을 갖고 계신다." 사랑의 복은 받은 것을 주는 것이다(행 20:35). "거저 받았으니 거저 주라!"(마 10:8)

32 요나(Jonah)
니느웨의 구원

1. 요나의 주제

아밋대의 아들 요나는 "비둘기"라는 뜻이다. 현재 갈릴리 지역인 스불론지파의 가드 헤벨 출신이다(왕하 14:25; 마 4:14-16). 요나는 앗수르의 수도 니느웨의 구원을 선포했다.

2. 요나의 불순종(욘 1-2장)

"여호와의 말씀이 아밋대의 아들 요나에게 임하니라 이르시되 너는 일어나 저 큰 성읍 니느웨로 가서 그것을 향하여 외치라 그 악독이 내 앞에 상달되었음이니라 하시니라"(욘 1:1-2). 하나님은 구원계획에 불순종한 요나를 징계했지만, 고난 중에 회개하자 두 번째 기회를 주셨다. 요나의 회개와 회복을 기록된 1-2장은 실제로 없어도 되는 장이다. 요나의 스토리를 읽고, 나의 스토리를 불순종과 순종의 4장으로 쓸 것인지, 순종의 2장으로 쓸 것인지 결심해야 한다.

3. 하나님의 준비물

하나님은 불순종한 요나를 변화시켜 니느웨로 보내려고 많은 준비물을 예비했다. 하나님은 큰 배(욘 1:3), 큰 바람과 큰 폭풍(욘 1:4), 큰 물고기(욘 1:17)를 준비했다. 제비뽑기로 걸린 요나는 자기 죄를 인정하고 외쳤다. "나를 들어 바다에 던지라 그리하면 바다가 너희를 위하여 잔잔하리라 너희가 이 큰 폭풍을 만난 것이 나 때문인 줄을 내가 아노라"(욘 1:12). 위기 중에도 내가 뛰어들면 자살이고, 남이 나를 던지면 타살이다. 마침내 그들이 여호와께 부르짖고 바다에 던지자 잠잠해졌다. "요나를 들어 바다에 던지매 바다가 뛰노는 것이 곧 그친지라 그 사람들이 여호와를 크게 두려워하여 여호와께 제물을 드리고 서원을 하였더라"(욘 1:15-16).

4. 요나의 기도

(1)물고기 뱃속기도. "내가 받는 고난으로 말미암아 여호와께 불러 아뢰었더니 주께서 내게 대답하셨고 내가 스올의 뱃속에서 부르짖었더니 주께서 내 음성을 들으셨나이다"(욘 2:2). 기도란 건강할 때, 평안할 때 해야 한다(욘 2:1). 그러나 위기 때는 기도가 답이다(시 119:67,71).

(2)주의 성전을 바라봄. "내가 주의 목전에서 쫓겨났을지라도 다시 주의 성전을 바라보겠다"(욘 2:4). "내 영혼이 내 속에서 피곤할 때에 내가 여호와를 생각하였더니 내 기도가 주께 이르렀사오며 주의 성전에 미쳤나이다"(욘 2:7). 요나가 바라본 기도의 성전은 바로 하나님이다.

(3)감사기도. "나는 감사하는 목소리로 주께 제사를 드리며 나의 서원을 주께 갚겠나이다 구원은 여호와께 속하였나이다"(욘 2:9). 마침내 하나님은 그 물고기에게 명하여 감사기도를 드린 요나를 육지에 토하게 했다(욘 2:10). 위기탈출의 비번은 오직 감사다(살전 5:16-18). 신앙의 본질은 감사기도, 감사찬양, 감사헌금, 감사예배 등 자족을 배워 감사하는 것이다(빌 4:11-13).

5. 요나의 순종(욘 3-4장)

요나가 순종하여 니느웨에 회개를 선포했고, 하나님이 은혜를 베푸셨다. 그러나 요나는 불평했고, 하나님은 박넝쿨의 교훈으로 요나에게 하나님의 뜻을 가르쳤다.

(1)요나의 순종. "일어나 저 큰 성읍 니느웨로 가서 내가 네게 명한 바를 그들에게 선포하라"(욘 3:1-3). 첫 번째 명령(욘 1:1-3)과 똑 같이 두 번째 말씀이 임했다. 요나는 순종했다.

(2)니느웨의 회개. "사십 일이 지나면 니느웨가 무너지리라! 니느웨 사람들이 하나님을 믿고 금식을 선포하고 높고 낮은 자를 막론하고 굵은 베 옷을 입은지라"(욘 3:4-5). 굵은 베 옷은 회개의 표시다. 예상과 달리 왕부터 사람과 짐승까지 금식하며 회개하자 용서했다. "하나님이 뜻을 돌이키시고 그 진노를 그치사 우리가 멸망하지 않게 하시리라 그렇지 않을 줄을 누가 알겠느냐 한지라 하나님이 그들이 행한 것 곧 그 악한 길에서 돌이켜 떠난 것을 보시고 하나님이 뜻을 돌이키사 그들에게 내리리라고 말씀하신 재앙을 내리지 아니하시니라"(욘 3:9-10).

(3)요나의 불평. "여호와께 기도하여 이르되 여호와여 내가 고국에 있을 때에 이러하겠다고 말씀하지 아니하였나이까 그러므로 내가 빨리 다시스로 도망하였사오니 주께서는 은혜로우시며 자비로우시며 노하기를 더디하시며 인애가 크시사 뜻을 돌이켜 재앙을 내리지 아니하시는 하나님이신 줄을 내가 알았음이니이다"(욘 4:2). 니느웨를 용서하자 요나는 매우 화를 냈다.

(4)박넝쿨의 교훈. 하나님이 박넝쿨로 땡볕을 가리자 요나는 기뻐했다. 이튿날 새벽 벌레가 박넝쿨을 갉아먹고, 해가 뜨자 뜨거운 동풍이 불었다. 혼미해진 요나는 스스로 죽기를 구했다. "사는 것보다 죽는 것

이 내게 나으니이다"(욘 4:8). 하나님과 요나의 박넝쿨 대화다. "네가 이 박넝쿨로 말미암아 성내는 것이 어찌 옳으냐? 내가 성내어 죽기까지 할지라도 옳으니이다"(욘 4:9). 하나님은 교훈했다. "네가 수고도 아니하였고 재배도 아니하였고 하룻밤에 났다가 하룻밤에 말라 버린 이 박넝쿨을 아꼈거든 하물며 이 큰 성읍 니느웨에는 좌우를 분변하지 못하는 자가 십이만여 명이요 가축도 많이 있나니 내가 어찌 아끼지 아니하겠느냐?"(욘 4:10-11)

(5)하나님의 은혜. 하나님은 죽는 자가 죽는 것도 기뻐하지 않는다(겔 18:32). 십자가 옆의 두 강도처럼 마지막 순간까지 회개의 기회를 준다(눅 23:39-43). 그것이 하나님의 은혜다. 하나님은 모든 사람이 회개하고 구원받기를 원하신다(벧후 3:8-9; 딤전 2:4). 보라! 지금이 은혜 받을 만한 때고, 바로 지금이 구원의 날이다(고후 6:1-2). 은혜는 지금 여기서 받아야 한다.

33 미가(Micah)
메시야 탄생을 예언한 선지자

1. 미가의 시대
"유다의 왕들 요담과 아하스와 히스기야의 시대에 모레셋 사람 미가에게 임한 여호와의 말씀 곧 사마리아와 예루살렘에 관한 묵시라"(미 1:1). 미가는 "여호와는 누구십니까?"란 뜻인데, 원형은 미가야다(대하 17:7). 미가는 이사야, 호세아, 아모스와 동시대 선지자다. 호세아와 아모스는 북이스라엘에서, 이사야와 미가는 남유다에서 사역했다.

2. 시대의 범죄상
"내 백성을 유혹하는 선지자들은 이에 물 것이 있으면 평강을 외치나 그 입에 무엇을 채워 주지 아니하는 자에게는 전쟁을 준비하는도다 그러므로 너희가 밤을 만나리니 이상을 보지 못할 것이요 어둠을 만나리니 점 치지 못하리라 하셨나니 이 선지자 위에는 해가 져서 낮이 캄캄할 것이라"(미 3:5-6). 물질을 밝히는 선지자들은 영적 무지상태에 빠졌다. 하나님은 그 선지자들을 책망했다. 하나님의 응답이 없는 선견자와 술객은 부끄러움을 당할 것이다(미 3:7).

3. 선지자 미가의 사역
"오직 나는 여호와의 영으로 말미암아 능력과 정의와 용기로 충만해

져서 야곱의 허물과 이스라엘의 죄를 그들에게 보이리라"(미 3:8). 미가는 자기사역의 근거가 성령의 역사라 밝힌다.

4. 메시야 탄생 예언

(1)미가. 예수님의 베들레헴탄생을 예언했다. "베들레헴 에브라다야 너는 유다 족속 중에 작을지라도 이스라엘을 다스릴 자가 네게서 내게로 나올 것이라 그의 근본은 상고에, 영원에 있느니라"(미 5:2).

(2)이사야. 예수님의 동정녀탄생을 예언했다. "그러므로 주께서 친히 징조를 너희에게 주실 것이라 보라 처녀가 잉태하여 아들을 낳을 것이요 그의 이름을 임마누엘이라 하리라"(사 7:14).

5. 미가의 질문

(1)미가의 질문. "내가 무엇을 가지고 여호와 앞에 나아가며 높으신 하나님께 경배할까? 내가 번제물로 일 년 된 송아지를 가지고 그 앞에 나아갈까? 여호와께서 천천의 숫양이나 만만의 강물 같은 기름을 기뻐하실까? 내 허물을 위하여 내 맏아들을, 내 영혼의 죄로 말미암아 내 몸의 열매를 드릴까?"(미 6:6-8)

(2)하나님의 대답. "여호와께서 말씀하시되 너희의 무수한 제물이 내게 무엇이 유익하뇨 나는 숫양의 번제와 살진 짐승의 기름에 배불렀고 나는 수송아지나 어린 양이나 숫염소의 피를 기뻐하지 아니하노라 너희가 내 앞에 보이러 오니 이것을 누가 너희에게 요구하였느냐 내 마당만 밟을 뿐이니라"(사 1:11-12). 하나님은 선지자 이사야를 통해 형식적 신앙생활을 책망했다.

6. 미가의 대답

(1)미가의 주제. "사람아 주께서 선한 것이 무엇임을 네게 보이셨나니 여호와께서 네게 구하시는 것은 오직 정의를 행하며 인자를 사랑하며 겸손하게 네 하나님과 함께 행하는 것이 아니냐"(미 6:8).

(2)코람 데오(Coram Deo). 하나님 앞에서 삶이나. "사람에게 보이려고 그들 앞에서 너희 의를 행하지 않도록 주의하라 그리하지 아니하면 하늘에 계신 너희 아버지께 상을 받지 못하느니라"(마 6:1). 상을 이미 받았다는 "아페코"(헬)는 지불완료, 계산끝, 영수증이란 뜻이다.

(3)하나님께 나가는 자의 믿음. "믿음이 없이는 하나님을 기쁘시게 하지 못하나니 하나님께 나아가는 자는 반드시 그가 계신 것과 또한 그가 자기를 찾는 자들에게 상 주시는 이심을 믿어야 할지니라"(히 11:6). 첫째, 하나님의 존재하심을 믿어야 한다. 둘째, 행위대로 상 주시는 분임을 믿어야 한다(마 10:40-42). 하나님을 기쁘게 하는 영적예배의 네 요소는 마음을 다하여 찬양하고, 목숨을 다하여 기도하고, 뜻을 다하여 말씀을 듣고, 힘을 다하여 봉헌함이다.

7. 미가의 결론

(1)하나님만 바라보자! "오직 나는 여호와를 우러러보며 나를 구원하시는 하나님을 바라보나니 나의 하나님이 나에게 귀를 기울이시리로다 나의 대적이여 나로 말미암아 기뻐하지 말지어다 나는 엎드러질지라도 일어날 것이요 어두운 데에 앉을지라도 여호와께서 나의 빛이 되실 것임이로다"(미 7:7-8). 히브리서도 예수님만 깊이 생각하고, 바라보자고 한다(히 3;1; 12:2).

(2)주와 같은 신이 어디 있으리이까? "주와 같은 신이 어디 있으리이

까? 주께서는 죄악과 그 기업에 남은 자의 허물을 사유하시며 인애를 기뻐하시므로 진노를 오래 품지 아니하시나이다 … 주께서 옛적에 우리 조상들에게 맹세하신 대로 야곱에게 성실을 베푸시며 아브라함에게 인애를 더하시리이다"(미 7:18-20). 하나님은 죄를 용서하고, 아브라함 언약에 신실한 분이다. "내가 반드시 너에게 복 주고 복 주며 너를 번성하게 하고 번성하게 하리라"(히 6:14).

(3)모세의 결론. "여수룬이여 하나님 같은 이가 없도다 그가 너를 도우시려고 하늘을 타고 궁창에서 위엄을 나타내시는도다 … 이스라엘이여 너는 행복한 사람이로다 여호와의 구원을 너 같이 얻은 백성이 누구냐 그는 너를 돕는 방패시요 네 영광의 칼이시로다 네 대적이 네게 복종하리니 네가 그들의 높은 곳을 밟으리로다"(신 33:26,29). 모세는 이스라엘이 행복한 사람이라 선포한다. "여호와는 나의 목자시니 내게 부족함이 없으리로다"(시 23:1).

(4)자존감과 자신감. "우리 중에 누구든지 자기를 위하여 사는 자가 없고 자기를 위하여 죽는 자도 없도다 우리가 살아도 주를 위하여 살고 죽어도 주를 위하여 죽나니 그러므로 사나 죽으나 우리가 주의 것이로다"(롬 14:7-8). 그리스도인은 하나님의 주권을 인정해야 한다. 하나님의 백성(출 19:4-6; 벧전 2:9-10)과 하나님의 자녀(요 1:12-13; 롬 8:14-17)라는 권세로 자아존중감과 자아신뢰감을 가져야 한다. "그런즉 너희가 먹든지 마시든지 무엇을 하든지 다 하나님의 영광을 위하여 하라"(고전 10:31). 오직 하나님께 영광을 돌려야 한다.

34 나훔(Nahum)
니느웨의 심판

1. 나훔의 주제

나훔은 "위로, 위로자"란 뜻이다. 요나와 반대로 BC 722년에 북이스라엘을 멸망시킨 앗수르의 수도 니느웨의 심판을 경고한다. 경고란 아직 기회가 남았다는 뜻이다. 하나님은 최후심판 직전까지 회개의 기회를 준다. 인생은 첫 번째 기회(first chance)를 놓쳤다고 후회하지만, 누구든지 회개하고 돌이킬 수 있는 마지막 기회(last chance)를 붙잡아야 한다.

2. 하나님의 심판의 도구

BC 722년 하나님은 앗수르를 심판의 도구로 사용하여 북이스라엘을 멸망시켰다(사 10:5). BC 612년 하나님은 바벨론 왕 느부갓네살을 심판의 도구로 사용하여 앗수르의 수도 니느웨를 멸망시켰다. BC 538년 하나님은 바사 왕 고레스를 심판의 도구로 사용하여 바벨론을 멸망시켰다. 그러나 하나님의 도구였던 앗수르와 바벨론이 멸망당한 까닭은 그들이 하나님의 주권을 망각하고 교만했기 때문이다(사 14:12-15; 렘 50:17-18).

3. 예고된 심판

"니느웨는 예로부터 물이 모인 못 같더니 이제 모두 도망하니 서라 서라 하나 돌아보는 자가 없도다 은을 노략하라 금을 노략하라 그 저축한 것이 무한하고 아름다운 기구가 풍부함이니라 니느웨가 공허하였고 황폐하였도다 주민이 낙담하여 그 무릎이 서로 부딪히며 모든 허리가 아프게 되며 모든 낯이 빛을 잃도다"(나 2:8-10). 앗수르는 북이스라엘을 멸망시키고, 므낫세의 통치시대에 남유다를 속국으로 지배했다. 그러나 남유다는 북이스라엘의 멸망이 주는 역사적 교훈, 즉 우상숭배와 사회적 죄악으로 멸망한 사실을 망각하고, 남유다의 왕과 백성들이 같은 죄악을 답습했다. 그런 상황에서 나훔은 앗수르의 수도 니느웨의 멸망을 경고했고, 동시에 남유다에 다가올 심판을 예고했다.

4. 하나님의 심판

앗수르는 맹수의 왕 사자가족처럼 천하를 호령했다. "이제 사자의 굴이 어디냐? 젊은 사자가 먹을 곳이 어디냐? 전에는 수사자 암사자가 그 새끼 사자와 함께 거기서 다니되 그것들을 두렵게 할 자가 없었으며 수사자가 그 새끼를 위하여 먹이를 충분히 찢고 그의 암사자들을 위하여 움켜 사냥한 것으로 그 굴을 채웠고 찢은 것으로 그 구멍을 채웠었도다"(나 2:11-12). 그러나 만군의 여호와가 친히 대적이 되어 앗수르의 멸망을 선포했다. "내가 네 대적이 되어 네 병거들을 불살라 연기가 되게 하고 네 젊은 사자들을 칼로 멸할 것이며 내가 또 네 노략한 것을 땅에서 끊으리니 네 파견자의 목소리가 다시는 들리지 아니하리라"(나 2:13).

5. 바벨론이 앗수르를 침략하는 전쟁실황

"화 있을진저 피의 성이여 그 안에는 거짓이 가득하고 포악이 가득하며 탈취가 떠나지 아니하는도다 휙휙 하는 채찍 소리, 윙윙 하는 병거 바퀴 소리, 뛰는 말, 달리는 병거, 충돌하는 기병, 번쩍이는 칼, 번개 같은 창, 죽임 당한 자의 떼, 주검의 큰 무더기, 무수한 시체여 사람이 그 시체에 걸려 넘어지니 이는 마술에 능숙한 미모의 음녀가 많은 음행을 함이라 그가 그의 음행으로 여러 나라를 미혹하고 그의 마술로 여러 족속을 미혹하느니라"(나 3:1-4).

35 하박국(Habakkuk)
이신칭의(Justification by Faith)

1. 하박국의 시대

하박국은 "포옹하다"란 뜻이다. 제롬(Jerome)은 하박국의 별명을 포옹하는 자(the Embracer)라 했다. 저작연대는 남유다의 마지막 선한 왕 요시야(BC 640-609년)의 통치시대다. BC 612년에 바벨론과 메대, 스구디아인들의 연합군이 니느웨를 멸망시킨 후였다. 첫째, 하박국은 남유다를 징계하려고 하나님이 갈대아를 선택한 사실에 놀랐다. 둘째, 하박국이 백성들에게 경고를 선포할 정도로 갈대아의 세력이 크게 확장하던 상황이었다. 하박국은 BC 605년에 느부갓네살이 첫 번째로 남유다를 침략하기 전에 기록했다.

2. 하박국의 질문과 하나님의 대답

(1) 첫 번째 질문과 대답. "왜 악인이 득세하고, 의인이 고통을 받는가?" 하박국의 질문에 "하나님이 다 보고 계시고, 바벨론을 통해서 반드시 심판할 것이라"고 대답했다.

(2) 두 번째 질문과 대답. "어찌하여 더 악한 이방나라를 통해 하나님의 백성들을 징계하십니까?" 하나님이 대답했다. "보라 그의 마음은 교만하며 그 속에서 정직하지 못하나 의인은 그의 믿음으로 말미암아 살리라"(합 2:4).

(3) 의인은 그의 믿음으로 살리라(합 2:4). 첫째, 로마서에 반복된다. "복음에는 하나님의 의가 나타나서 믿음으로 믿음에 이르게 하나니

기록된 바 오직 의인은 믿음으로 말미암아 살리라 함과 같으니라"(롬 1:17). 전자는 하나님의 은혜로서 믿어지는 믿음이고, 후자는 의지적으로 내가 믿는 믿음이다(엡 2:8-9). 둘째, 갈라디아서에 반복된다. "또 하나님 앞에서 아무도 율법으로 말미암아 의롭게 되지 못할 것이 분명하니 이는 의인은 믿음으로 살리라 하였음이라"(갈 3:11). 행위로는 의롭다 함을 얻은 사람이 없다(갈 2:16). 셋째, 히브리서에 반복된다. "나의 의인은 믿음으로 말미암아 살리라 또한 뒤로 물러가면 내 마음이 그를 기뻐하지 아니하리라 하셨느니라"(히 10:38). 믿음은 롯의 아내처럼 뒤돌아보지 말고(창 19:26), 바울처럼 푯대를 향하여 달려가는 것이다(빌 3:12-14; 딤후 4:7-8).

(4)영적전쟁. 겸손한 자는 하나님의 주권을 인정하지만, 교만한 자는 부정한다. 결국 개인이나 국가나 멸망의 원인은 교만이다(잠 16:18). 하나님은 교만한 자를 물리치고 겸손한 자에게 은혜를 준다(약 4:6; 벧전 5:5-6). 영적전쟁에서 승리하려면, 온유하고 겸손한 예수님의 마음(마 11:28-30; 빌 2:5-8)을 품고, 거짓되고 교만한 사탄의 유혹(창 3:1-5; 요 8:44; 마 4:1-2)을 물리쳐야 한다. 공로사상을 버리고(눅 18:9-14), 은혜사상(고전 15:8-10)으로 무장해야 한다.

3. 하박국의 사랑(합 3:17-18)

(1)사랑고백. "비록 무화과나무가 무성하지 못하며 포도나무에 열매가 없으며 감람나무에 소출이 없으며 밭에 먹을 것이 없으며 우리에 양이 없으며 외양간에 소가 없을지라도 나는 여호와로 말미암아 즐거워하며 나의 구원의 하나님으로 말미암아 기뻐하리로다"(합 3:17-18). 하박국은 하나님을 향한 사랑으로 모든 한계상황을 극복하겠다고 다짐

한다.

(2)자족(self-sufficient). 자족은 어떤 형편에도 처할 줄 아는 비결이다(빌 4:11-13). 학습에 예습과 복습이 필요한 것처럼, 자족을 배우려면 "이것이 꼭 내게 필요한가?"라고 3번은 자문자답해야 한다. 욕심은 조금 더 많이 가지려는 마음이고(약 1:14-15), 탐심은 내게 없는 것을 가지려는 마음이다. 그 탐심은 곧 우상숭배다(골 3:5). 광야세대(603,548명)는 탐심으로 원망했고(민 11:4; 시 78:18), 여호수아와 갈렙은 하나님의 언약을 믿고 자족했다(민 14:28).

(3)코람데오(Coram Deo). 다윗은 평생 신전의식으로 살았다. "내가 여호와를 항상 내 앞에 모심이여 그가 나의 오른쪽에 계시므로 내가 흔들리지 아니하리로다"(시 16:8). 그는 하나님을 향한 사랑의 힘으로 원수들을 물리쳤다. "나의 힘이신 여호와여 내가 주를 사랑하나이다"(시 18:1). 그는 사망의 음침한 골짜기에서도 자족했다. "여호와는 나의 목자시니 내게 부족함이 없으리로다"(시 23:1). 그는 하나님 앞에 마음을 고백했다. "나의 반석이시요 나의 구속자이신 여호와여 내 입의 말과 마음의 묵상이 주님 앞에 열납되기를 원하나이다"(시 19:14). 하나님도 다윗의 사랑에 이심전심(以心傳心)으로 반응했다. "내가 이새의 아들 다윗을 만나니 내 마음에 맞는 사람이라 내 뜻을 다 이루리라"(행 13:22). 다윗과 하나님의 사랑은 콩깍지사랑이다.

4. 하박국의 결론

하박국의 결론은 사랑의 확신이다. 하나님은 하박국의 질문에 "나의 의인은 믿음으로 말미암아 살리라"응답했다(합 2:4). 하박국은 하나님의 응답에 사랑고백으로 화답했다(합 3:17-18).

36 스바냐(Zephaniah)
여호와의 날

1. 스바냐의 시대

"아몬의 아들 유다 왕 요시야의 시대에 스바냐에게 임한 여호와의 말씀이라 스바냐는 히스기야의 현손이요 아마랴의 증손이요 그다랴의 손자요 구시의 아들이었더라"(습 1:1). 스바냐는 "여호와께서 숨기신다, 여호와께서 숨기셨다"는 뜻이다. 그는 요시야의 시대(BC 640-609년)에 사역했다. 그는 므낫세의 시대(BC 697-642년)에 출생하여 요시야의 통치초기(BC 627-626년)까지 사역했다. 요시야의 시대에 잠시 율법 준수와 성전 예배가 회복되지만, 백성들은 은밀하게 우상숭배에 몰두했다. 결국 하나님은 느부갓네살을 막대기로 사용하여 남유다를 멸망시켰다.

2. 예고된 심판을 선포

"수치를 모르는 백성아 모일지어다 모일지어다 명령이 시행되어 날이 겨 같이 지나가기 전, 여호와의 진노가 너희에게 내리기 전, 여호와의 분노의 날이 너희에게 이르기 전에 그리할지어다 여호와의 규례를 지키는 세상의 모든 겸손한 자들아 너희는 여호와를 찾으며 공의와 겸손을 구하라 너희가 혹시 여호와의 분노의 날에 숨김을 얻으리라"(습 2:1-3).

(1)역사적 교훈. BC 722년에 앗수르는 북이스라엘을 멸망시키고, 므낫세의 시대에 남유다를 속국으로 지배했다. 남유다는 북이스라엘의 멸망이 주는 역사적 교훈을 망각했다. 스바냐는 북이스라엘처럼 우상

숭배와 사회적 죄악이 만연하던 남유다에 다가올 심판을 선포했다.

(2)회개의 유효기간. 하나님의 경고에 따른 회개도 유효기간이 있다. 개인적으로 살아생전에, 역사적으로 예수님의 재림 전에만 가능하다. 거지 나사로와 부자의 비유는 지금이 회개하고 구원받을 때라고 가르쳐준다(고후 6:1-2). "아브라함이 이르되 그들에게 모세와 선지자들이 있으니 그들에게 들을지니라 이르되 그렇지 아니하니이다 아버지 아브라함이여 만일 죽은 자에게서 그들에게 가는 자가 있으면 회개하리이다 이르되 모세와 선지자들에게 듣지 아니하면 비록 죽은 자 가운데서 살아나는 자가 있을지라도 권함을 받지 아니하리라 하였다"(눅 16:29).

3. 여호와의 날

"여호와의 큰 날이 가깝도다 가깝고도 빠르도다 여호와의 날의 소리로다 용사가 거기서 심히 슬피 우는도다 그날은 분노의 날이요 환난과 고통의 날이요 황폐와 패망의 날이요 캄캄하고 어두운 날이요 구름과 흑암의 날이요 나팔을 불어 경고하며 견고한 성읍들을 치며 높은 망대를 치는 날이로다"(습 1:14-16). 디데이(D-day)란 그날을 준비한 자에게 기쁨의 날이 된다. 잠언은 여름에 겨울을 준비하는 개미의 지혜를 배우라 한다(잠 6:6-11). 스바냐는 아무런 준비 없이 무조건 여호와의 날을 구원의 날로 기대하던 백성들에게 오히려 심판의 날이라 경고했다. 즉 하나님의 경고를 듣고도 무시하면 결국 심판의 날이 된다(습 1:17-18).

4. 회복의 약속

"시온의 딸아 노래할지어다 이스라엘아 기쁘게 부를지어다 예루살렘

딸아 전심으로 기뻐하며 즐거워할지어다 여호와가 네 형벌을 제거하였고 네 원수를 쫓아냈으며 이스라엘 왕 여호와가 네 가운데 계시니 네가 다시는 화를 당할까 두려워하지 아니할 것이라 그 날에 사람이 예루살렘에 이르기를 두려워하지 말라 시온아 네 손을 늘어뜨리지 말라"(습 3:14-16). 하나님은 교만한 자들을 불리치고, 곤고하고 가난하지만 하나님을 의탁하는 자에게 회복을 약속한다. 이스라엘의 남은 자, 즉 악을 행하지 않고 거짓말을 하지 않는 자들에게 회복을 예고한다.

5. 사랑의 세레나데

(1)스바냐의 사랑. "너(나)의 하나님 여호와가 너(나)의 가운데에 계시니 그는 구원을 베푸실 전능자이시라 그가 너(나)로 말미암아 기쁨을 이기지 못하시며 너(나)를 잠잠히 사랑하시며 너(나)로 말미암아 즐거이 부르며 기뻐하시리라 하리라"(습 3:17). 스바냐는 나를 향한 하나님의 사랑을 확신했다. 본문의 너를 나로 고쳐서 읽으면, 하나님의 사랑을 더욱 더 확신할 수 있다.

(2)하박국의 사랑. "비록 무화과나무가 무성하지 못하며 포도나무에 열매가 없으며 감람나무에 소출이 없으며 밭에 먹을 것이 없으며 우리에 양이 없으며 외양간에 소가 없을지라도 나는 여호와로 말미암아 즐거워하며 나의 구원의 하나님으로 말미암아 기뻐하리로다"(합 3:17). 하박국은 하나님을 향한 나의 사랑을 고백했다. 어떤 상황에도 변치 않는 사랑이다. 하나님의 완전한 사랑은 하박국의 사랑과 스바냐의 사랑이 균형과 조화를 이루는 사랑이다(요 17:20-23).

(3)예수님의 새 계명. 마음의 상처와 쓴 뿌리는 과거에 대한 분노와 미래에 대한 두려움에서 생긴다. 그 원인은 애정결핍이다. 하박국처럼

하나님을 사랑하고, 스바냐처럼 하나님의 사랑을 확신하면 치유할 수 있다. 사탄은 섭섭한 틈을 노린다(엡 4:26-27; 민 21:4; 행 6:1,2). 영적 전쟁에서 승리하려면, 서로사랑의 새 계명으로 섭섭함을 물리쳐야 한다. "새 계명을 너희에게 주노니 서로 사랑하라 내가 너희를 사랑한 것 같이 너희도 서로 사랑하라"(요 13:34).

37 학개(Haggai)
성전건축과 하나님의 주권

1. 학개의 주제

학개란 "축제(festival) 또는 축제의(festive)"라는 뜻이다. 하나님은 BC 536년부터 16년간 중단된 성전건축을 촉구하려고 BC 520년에 선지자 학개와 스가랴를 보냈다. 성전건축을 권면하는 말씀이 4번 임했다. 다리오왕 제2년 6월1일에 첫 번째 말씀이 임했고(학 1:1), 7월21일에 두 번째 말씀이 임했고(학 2:1), 9월24일에 세 번째와 네 번째 말씀이 임했다(학 2:10,20).

2. 학개의 시대

바벨론포로 연대표를 살펴보면, 다음과 같다. 바벨론 왕 느부갓네살은 3차에 걸쳐 예루살렘을 침략했다. BC 605년 1차 포로 때에 다니엘과 세 친구가 잡혀갔다. BC 597년 2차 포로 때에 여호야긴과 에스겔이 잡혀갔다. BC 586년 3차 포로 때에 남유다가 멸망하고, 예루살렘이 함락되고, 성전이 소실되었다. BC 538년 바사 왕 고레스는 바벨론을 멸망시켰고, 고레스칙령을 발표하여 예루살렘 성전을 재건하도록 유대인들을 귀환시켰다. BC 536년 성전기초공사를 시작했지만, 사마리아인들의 조직적 반대로 16년간 건축공사가 중단되었다. BC 520년 하나님은 학개와 스가랴를 보냈고, 총독 스룹바벨과 대제사장 여호수아와 모든 백성들이 감동을 받아 4년 후 BC 516년에 성전을 재건했다.

BC 586년 성전이 파괴되고 BC 516년 재건되기까지 정확히 70년이 걸렸다. 바벨론포로 70년이란 하나님과 관계가 단절된 성전부재시대를 가리킨다.

3. 하나님의 계시

(1)하나님의 책망. 여호와의 말씀이 학개에게 임했다. "이 성전이 황폐하였거늘 너희가 이 때에 판벽한 집에 거주하는 것이 옳으냐? 그러므로 이제 만군의 여호와가 이같이 말하노니 너희는 너희의 행위를 살필지니라"(학 1:3-5). 수입은 줄고, 지출은 늘어 궁핍했다. "너희가 많이 뿌릴지라도 수확이 적으며 먹을지라도 배부르지 못하며 마실지라도 흡족하지 못하며 입어도 따뜻하지 못하며 일꾼이 삯을 받아도 그것을 구멍 뚫어진 전대에 넣음이 되느니라"(학 1:6).

(2)원인과 해법. 학개는 문제의 원인과 해법을 성전재건에서 찾으라고 했다. "너희는 자기의 행위를 살필지니라 너희는 산에 올라가서 나무를 가져다가 성전을 건축하라 그리하면 내가 그것으로 말미암아 기뻐하고 또 영광을 얻으리라"(학 1:7-8). 학개는 수입이 적은 이유를 가르쳤다. "너희가 많은 것을 바랐으나 도리어 적었고 너희가 그것을 집으로 가져갔으나 내가 불어 버렸느니라 나 만군의 여호와가 말하노라 이것이 무슨 까닭이냐 내 집은 황폐하였으되 너희는 각각 자기의 집을 짓기 위하여 빨랐음이라 그러므로 너희로 말미암아 하늘은 이슬을 그쳤고 땅은 산물을 그쳤으며 내가 이 땅과 산과 곡물과 새 포도주와 기름과 땅의 모든 소산과 사람과 가축과 손으로 수고하는 모든 일에 한재를 들게 하였느니라"(학 1:9-11).

(3)하나님의 위로와 권면. 여호와의 사자 학개가 여호와의 위임을 받

아 백성에게 말했다. "여호와가 말하노니 내가 너희와 함께 하노라(임마누엘, God with us) 하니라"(학 1:13). 그 때에 스알디엘의 아들 유다 총독 스룹바벨의 마음과 여호사닥의 아들 대제사장 여호수아의 마음과 남은 모든 백성의 마음이 감동을 받았다. 그 결과 다리오 왕 제2년 6월 24일에 그들이 만군의 여호와 그들의 하나님의 성진공사를 재개했다(학 1;14-15).

4. 여섯째 달 이십사일(6월 24일)

그 때가 추수 때였지만, 그들은 일손을 놓고 성전건축을 시작했다. 7월엔 절기가 계속되기에 반드시 6월에 추수를 마쳐야 할 상황이었다. 7월 1일 나팔절은 원래 1월1일로 설날이고, 가장 큰 월삭이다. 하나님이 유월절에 1월은 7월로, 7월은 1월로 달력을 바꾸었기 때문이다. 7월10일은 대속죄일로 대제사장이 1년에 한 번 지성소에 들어가는 날이다. 7월15일부터 한주간은 초막절(장막절)이 기다리고 있었다. 그럼에도 불구하고 그들은 학개의 메시지에 감동과 은혜를 받아 6월 24일부터 성전건축을 결단한 것이다.

5. 하나님의 응답

하나님은 오늘부터 과거와 비교할 수 없는 복을 주겠다고 약속했다. 오늘은 하나님의 날이고, 내일은 마귀의 날이다. 마귀의 유혹은 오늘 하지 말고 내일 하라는 것이다.

(1)과거의 손실. "이제 원하건대 너희는 오늘부터 이전 곧 여호와의 전에 돌이 돌 위에 놓이지 아니하였던 때를 기억하라 그 때에는 이십 고르 곡식 더미에 이른즉 십 고르뿐이었고 포도즙 틀에 오십 고르

를 길으러 이른즉 이십 고르뿐이었었느니라 만군의 여호와가 말하노라 내가 너희 손으로 지은 모든 일에 곡식을 마르게 하는 재앙과 깜부기 재앙과 우박으로 쳤으나 너희가 내게로 돌이키지 아니하였느니라"(학 2:15-17).

(2)오늘의 복. "너희는 오늘 이전을 기억하라 아홉째 달 이십사일 곧 여호와의 성전 지대를 쌓던 날부터 기억하여 보라 곡식 종자가 아직도 창고에 있느냐 포도나무, 무화과나무, 석류나무, 감람나무에 열매가 맺지 못하였느니라 그러나 오늘부터는 내가 너희에게 복을 주리라"(학 2:18-19).

(3)순종은 오늘(Here & Now)부터. 복을 받은 사람은 오늘부터 실천하고, 복을 빼앗기는 사람은 내일로 미룬다. "내가 은혜 베풀 때에 너에게 듣고 구원의 날에 너를 도왔다 하셨으니 보라 지금은 은혜 받을 만한 때요 보라 지금은 구원의 날이로다"(고후 6:2). 가장 중요한 사실은 개미의 지혜로 MIRI MIRI(미리미리) 미래를 준비하는 것이다.

38 스가랴(Zechariah)
성전건축과 메시야 왕국

1. 스가랴의 시대

스가랴는 "여호와께서 기억하신다"란 뜻이다. BC 520년 다리오 왕 2년부터 BC 518년 다리오 왕 4년까지 사역했다. 스가랴에게 하나님의 말씀이 2번 임했다. 다리오 왕 제2년 8월에 첫 번째 말씀이 임했고(슥 1:1), 다리오 왕 제4년 9월 곧 기슬래월 4일에 말씀이 임했다(슥 7:1).

(1)시대적 사명. 스가랴는 예루살렘성전 기초공사 후 16년간 성전이 폐허상태로 남아있던 시대에 사역했다. 첫째, 다윗의 자손 메시야의 시대를 예언하여 새로운 활력을 불어넣었다. 둘째, 성전재건으로 하나님과 관계를 회복하여 영적혼돈과 파멸상태에 빠지지 않도록 촉구했다. 스가랴는 성전재건으로 강력한 영적생활을 회복하고, 메시야의 시대를 대망하도록 예언했다.

(2)예언의 이중적 의미. 예언은 현재와 미래의 이중성을 포함한다. 첫째, 예언은 선포한 그 선지자 당시에 일어날 어떤 사건을 가리킨다. 둘째, 미래에 예수 그리스도의 생애와 사역을 통하여 성취될 보다 심오한 의미를 지닌다.

(3)권면과 위로. BC 538년에 고레스칙령으로 유대인들은 예루살렘성전을 재건과 제사제도의 회복을 위해 귀환했다. BC 536년에 그들은 성전기초공사를 시작했다. 그러나 사마리아인들의 조직적 반대로 BC 520년까지 16년간 성전건축이 중단되었다. 학개와 스가랴는 유다공동

체에게 하나님의 성전을 재건하도록 권면과 위로의 메시지를 전했다.

2. 내 종 싹(순)

(1)메시야. "대제사장 여호수아야 너와 네 앞에 앉은 네 동료들은 내 말을 들을 것이니라 이들은 예표의 사람들이라 내가 내 종 싹을 나게 하리라"(슥 3:8). 내 종 싹은 메시야, 즉 대제사장 예수 그리스도를 예표한다(히 4:14). 성경은 예수 그리스도를 싹, 가지, 순으로 묘사한다. 예수님은 기름부음을 받은 자, 즉 메시야가 자신이라 선포했다(사 61:1-3; 눅 4:16-21).

(2)이새의 줄기. "이새의 줄기에서 한 싹이 나며 그 뿌리에서 한 가지가 나서 결실할 것이요 그의 위에 여호와의 영 곧 지혜와 총명의 영이요 모략과 재능의 영이요 지식과 여호와를 경외하는 영이 강림하시리니"(사 11:1-2). 싹과 가지는 다윗의 아버지 이새의 줄기에서 난다.

(3)싹의 외모. "그는 주 앞에서 자라나기를 연한 순 같고 마른 땅에서 나온 뿌리 같아서 고운 모양도 없고 풍채도 없은즉 우리가 보기에 흠모할 만한 아름다운 것이 없도다"(사 53:2). 고난의 종의 외모를 연한 순이라 예언한다. 예수님은 실제 나이 30세였지만, 50세처럼 보였다. "유대인들이 이르되 네가 아직 오십 세도 못되었는데 아브라함을 보았느냐? 예수께서 이르시되 진실로 진실로 너희에게 이르노니 아브라함이 나기 전부터 내가 있느니라"(요 8:57-58).

(4)의로운 가지. "여호와의 말씀이니라 보라 때가 이르리니 내가 다윗에게 한 의로운 가지를 일으킬 것이라 그가 왕이 되어 지혜롭게 다스리며 세상에서 정의와 공의를 행할 것이며, 그 날 그 때에 내가 다윗에게서 한 공의로운 가지가 나게 하리니 그가 이 땅에 정의와 공의를 실행

할 것이라"(렘 23:5; 33:15). 예레미야도 예수님의 예표로 의로운 가지를 사용한다.

3. 내 종 싹(순)의 성전건축

(1)성전건축의 능력. "이는 힘으로 되지 아니하며 능력으로 되지 아니하고 오직 나의 영으로 되느니라 큰 산아 네가 무엇이냐 네가 스룹바벨 앞에서 평지가 되리라 그가 머릿돌을 내놓을 때에 무리가 외치기를 은총, 은총이 그에게 있을지어다"(슥 4:6-7). 여호와께서 스룹바벨에게 성전건축은 오직 성령의 역사라고 말씀했다(슥 4:6; 행 1:8; 갈 5:22-23; 엡 5:18). 태산 같은 문제라도 믿음으로 선포하면, 성령의 능력으로 평지가 될 것이다(민 14:28).

(2)싹의 성전건축. "만군의 여호와께서 이같이 말씀하시되 보라 싹이라 이름하는 사람이 자기 곳에서 돋아나서 여호와의 전을 건축하리라"(슥 6:12). 학개는 스룹바벨과 여호수아에게 성전건축을 촉구했다. 반면에 스가랴는 싹이 예표하는 예수 그리스도의 성전건축을 예언했다.

(3)예수님의 성전건축. "네가 이런 일을 행하니 무슨 표적을 우리에게 보이겠느냐? 너희가 이 성전을 헐라 내가 사흘 동안에 일으키리라"(요 2:18-19). 유대인들은 46년간 지은 성전을 어떻게 3일에 건축하느냐고 반문했다. 예수님의 성전건축은 십자가의 죽음과 부활이었다. 즉 성전건축은 주님의 몸 육체의 부활이다(요 2:20-21). 제자들도 부활 후에야 깨달았다(요 2:22).

(4)우리의 몸. 바울은 우리 몸을 성령이 내주하는 성전이라 했다(고전 3:16-17; 6:19-20; 고후 6:16). "너희는 너희가 하나님의 성전인 것

과 하나님의 성령이 너희 안에 계시는 것을 알지 못하느냐? 누구든지 하나님의 성전을 더럽히면 하나님이 그 사람을 멸하시리라 하나님의 성전은 거룩하니 너희도 그러하니라"(고전 3:16-17).

(5)성전의 본체. 사도요한은 천사의 안내로 천국을 구경했지만, 보고 싶던 성전건물을 보지 못했다. 그는 성전의 본체인 하나님과 어린양 예수님을 보았다. "성 안에서 내가 성전을 보지 못하였으니 이는 주 하나님 곧 전능하신 이와 및 어린 양이 그 성전이심이라"(계 21:22).

4. 성전건축의 의미

(1)하드웨어와 소프트웨어. 총독 스룹바벨과 느헤미야는 하드웨어 즉 예루살렘 성전건축과 예루살렘 성곽건축을 완수했다. 대제사장 여호수아와 제사장 겸 학사 에스라는 소프트웨어 즉 성전의 제사제도 확립과 회개운동을 주도했다. 성전건축이란 하드웨어 즉 건물을 건축함과 동시에 소프트웨어 즉 하나님과 관계를 회복하는 삶이다(레 19:1-2; 고전 3:16-17; 6:19-20). "평강의 하나님이 친히 너희를 온전히 거룩하게 하시고 또 너희의 온 영과 혼과 몸이 우리 주 예수 그리스도께서 강림하실 때에 흠 없게 보전되기를 원하노라"(살전 5:23).

(2)다윗과 솔로몬. "나는 성전을 건축할 마음이 있어서 건축할 재료를 준비하였으나, 너는 전쟁을 많이 한 사람이라 피를 많이 흘렸으니 내 이름을 위하여 성전을 건축하지 못하리라"(대상 28:2-3). 다윗은 성전건축의 재료을 준비했지만, 전쟁에 피를 너무 많이 흘려 부적격자였다. "네 아들 솔로몬 그가 내 성전을 건축하고 내 여러 뜰을 만들리니 이는 내가 그를 택하여 내 아들로 삼고 나는 그의 아버지가 될 것임이라 그가 만일 나의 계명과 법도를 힘써 준행하기를 오늘과 같이 하면

내가 그의 나라를 영원히 견고하게 하리라"(대상 28:6-7). 결국 예수님을 예표하는 평강의 왕 솔로몬이 성전을 건축했다.

5. 종려주일 메시야 입성

"시온의 딸아 크게 기뻐할지어다 예루살렘의 딸아 즐거이 부를지어다 보라 네 왕이 네게 임하시나니 그는 공의로우시며 구원을 베푸시며 겸손하여서 나귀를 타시나니 나귀의 작은 것 곧 나귀 새끼니라"(슥 9:9). 이사야는 동정녀탄생(사 7:14), 미가는 베들레헴탄생(미 5:2)을 예언했다. 스가랴는 예수님의 종려주일 예루살렘 입성을 예언했다. 사복음서는 예수님이 나귀새끼를 타고 예루살렘 입성한 사건이 스가랴 예언이 성취된 것이라 기록한다(마 21:1-11; 막 11:1-11; 눅 19:28-40; 요 12:12-19). 스가랴는 나귀새끼를 탄 예수님의 온유하고 겸손한 성품을 묘사했다. 예수님은 온유와 겸손(마 11:28-30; 빌 2:5-8)으로 사탄의 교만과 거짓(창 3:1-5; 요 8:44)을 물리치고, 영적전쟁에서 승리했다(롬 8:37-39).

6. 참 회개의 방법

(1)큰 애통. "내가 다윗의 집과 예루살렘 주민에게 은총과 간구하는 심령을 부어 주리니 그들이 그 찌른 바 그를 바라보고 그를 위하여 애통하기를 독자를 위하여 애통하듯 하며 그를 위하여 통곡하기를 장자를 위하여 통곡하듯 하리로다 그 날에 예루살렘에 큰 애통이 있으리니 므깃도 골짜기 하다드림몬에 있던 애통과 같을 것이라"(슥 12:10-11). 큰 애통은 큰 회개 즉 대각성(the great awakenment)이다.

(2)회개의 방법. "온 땅 각 족속이 따로 애통하되 다윗의 족속이 따로

하고 그들의 아내들이 따로 하며 나단의 족속이 따로 하고 그들의 아내들이 따로 하며 레위의 족속이 따로 하고 그들의 아내들이 따로 하며 시므이의 족속이 따로 하고 그들의 아내들이 따로 하며 모든 남은 족속도 각기 따로 하고 그들의 아내들이 따로 하리라"(슥 12:12-14). 스가랴가 11번 "따로"를 반복하는 방법으로 각 족속의 남편과 아내의 "따로 회개"를 강조했다.

(3)회개의 결과. "그 날에 죄와 더러움을 씻는 샘이 다윗의 족속과 예루살렘 주민을 위하여 열리리라"(슥 13:1). 회개란 자기 죄를 자백하여 물과 성령으로 거듭나는 성령의 역사다(요일 1:8-10). 성전 문지방에서 흐르는 성령의 생수로 죽음의 바다를 생명의 바다로 바꾸는 역사다(겔 47:1-12). "나를 믿는 자는 성경에 이름과 같이 그 배에서 생수의 강이 흘러나오리라 하시니 이는 그를 믿는 자들이 받을 성령을 가리켜 말씀하신 것이라"(요 7:38-39). 회개란 성령의 생수로 생명이 잉태되는 "배" 즉 모태를 성령의 생수로 씻는 것이다(요 7:37-39). 다윗은 모태에서 죄인으로 출생하였음을 고백했다(시 51:5). 회개란 정죄에서 벗어나는 영적해방의 선포. "그러므로 이제 그리스도 예수 안에 있는 자에게는 결코 정죄함이 없나니 이는 그리스도 예수 안에 있는 생명의 성령의 법이 죄와 사망의 법에서 너를 해방하였음이라"(롬 8:1-2).

(4)성령모독죄. 회개는 중생의 씻음과 성령의 새롭게 하심으로만 가능한 신비다(딛 3:5). 하나님은 최후까지 회개의 기회를 준다(벧후 3:8-9; 겔 18:32; 딤전 2:4; 요 3:16). 모든 죄는 회개로 용서받지만, 성령모독죄는 영원히 용서받지 못한다(마 12:31-32; 막 3:28-29; 눅 12:10). 죄를 깨우치는 성령의 역사를 거부하는 성령모독죄란 논리적으로 회개가 불가능한 죄가 된다.

(5)오순절의 큰 회개. "그런즉 이스라엘 온 집은 확실히 알지니 너희가 십자가에 못 박은 이 예수를 하나님이 주와 그리스도가 되게 하셨느니라"(행 2:36). 오순절 설교의 결론이다. "형제들아 우리가 어찌할꼬?"(행 2:37) 오순절 순례자들은 베드로의 설교를 듣고 마음이 찔려 통곡했다. "너희가 회개하여 각각 예수 그리스도의 이름으로 세례를 받고 죄 사함을 받으라 그리하면 성령의 선물을 받으리니 이 약속은 너희와 너희 자녀와 모든 먼 데 사람 곧 주 우리 하나님이 얼마든지 부르시는 자들에게 하신 것이라"(행 2:37-39). 베드로는 스가랴의 "따로 회개"처럼 "각각 회개"로 대답했다.

39 말라기(Malachi)
구약의 마지막 선지자

1. 말라기의 시대

마지막 소선지자 말라기는 "여호와의 메신저"라는 뜻이다. 그는 공회(Great Synagogue)의 회원이고, 레위인일 것으로 추정한다. 바벨론 포로 후 성전을 재건하고, 에스라가 율법을 가르쳤다(스 7:10,14,25-26). 그러나 말라기의 시대의 백성들은 모세의 규례를 떠났다. 그는 BC 5세기의 후반 즉 느헤미야가 통치하던 BC 432-420년에 말라기를 기록했을 것이다.

2. 선포의 주제

(1)말라기의 주제. "나의 주인은 누구인가?" 하나님의 말씀은 이스라엘의 왕 하나님의 어명(御命)이다. "너희가 하나님과 재물을 겸하여 섬기지 못하느니라"(마 6:24). 말라기는 하나님(God)과 재물(헬, Mammon) 중에 주인을 선택하라고 촉구한다. 엘리야는 하나님과 바알 사이에 결단을 촉구했다. "너희가 어느 때까지 둘 사이에서 머뭇머뭇 하려느냐?"(왕상 18:21) 말라기의 시대에도 사사시대의 비극이 계속되었다. "그 때에 이스라엘에 왕이 없으므로 사람이 각기 자기의 소견에 옳은 대로 행하였더라"(삿 21:25).

(2)하나님께로 돌아오라! "그런즉 내게로 돌아오라 그리하면 나도 너희에게로 돌아가리라"(말 3:7). 하나님은 에서를 미워하고 야곱을 사랑

하듯이 아직도 이스라엘을 사랑했다(말 1:2-5). 말라기는 언약의 주를 배반한 백성들을 향하여 탄원한다. 잘못된 제사와 제물, 제사장들의 죄악, 이혼, 십일조와 봉헌물, 겸손과 교만, 의인과 악인을 분별치 못하는 영적무지를 책망한다. 바울의 최대최선(最大最善)의 원칙은 먼저 준비하고, 즐겁게 드리는 것이다(고후 9:5-7). 영적예배의 원리도 하나님이 감동하도록 마음을 다하여 찬양하고, 목숨을 다하여 기도하고, 뜻을 다하여 말씀을 듣고, 힘을 다하여 봉헌하는 예배다(막 12:28-31).

3. 제사장과 백성들의 죄(말 1:6-2:9)

(1)제물. "우리가 어떻게 주의 이름을 멸시하였나이까?"(말 1:6) 그들은 제물로 하나님을 멸시했다. 더러운 떡으로 여호와의 제단과 식탁을 경멸했다(말 1:7). "너희가 눈 먼 희생제물을 바치는 것이 어찌 악하지 아니하며 저는 것, 병든 것을 드리는 것이 어찌 악하지 아니하냐? 이제 그것을 너희 총독에게 드려 보라 그가 너를 기뻐하겠으며 너를 받아 주겠느냐? 보라 너희가 이같이 행하였으니 내가 너희 중 하나인들 받겠느냐?"(말 1:8-9) 하나님이 탄식했다.

(2)하나님의 통곡. 이사야는 제물만 바치는 형식적 제사로 성전마당만 밟는 자들을 책망했다(사 1:12). 말라기는 더러운 제물과 헛된 제사를 탄식했다. "너희가 내 제단 위에 헛되이 불사르지 못하게 하기 위하여 너희 중에 성전 문을 닫을 자가 있었으면 좋겠도다"(말 1:10).

(3)이방인의 제사. 말라기는 이방인의 제사를 기대했다. "해 뜨는 곳에서부터 해 지는 곳까지의 이방 민족 중에서 내 이름이 크게 될 것이라 각처에서 내 이름을 위하여 분향하며 깨끗한 제물을 드리니 이는 내 이름이 이방 민족 중에서 크게 될 것임이니라"(말 1:11).

(4)부적격 제물. "만군의 여호와가 이르노라 … 너희가 이같이 봉헌물을 가져오니 내가 그것을 너희 손에서 받겠느냐 이는 여호와의 말이니라"(말 1:13-14). 하나님이 도저히 받을 수 없는 제물을 바쳤다. 즉 하나님께 훔친 물건과 저는 것, 병든 것, 흠 있는 서원제물을 바쳐 속였다.

(5)하나님의 보응. "너희가 내 길을 지키지 아니하고 율법을 행할 때에 사람에게 치우치게 하였으므로 나도 너희로 하여금 모든 백성 앞에서 멸시와 천대를 당하게 하였느니라"(말 2:9). 하나님을 멸시하면, 그대로 당할 것이다. "사람이 무엇으로 심든지 그대로 거두리라"(갈 6:7).

4. 부부의 정조(말 2:10-16)

(1)이방혼인. 노아홍수의 원인은 불신결혼이었다(창 6:1-2). 사사시대의 비극도 이방혼인에서 출발했다(삿 3:1-6). 말라기도 이방혼인을 책망했다. "유다는 여호와께서 사랑하시는 그 성결을 욕되게 하여 이방신의 딸과 결혼하였으니 … 여호와께서 야곱의 장막 가운데에서 끊어 버리시리라"(말 2:11-12).

(2)이혼. 부부의 증인 하나님의 말씀이다. "나는 이혼하는 것과 옷으로 학대를 가리는 자를 미워하노라 그러므로 너희 심령을 삼가 지켜 거짓을 행하지 말지니라"(말 2:16). 말라기는 일부일처원리를 강조했다. 그들은 서약한 아내에게 거짓을 행했지만(말 2:14), 하나님은 영이 충만해도 오직 하나를 만들었다(말 2:15). 예수님도 선포했다. "그런즉 이제 둘이 아니요 한 몸이니 그러므로 하나님이 짝지어 주신 것을 사람이 나누지 못할지니라"(마 19:6). 주님이 완악한 바리새인을 책망했다. "어찌하여 모세는 이혼 증서를 주어서 버리라 명하였나이까? 모세가 너희

마음의 완악함 때문에 아내 버림을 허락하였거니와 본래는 그렇지 아니하니라"(마 19:7-8).

5. 십일조

(1)재물관리의 원칙. "가이사의 것은 가이사에게, 하나님의 것은 하나님께 바치라"(마 22:21). 예수님처럼 바울도 세상의 것과 하나님의 것을 구별하라고 강조했다. "각 사람은 위에 있는 권세들에게 복종하라, 모든 자에게 줄 것을 주되 조세를 받을 자에게 조세를 바치고 관세를 받을 자에게 관세를 바치고 두려워할 자를 두려워하며 존경할 자를 존경하라"(롬 13:1,7).

(2)말라기의 십일조. "그런즉 내게로 돌아오라 그리하면 나도 너희에게로 돌아가리라"(말 3:7). 말라기는 하나님께 돌아오는 방법으로 십일조와 봉헌물을 가르쳤다. "우리가 어떻게 하여야 돌아가리이까? 사람이 어찌 하나님의 것을 도둑질하겠느냐 그러나 너희는 나의 것을 도둑질하고도 말하기를 우리가 어떻게 주의 것을 도둑질하였나이까 하는도다 이는 곧 십일조와 봉헌물이라 너희 곧 온 나라가 나의 것을 도둑질하였으므로 너희가 저주를 받았느니라"(말 3:7-9).

(3)하나님의 테스트. "만군의 여호와가 이르노라 너희의 온전한 십일조를 창고에 들여 나의 집에 양식이 있게 하고 그것으로 나를 시험하여 내가 하늘 문을 열고 너희에게 복을 쌓을 곳이 없도록 붓지 아니하나 보라"(말 3:10). 십일조를 드리면, 수입이 늘고 지출이 줄어드는지 결과를 테스트해보라고 허락했다. "만군의 여호와가 이르노라 내가 너희를 위하여 메뚜기를 금하여 너희 토지 소산을 먹어 없애지 못하게 하며 너희 밭의 포도나무 열매가 기한 전에 떨어지지 않게 하리니 너희 땅이

아름다워지므로 모든 이방인들이 너희를 복되다 하리라 만군의 여호와의 말이니라"(말 3:11-12).

(4)아브라함의 십일조(창 14:17-20). 히브리서는 아브라함이 멜기세덱에게 바친 십일조를 근거로 멜기세덱의 반차를 따른 예수님이 아론의 반차를 따른 제사장보다 탁월함을 증명한다(히 7:4-10).

(5)예수님의 십일조. 주님은 십일조의 형식보다 십일조의 의미를 강조했다. "화 있을진저 외식하는 서기관들과 바리새인들이여 너희가 박하와 회향과 근채의 십일조는 드리되 율법의 더 중한 바 정의와 긍휼과 믿음은 버렸도다 그러나 이것도 행하고 저것도 버리지 말아야 할지니라"(마 23:23). 재물 얻을 능력과 주께 드릴 힘을 길러야 한다(신 8:17-18; 대상 29:10-14).

6. 메시야 예언

예수님의 사역은 가르침(teaching), 전파함(preaching), 고치심(healing)이다(마 4:23; 9:35).

(1)메시야의 치유사역. "내 이름을 경외하는 너희에게는 공의로운 해가 떠올라서 치료하는 광선을 비추리니 너희가 나가서 외양간에서 나온 송아지 같이 뛰리라"(말 4:2). 예수님은 기름부음을 받은 자, 즉 메시야의 치유사역으로 이사야의 예언을 성취했다(눅 4:16-21). 예수님은 세례요한의 제자들에게도 자신이 메시야라고 치유사역으로 대답했다(마 11:2-6; 눅 7:18-23).

(2)메시야의 말씀사역. "너희는 내가 호렙에서 온 이스라엘을 위하여 내 종 모세에게 명령한 법 곧 율례와 법도를 기억하라"(말 4:4). 예수님의 사명은 모세율법의 완전성취라고 강조했다. "천지가 없어지기 전에

는 율법의 일점일획도 결코 없어지지 아니하고 다 이루리라"(마 5:18).

(3)세례요한. "보라 여호와의 크고 두려운 날이 이르기 전에 내가 선지자 엘리야를 너희에게 보내리니 그가 아버지의 마음을 자녀에게로 돌이키게 하고 자녀들의 마음을 그들의 아버지에게로 돌이키게 하리라 돌이키지 아니하면 두렵건대 내가 와서 저주로 그 땅을 칠까 하노라"(말 4:5-6). 세례요한은 회개의 세례로 메시야의 오실 길을 예비했다. 예수님도 말라기가 예언한 엘리야가 바로 세례요한이라 증언했다(마 3:1-4; 11:12-14; 막 1:2-8; 9:11-13).

(4)메시야 대망사상. 말라기는 세례요한이 회개의 세례로 초림의 메시야의 길을 준비할 것을 소개했다. 사도요한은 산 자와 죽은 자를 심판하러 오실 메시야의 재림을 대망했다. "내가 진실로 속히 오리라! 아멘 주 예수여 오시옵소서! 주 예수의 은혜가 모든 자들에게 있을지어다 아멘"(계 22:20-21). 구약의 백성들은 초림의 주님을 기다렸다. 그러나 신약의 그리스도인은 재림의 주님을 기다리고 있다. 말라기는 메시야 대망사상으로 구약을 마무리하고 있다.